Zu diesem Buch

Régis Debray – einst Freund und Begleiter Che Guevaras in Bolivien, heute einer der engsten Berater des französischen Staatspräsidenten, will den inhaltsleeren Mythos «Ost-West» entlarven und die gängigen Klischees zerbrechen, die die außenpolitische Sicht der Westeuropäer mehr und mehr bestimmten. «Ost-West» – so Debray – gibt es nicht, es gibt Europa zwischen den zwei Supermächten in einer präzis zu beschreibenden Lage. Es gibt handelnde Führungsgruppen in Europa, in Moskau, in Washington mit bestimmten Zielen. «Nie zuvor war die Welt komplexer und die Herrschaftssprache einfacher.» Debray wehrt sich gegen die Macht der gängigen Stereotypen: Moskau sei expansionistisch, die demokratische Insel (West) sei von allen Seiten durch den aggressiven Gulag (Ost) bedroht. Europa und die USA müssen noch enger zusammenarbeiten usw. «Mit diesem Buch soll der Nachweis erbracht werden, daß diese kollektiven Vorstellungen falsch sind und gleichzeitig soll die Gefahr aufgezeigt werden, der jene ausgesetzt sind, die in der Annahme solcher Vorstellungen rückwärts in den Abgrund zu stürzen drohen.» Debray setzt den Mythen seinen Befund entgegen:

– für Europa besteht die Überlebensfrage darin, ob es mehr und mehr zum Satelliten der USA wird oder nicht
– die Demokratie hat sich weiterentwickelt und breitet sich in der Dritten Welt aus
– die Sowjetunion ist eine Weltmacht im Abstieg
– die apokalyptischen Gefahren sind geringer, als die Friedensbewegung meint.

Der Leser wird nicht mit Überzeugungen, sondern mit analytisch gefundenen Schlußfolgerungen des Autors konfrontiert. Ein prominenter Franzose – Essayist, Romanautor und heute einer der höchsten Funktionäre des französischen Staates legt seinen Beitrag zur notwendigen Selbstbehauptung Europas vor.

Régis Debray, geboren 1941, Schriftsteller und Politiker, Generalsekretär des Rats für den Südpazifik beim Präsidenten der Republik. Zahlreiche politische Schriften. Veröffentlichungen u. a.: Ein Leben für ein Leben, Düsseldorf 1979; Critiques de la Raison Politique, Paris 1982; La Puissance et le Rêve, Paris 1984; Comète ma Comète, Paris 1986.

Régis Debray

Die Weltmächte gegen Europa

Plädoyer für ein neues europäisches Selbstbewußtsein

rororo

Rowohlt

rororo aktuell – Herausgegeben von Freimut Duve

Deutsche Erstausgabe
Redaktion Regina Carstensen
Aus dem Französischen übersetzt und gekürzt von Gisela Dreyer

Vorbemerkung des Herausgebers

Vor gut zehn Jahren ist von Régis Debray das Buch «Kritik der Waffen» (rororo aktuell Nr. 1950) in gekürzter Form veröffentlicht worden. Es enthält die profunde Kritik (und Selbstkritik) am lateinamerikanischen bewaffneten Aufstand.
Régis Debray ist heute einer der engsten außenpolitischen Berater des französischen Staatspräsidenten François Mitterand. Das vorliegende Buch ist darum auch in der französischen und amerikanischen Presse als programmatische Stimme Mitterrands gewertet worden.
In vielem widerspricht der Autor Thesen der deutschen Friedensbewegung. rororo aktuell hat sich immer auch als Forum der wichtigsten französischen Stimmen verstanden, gerade dann, wenn der deutsch-französische Dialog schwieriger wurde.
Das Buch wurde im Einvernehmen mit dem Autor gekürzt.

F. D., April 1986

Veröffentlicht im Rowohlt Taschenbuch Verlag GmbH,
Reinbek bei Hamburg, Juli 1986
Der vorliegenden deutschen Ausgabe liegt die bei Éditions Gallimard
erschienene Originalausgabe «Les Empires contre l'Europe» zugrunde

Umschlagentwurf Werner Rebhuhn (Foto von Etienne Montes/Gamma)
Satz Times (Linotron 202)
Gesamtherstellung Clausen & Bosse, Leck
Printed in Germany
1280-ISBN 3 499 15738 1

Inhalt

Vorwort

«Oh, East is East and West is West,
and never the twain shall meet,
  Till Earth and Sky stand presently at
God's great Judgment Seat;
  But there ist neither East nor West,
Border, not Breed, not Birth,
  When two strong men stand face to
face, though they come from the ends of
the earth!»

Rudyard Kipling
The Ballad of East and West (1889)

Dieses Buch hat das «Ost-West-Problem» zum Thema. Nichts anderes. Man mag darin den weltweiten Religionskrieg zwischen zwei Geisteshaltungen oder lediglich den begrenzten Machtkampf zwischen zwei Staaten sehen, oder beides zugleich. Dieser Gegensatz scheint alle anderen zu überlagern. Frieden oder Krieg zwischen den Nationen, unser aller Leben oder Tod, hängt von diesem allumfassenden Kampf zwischen den Lagern ab, der unumstritten den Süden und den Norden einschließt. So sprechen der Diplomat, der gesunde Menschenverstand und die Zeitung. Probleme gibt es zweifellos, aber das von *dem Osten* und *dem Westen* existiert so nicht. Die vorliegende Untersuchung analysiert zwei über jeden Zweifel erhabene Mythen. Sie führt uns zu den Quellen einer epischen Halluzination, einer kollektiven Romanze, die allzuviel Verzichtsleistungen in sich birgt. Unsere Alltagsprache ist vielsagender als wir meinen, und die Sprachverkürzung «Ost-West», «Nord-Süd» steht nicht nur für Fiktionen, sondern ist eine Geographie gewordene Gaunerei.

Ein bestimmter geographischer Raum ist weder Hauptakteur der Geschichte, noch bestimmt er den Wirkungskreis der Entscheidungszentren. Yves Lacoste nannte «Geographismus» die Art und Weise, in der «die Widersprüche zwischen den Menschen und die Interessen der Herrschenden in den Regionen der Welt ausgeklammert werden, von denen gesagt wird, daß sie sich im Kampf befinden».

Ein geographischer Raum ist amorph und leblos, er hat weder Arm noch Kopf, weder Fahne noch Befehlshaber. Aber auf Symbole und Orientierungspunkte kann nicht verzichtet werden. Zudem sind nicht alle «Geographismen» gleich. Wenn man liest oder hört «Frankreich hält es für nützlich» oder «es ist für Spanien gut», dann kann «Frankreich» oder «Spanien» durch einen Eigennamen ersetzt werden (beispielsweise durch den des Präsidenten der französischen Republik, der vom französischen Volk gewählt und beauftragt wurde, bei internationalen Konferenzen aufzutreten, im Namen des Volkes zu sprechen und Entscheidungen zu treffen), durch eine juristische Person oder ein bestimmtes Kollektiv (eine Regierung, die ein Territorium kontrolliert, eine Bevölkerungsgruppe vertritt). Wenn man aber liest oder hört: «Der Westen muß wieder zu sich kommen und muß über ein starkes Verteidigungsprogramm verfügen» oder auch «der Westen muß den Osten an den Verhandlungstisch zurückbringen», dann stellt sich die Frage, von welcher Verantwortlichkeit denn eigentlich die Rede ist? Im Namen welcher souveränen Macht, auf Grund welcher Repräsentationsmechanismen und welcher Machtübertragung und Machtanerkennung ist sie berechtigt, das Wort zu ergreifen? Wörter machen sich diejenigen zunutze, die sie verwenden, aber in diesem Fall ist es aus Gründen der geistigen Gesundheit und aus Sorge um die Freiheit notwendig, jene *Gemeinplätze* immer wieder in ihrer konkreten Übertragung zu überprüfen: der abstrakte, abgehobene, aber unklare Begriff muß durch konkrete Namen von Organisationen oder Personen ersetzt werden; von Personen, die Entscheidungen zu treffen vermögen. Mit Überraschung kann man immer feststellen, wieviel leere Phrasen und vorgegebene Sprachregelungen benutzt werden, die sich bei genauerem Hinsehen als irreführende, ja betrügerische Worthülsen erweisen, die nichts aussagen oder mit Sinn überfrachtet sind.

Für unsere Alltagsbeobachtung und für unsere vermessenen Zukunftsphantasien ist im Hier und Jetzt die Frage entscheidend: Gibt es einen *Westen*, und wie sieht er aus? Gibt es einen *Osten,* wenn ja, ...? Dieses Buch gibt darauf keine Antwort, denn es ist weder ein Geschichtsbuch noch eines der Philosophie, der Ökonomie, der Soziologie, oder der Theologie. Es ist weniger ein Essay als vielmehr eine einfache und nützliche Sammlung von Dokumenten und journalistischen Fakten. In anderen Worten, mir geht es um: «Europa zwischen Amerika und Rußland». Der Euphemismus «Osten/Westen» ist eine zynische Metapher für konkrete Herrschaftsverhältnisse, die nur deshalb fortbestehen können, weil sie nirgendwo beim Namen genannt werden. Es ist eine sublimierende Umschreibung der amerikanisch-sowjetischen Beziehungen; zwischen dem Politbüro der Kommunistischen Partei und dem Ministerrat der Sowjetunion einerseits, und dem Präsidenten der Vereinigten Staaten von Amerika und der US-Administration andererseits. Diese Machtstrukturen ragen auf beiden Seiten über ihre jeweiligen territorialen Grenzen durch ein «östliches» und «westliches» Bündnissystem hinaus. «Der Westen/der Osten» sind Wappenschilder. Washington und Moskau lassen sie von dem jeweiligen Fußvolk tragen.

Die Begriffe «Osten» und «Westen», «Süden», «Abendland», «Orient», die wir im Alltag benutzen, sind allein geographische Bezeichnungen ohne Substanz und ohne axiomatische Bedeutung. In gleicher Weise bezieht sich der Begriff «Dritte Welt», eine ebenso abgenutzte Mystifikation, ausschließlich auf ein räumliches Ensemble von Ländern Asiens, Afrikas und Lateinamerikas, deren, wenn auch geringe Zusammengehörigkeit, mehr durch ihre gemeinsame Geschichte als durch ihre geographische Nähe zueinander entstanden ist (das gilt in ähnlicher Weise für die «östlichen Länder» und die «westlichen Länder»). «Der Mythos», sagt Roland Barthes «hat die Aufgabe, eine historische Intention umzusetzen in eine naturgegebene, von jeher dagewesene Angelegenheit.» Man entschuldige, daß wir hier weiterhin Begriffe verwenden, deren Unbrauchbarkeit wir gleichzeitig vor Augen zu führen versuchen. Wenn es stimmt, daß der «Osten/Westen» wie eine Dekoration, aber nicht wie ein Szenarium die internationalen Beziehungen determiniert, so legt er dennoch keineswegs den Fortgang des Geschehens fest. Jeder einzelne trägt in dem ihn umgebenden Raum die Verantwortung für seine Geschichte. Sie wird nicht vom Kompaß gemacht.

Einleitung

Es genügt nicht, sich selbst Schaden zuzufügen, um Recht zu haben. Ebensowenig reicht es aus, mit dem Strom zu schwimmen, um an sein Ziel zu gelangen. Auch das christliche Martyrium allein kann nicht die Existenz Gottes beweisen. Unpopularität ist ebenfalls nicht automatisch ein Beweis dafür, daß man recht hat, obwohl uns die Geschichte der Wissenschaft und die der Strategie (Galilei und de Gaulle) zu dieser Annahme berechtigt. Für manche Zeitgenossen ist man vielleicht mit Recht ein gefährlicher Idiot. Und doch, beim Durchblättern der Geschichtsbücher finde ich kein Beispiel dafür, daß ein durch die nachfolgenden Ereignisse sich als richtig erwiesenes Verhalten im konkreten Augenblick die Leute nicht aufgebracht hätte.

Eine große Mehrheit meiner Landsleute und nahezu alle für das öffentliche Gewissen Verantwortlichen teilen meine Auffassung über das Weltgeschehen nicht. Ich denke, fehlende Übereinstimmung allein ist noch kein Beweis für Unrichtigkeit. Die Tatsache, daß alle mit Vernunft ausgestatteten Menschen des Westens jahrhundertelang an die Existenz des Teufels glaubten, ist kein hinreichender Beweis für seine Existenz. Manche gehen davon aus, daß zwei und zwei vier ist und daß Europa nicht Amerika ist. Trotzdem bewahre ich alte Zeitungen wie ein geheimes Fotoalbum der menschlichen Irrtümer auf und bevorzuge darin die großen Illusionen (München 1939, Pétain 1940, Indochina 1949, Suez 1956, Algerien 1957 etc.). Ich verschlinge alles, was dort über diese Ereignisse geschrieben steht und stelle fest, daß die allgemein akzeptierte Politik eines Landes schon kurze Zeit später Verlegenheit und Schamgefühle auslöst.

Auf der Schwelle zu einem skandalösen Buch fordere ich daher auf, im Zweifelsfalle zu meinen Gunsten zu entscheiden.

*

Die Franzosen sind nicht die einzigen und auch nicht die ersten Opfer des fatalen Umstandes, daß niemand Zeitgenosse seiner Epoche sein kann. Nie zuvor war die Welt komplexer und die Herrschaftssprache einfältiger; selten war das Gefälle zwischen der Befindlichkeit der Welt und der unseres Geistes größer. Die permanente Herausforderung, zusammenzufügen und zu modernisieren, war vorher nie mit solcher Dringlichkeit zu spüren. Ein paradoxes Unterfangen, denn eine Gemeinschaft wird zusammengehalten durch archaische Strukturen und durch Gewohnheiten. Wie der Staat häufig in der Industrie eher das Überholte als das Zukunftsträchtige subventioniert, weil er damit Wählermassen und Gewerkschaften anspricht, so setzen auch die auf Ansehen bedachten Intellektuellen auf das gängige, also überholte Wissen. In der gegenwärtigen Geschichte Frankreichs gab es nie zuvor eine so weitgehende Übereinstimmung in der Außenpolitik wie jetzt. Hier ein kleines, provozierendes Beispiel, das aufzeigen soll, wie groß der Unterschied zwischen Wahrnehmung und Realität ist. Die UdSSR wird erst zu dem Zeitpunkt als das Land der Gulags wahrgenommen, als diese verschwunden waren (nie gab es seit 1919 dort so wenig politische Gefangene, einschließlich der in der Psychiatrie, wie heute). Die wirkungsvolle Magie des Wortes «Gulag», eine moderne Umschreibung für die Hölle, beruht auf der Unklarheit des Begriffs. Das Wort «Gulag» kam gerade auf, als die sowjetische Repression nicht mehr in Deportationen und Massenverhaftungen ihren Ausdruck fand.* Währenddessen fanden im «maoistischen» und «nachmaoistischen» China und in zwei weiteren, so verschiedenartigen sozialistischen Ländern wie Jugoslawien und Nordkorea, im Verhältnis sehr viel mehr Deportationen, Inhaftierungen und politische Verurteilungen statt, die im Westen nicht in gleicher Weise Empörung hervorriefen. Diese Ungereimtheit ist leicht erklärt. Sie hat nichts mit Moral noch mit Menschenrechten oder demokratischen Forderungen der Öffentlichkeit zu tun.

Die Welt außerhalb unseres Heimatstaates wird von den politischen Parteien, der Intelligenz und den Massenmedien zeitweise sehr laut, manchmal eher besänftigend so dargestellt, als sei sie von einer nahezu einheitlichen subversiven Macht eingekreist und bedroht, nämlich durch den totalitären Kommunismus, der die größte Bedro-

* Zur Geschichte der Konzentrationslager in der UdSSR (Gründe und Modalitäten) verweise ich auf die bewundernswerte Arbeit von David Rousset, der Märtyrer und Pionier zugleich war. Diese Arbeit ist die bislang wichtigste Belegquelle.

hung und der wichtigste Feind unserer Freiheiten sein soll. Dieses kollektive Spiel mit Wertvorstellungen, bei dem es weniger wichtig ist, dazuzugehören als ausgeschlossen zu sein, ist mehr ein Gerücht als eine vernünftige Argumentation: Der Boden unserer Überzeugungen ist mit vernebelten Bildern statt mit klaren Vorstellungen gepflastert. Der Versuch abzugrenzen, Umrisse zu zeichnen, kann nur verwirren. Kommt es aber einem Verrat gleich, wenn hier versucht wird, die Erkennungsmelodien unserer Zeit (Mitte der achtziger Jahre) so herauszuhören?

– In der heutigen Welt ist die demokratische Insel von allen Seiten umzingelt (zumindest befindet sie sich in einer Schwächeposition) und ist konfrontiert mit der doppelten Bedrohung, der direkten Aggression durch die Sowjetunion und der langsamen, totalitären Expansion des Südens.

– So wie das demokratische Lager deckungsgleich ist mit der Atlantischen Allianz, so ist der ‹Kommunismus› das totalitäre Lager, und das ist gleichbedeutend mit der sowjetischen Welt.

– Dem expansionistischen Gulag zu widerstehen ist das zentrale Ziel, denn das kommunistische Weltsystem ist dabei, eine Weltmacht zu werden; dabei wird angenommen, daß die sowjetische, vietnamesische und äthiopische Ideologie einen stärkeren Druck ausübt als die russische, vietnamesische, äthiopische Nation.

– Dieser Widerstand fordert einen vermehrten Zusammenhalt der westlichen Allianz.

– Er fordert ein Zusammenrücken der noch freien europäischen Nationen um die Bastion der Demokratie, die Vereinigten Staaten von Amerika, wobei unnötige Querelen der nationalen Eigenliebe und Ablenkungsmanöver an den Sekundärfronten (in der Dritten Welt zum Beispiel) zu vermeiden sind.

Mit diesem Buch soll der Nachweis erbracht werden, daß diese kollektiven Vorstellungen falsch sind, und gleichzeitig soll die Todesgefahr aufgezeigt werden, der jene ausgesetzt sind, die in der Annahme dieser Vorstellungen rückwärts in den Abgrund zu stürzen drohen.

*

Die Lösung dieses Problems ist nicht einfach. Kein -ismus, kein Drehpunkt oder Pol vermag die komplizierte Welt von heute zu erfassen.

Dem Theoretiker beweist die Praxis immer wieder aufs Neue, daß man keine unangreifbaren Aussagen machen kann und daß die Etiketten kaum noch die Waren kennzeichnen, auf denen sie angebracht sind. Den trostlos anmutenden Allgemeinplätzen möchte ich vorab einige konkrete Beobachtungen entgegenstellen (deren Stichhaltigkeit an anderer Stelle nachzuweisen sein wird).

1. *Die Idee der Demokratie und die Möglichkeiten ihrer praktischen Umsetzung haben sich entsprechend der heutigen Welt immer weiter entwickeln müssen,* auch wenn es die Auguren verdrießt, «die zerbrechliche Halbinsel der Demokratie», Europa, muß «ihr letztes Privileg», ihren Alleinanspruch demokratischer Beständigkeit, immer mehr mit den gewöhnlichen Sterblichen der «unterentwickelten» Länder teilen. Zwar haben wir noch in der Mitte unseres Jahrhunderts gesehen, wie in der Tschechoslowakei eine Demokratie verschwand. Wir haben aber seitdem auch miterlebt, wie zahlreiche Demokratien entstanden sind und einige weitere wiederbelebt wurden: in Lateinamerika (Argentinien, Brasilien, Uruguay z. B., die sich von militärischen Regimen befreit haben, ohne einer Staatspartei anheim zu fallen); in Afrika (den Maghreb-Staaten und den schwarzafrikanischen Staaten in Guinea, Ägypten, Senegal und Tunesien) trotz erheblicher ökonomischer Unterentwicklung, wodurch dieser Kontinent in besonderer Weise verletzbar ist; in Asien muß an erster Stelle Indien genannt werden, die größte Demokratie der Welt, die gegen harte Angriffe verteidigt werden konnte; die Absicherung eines stabilen Rechtsstaates in Japan; die Einführung des allgemeinen Wahlrechts in den Ländern der ASEAN-Gruppe*; die Schwächung der Militärregime in der Türkei, in Indonesien und in Süd-Korea. Gegenwärtig leben mehr Männer und Frauen in einem demokratischen Staat, und es gibt in der Dritten Welt mehr demokratische Länder als in Westeuropa und in Nordamerika. In unserer unmittelbaren Nähe haben sich nun auch Spanien, Portugal und Griechenland den Rechtsstaaten angeschlossen. Auch in Osteuropa entstehen allmählich wieder zivile Gesellschaften, die immer mehr Autonomie fordern und auf ihrer eigenen Kultur und Geschichte bestehen. In den dreißiger Jah-

* ASEAN: Association of South-East Asian Nations, gegründet im Jahre 1967, besteht aus sechs Staaten (Indonesien, Singapur, Malaysia, den Philippinen und Brunei); hat 260 Millionen Einwohner.

ren waren die europäischen Demokratien von innerer Subversion bedroht, die den republikanischen Konsens grundlegend in Frage stellte. Kaum 50 Jahre später ist es die «demokratische Bedrohung», die den Osten Europas von innen her verunsichert. Selbst in China rumort es. Eine politische Demokratie kann nicht per Gesetz eingeführt werden, sie entsteht erst im Laufe eines geschichtlichen Prozesses. So wird auch verständlich, daß in der OECD (Organisation für wirtschaftliche Entwicklung und Zusammenarbeit) die 24 Industrieländer zusammenarbeiten, die allein die wirtschaftlichen, sozialen und kulturellen Voraussetzungen erfüllen, um in regelmäßigen Abständen das souveräne Volk an die Wahlurnen zu führen. Gleichzeitig sind es eben jene Länder, die zum harten Kern der demokratischen Avantgarde gehören. Dieser Fortschritt der Demokratie über die Grenzen hinweg ist durch die Vorrangstellung der Bildung vor dem Gedanken des abstrakten Wachstums, durch den relativen Friedenszustand, in dem wir leben, und durch die weltweite Zentrifugalkraft der «Aufklärung» entstanden. Wenn man den Fortgang der letzten beiden Jahrhunderte zu beurteilen versucht, muß man daran erinnern, daß noch 1867 erst ein Drittel der männlichen Erwachsenen in Großbritannien wählen durften und daß in Frankreich erst 1875 das allgemeine Wahlrecht nach der industriellen Revolution eingeführt wurde. Man kann mit Freude feststellen, daß der demokratische Fortschritt in so kurzer Zeit zur Norm, ja zur universellen Realität wurde. Für die Armen dieser Welt wurde er zum Hoffnungsschimmer am Horizont und bezwang sogar seine letzten Widersacher.

2. *Die Sowjetunion ist eine Weltmacht im Abstieg.* Sie hat derzeit den Höchststand ihrer Möglichkeiten erreicht, das heißt, sie hat ihre historische Inkompetenz (nach dem Peter-Prinzip ist das ja der Beweis für besonderes Ansehen) unter Beweis gestellt. Wir konstatieren nicht die Fatalität der «Eroberung», sondern vielmehr die Wahrscheinlichkeit des Abstiegs. Die Besetzung von Afghanistan durch 100000 Soldaten und der Versuch, dieses widerspenstige Land zu assimilieren, ist weder eine «defensive Aktion», noch ist es ein Rückzug. Wer darin jedoch den sorgfältig erwogenen Schritt eines großen, expansionistischen Plans zu erkennen glaubt, hat meiner Meinung nach nicht verstanden, wie das vor Ort ablaufende Räderwerk funktioniert. Auch überwiegen langfristig die Nachteile dieses strategischen Vorrückens, weil es in eine weitere militärische Verwicklung führt.

Natürlich muß man auf der Hut sein, um der sowjetischen Bedrohung gewachsen zu sein, und darf nicht nur zuschauen. Aber in der allgemein verbreiteten Überschätzung dieses Imperialismus (Neutralisierung Europas, Durchbruch in den warmen Meeren, Zugriff auf den Golf, Unterbrechung der Erdölzufuhr, Errichtung militärischer Stützpunkte in Mittelamerika, Destabilisierung von Südostasien etc.) kommt zum Ausdruck, wie sehr der Bewußtseinsstand hinter der Realität zurückbleibt, ja sogar zu einer kollektiven Verwirrung führt, die durch eine massive, von außen gesteuerte und von innen mitgetragene Desinformationskampagne ausgelöst wurde. Im Jahre 1985 ist der Kommunismus, nicht allein im sowjetischen Block, sondern auch in der chinesischen Welt, nicht mehr als ein historisches Relikt. Dies ist schmerzlich für Osteuropa und verhängnisvoll für jene Länder, in denen der Sozialismus nicht der sowjetischen Armee auf den Fuß folgte (China, Kuba, Jugoslawien, Vietnam etc.). Der Kommunismus hat seine Triebkraft eingebüßt und ist heute nicht mehr «die Kernfrage der modernen Menschheit» (Edgar Morin): als amputierte Europäer sollten wir uns damit auseinandersetzen; als vorausschauende Intellektuelle sollten wir uns davon nicht mehr verfolgt fühlen. Der Islam ist heute der offensivste totalitäre Expansionismus, der eine starke Mobilisierung bewirkt. Er allein verfügt über eine seinen politischen Ambitionen entsprechende Demographie. Die Scharia* wird zur Quelle jeder zivilen Gesetzgebung. Die Sakralisierung der Macht hat derzeit viele Fahnen. Nicht nur vorübergehend rangiert weltweit Grün vor Rot.

3. *Der Welt wird es weniger schlecht ergehen, denn sie wird nicht in den Abgrund fallen.* In unseren Breiten werden die Menschen von zwei Alpträumen in Panik versetzt: «Die Welt muß vor der nuklearen Katastrophe gerettet werden! Die internationale Spannung ist unerträglich. Niemals war der Frieden so bedroht wie heute.» Der Wind aus dem Osten säuselt: «Macht es wie wir ... Die Welt muß vor dem totalitären Frieden gerettet werden! Europa gerät in Abhängigkeit. Noch nie war der Schatten von Kolyma so nah, um uns ins Verderben zu ziehen.» Der Wind aus dem Westen bläst daher: «Steht fester zu eurem Beschützer.» Lebensangst ist immer mit tiefer Gemütsbewegung

* Scharia = kanonisches Gesetz des Islams, das Regeln über menschliches Verhalten enthält (Anm. d. Übers.).

und kosmischem Pathos verbunden. Diese werden von den Medien erfaßt und genüßlich ausgeschlachtet. Am Rande des Abgrunds tauscht man Banalitäten aus: «Weder rot noch tot.» Für uns Franzosen besteht jedoch kein Anlaß, uns einer dieser vorgegebenen Schwindelbewegungen anheimzugeben. Mit der Erpressung unter dem Motto «Der Frieden ist in Gefahr» lassen die Weggenossen, denen der Frieden so sehr am Herzen liegt, außer acht: – daß «der Frieden» nicht das höchste Gut ist, dem sich alle moralischen Werte unterzuordnen haben, denn er ist in der Nordhemisphäre schon durch das globale Gleichgewicht der militärischen Kräfte gesichert; – daß das Explosionsrisiko keineswegs mit zunehmendem Destruktionspotential steigt (der Krieg ist im Jahre 1985 nicht doppelt so wahrscheinlich, weil 20000 Nuklearsprengköpfe mehr auf dem Lande und auf den Meeren stationiert sind als beispielsweise 1975, als es nur etwa die Hälfte davon gab). Die antitotalitäre Sturmglocke, die es den früheren Lehnsherren ermöglichte, den Bann immer dann aufzuheben, wenn es ihnen beliebte, läßt außer acht, daß die Gefahr, vom Kommunismus überrollt zu werden, für uns westlichen Europäer immer noch größer ist, als durch eine Atombombe zu sterben. Für uns Franzosen haben die falschen Querelen um den Pazifismus kaum eine Bedeutung. (Es hat ja auch niemand die Absicht, auf unserem Boden Pershings zu stationieren, und niemand will unsere «Force de frappe» unterhöhlen.) Die ganze Aufregung erscheint unterhaltend wie ein Sturm im Wasserglas, ist aber sinnlos. Die eigentliche Frage besteht darin, unter welchen Bedingungen diese fiktive Polemik in Frankreich weiterhin gegenstandslos bleiben kann. Wie können wir uns wie bisher vor dieser Fieberkrankheit und den durch sie ausgelösten ideologischen und religiösen Emotionen schützen? Es dürfte ausreichen, daß Frankreich kühl und beständig seine nationalen Anstrengungen fortführt, wobei der Schwächere durch den Stärkeren abgeschreckt wird. Wenn Frankreich seine eigene Sicherheit ernst nimmt, trägt es am besten zur Sicherheit der anderen bei. Daher können wir uns nicht einsetzen – für die Nichtanwendung der Atombombe als Erstschlagwaffe (damit würden wir die Abschreckung unterlaufen), – für das Einfrieren der Waffen (damit könnten wir unsere nicht mehr modernisieren, – für das atomwaffenfreie Europa (damit wäre es den strategischen Systemen der Großmächte voll ausgeliefert).

4. *Für Europa und für Frankreich* (nicht für die Franzosen, die sich für Frankreich so wenig interessieren wie die Europäer für Europa) *besteht die Überlebensfrage heute darin, ob es sich weiterhin unmerklich, aber unaufhaltsam in eine Satellitenposition des amerikanischen Machtbereichs hinein manövrieren läßt,* und ob es sich mit der bescheidenen Rolle eines regionalen Statthalters zufrieden gibt, die ihr von dem Führer des Westens, für den sich der Präsident der Vereinigten Staaten – nicht ohne Grund – hält, zugewiesen wird. Durch die «Globalisierung» der Atlantischen Allianz (die angeblich eine nicht weniger globale sowjetische Herausforderung widerspiegelt) können die Vereinigten Staaten ihren Verbündeten unter dem Vorwand der Solidarität die Durchsetzung ihrer eigenen nationalen Interessen aufbürden. Diese Interessen werden einseitig von den Vereinigten Staaten definiert, ihre Durchsetzung aber muß multilateral getragen werden. Dies entspricht weder den Interessen der Demokratie noch denen Europas (beides ist miteinander verbunden). Indem wir in unseren nationalen und sozialen Lebensmöglichkeiten eingeschränkt werden, sind wir gleichzeitig in unserer Fähigkeit uns zu verteidigen beeinträchtigt und in unserem Bewußtsein dafür, was eigentlich verteidigt werden soll. Die Fähigkeit zum Widerstand und die zur Solidarität sind engstens miteinander verbunden. Ein Land, das nicht mehr zu sich selbst zu finden wagt, vermag auch seinen Verbündeten nichts zu geben und beschert der nachfolgenden Generation nur noch Apathie.

Laßt uns den Spiegel des nationalen Narzißmus zerbrechen: Die Bedrohungen und Herausforderungen der neuen Welt treten weiterhin zutage und haben bereits die alten Schemata außer Kraft gesetzt: das demographische Ungleichgewicht, insbesondere im mediterranen Raum; die Monopolunternehmen der Lebensmittelindustrie; das Durcheinander des Weltwährungssystems; die Konzentration des technologischen Know-hows; die Wellenbewegungen des Islams; die Rückkehr Japans in den Kreis der Weltmächte. All dies sind ungleich entscheidendere Vorgänge für den Frieden oder den Krieg als der Name des jeweiligen Kremlbewohners oder die genaue Anzahl der Interkontinentalraketen, die hier oder dort aufgestellt werden. Frankreich hat mehr als nur eine strategische Grenze, nicht nur die Elbe. Viel verletzbarer und entscheidender für die unmittelbare Zukunft sind die Grenzen im südlichen Pazifik, von denen zur Zeit die militärische und daher auch politische Unabhängigkeit Frankreichs abhängt. Die Erweiterung der Aktionen in Afrika, die Präsenz in der Antarktis, die Verbindung zum Indischen Ozean sind strategisch ausschlaggebend. Das wird jedoch in unseren Köpfen durch die Auseinandersetzungen der Vergangenheit überdeckt. Für wen sind sie entscheidend? Wofür sind sie entscheidend? Für unser Leben als Gemeinschaft, denn wir sind in dieser Hinsicht weder Linke noch Rechte, sondern Bewohner unseres Landes.

Man sieht, der Forscher überschreitet seine Grenzen: nicht der Widerspruchsgeist, sondern der der logischen Argumentation ist dafür verantwortlich.

*

Ich gebe keine Überzeugungen, sondern Schlußfolgerungen wieder. Ich will mich weder rechtfertigen, noch vorgefaßte Standpunkte vertreten, sondern die Ergebnisse einer langen, sorgfältigen Forschungsarbeit darstellen, die ich vor Ort in fünf verschiedenen Kontinenten auf der Grundlage von theoretischen und praktischen Erkenntnissen durchgeführt habe. Ich habe mich nicht damit zufriedengegeben, einer direkten Linie zwischen Paris-New York-Los Angeles-Bonn-Brüssel-Paris zu folgen, also den abgetretenen Pfad des goldenen Liberalismus einzuschlagen, sondern habe mich mit weitgeöffneten Augen auf verworrenen Wegen auch außerhalb der OECD bewegt. Dennoch sind meine Erkenntnisse nicht mehr als subjektive Gewißheiten, die jederzeit widerlegt werden können. Ich glaube, recht zu haben, aber ich weiß, daß ich mich irren kann. Es ist offenkundig, daß die gleichen Fakten und Tatsachen widersprüchlich ausgelegt werden können und daß zu den schwerwiegenden politischen Ungewißheiten die Unvorhersehbarkeiten strategischer Argumentation hinzukommen. Niemand konnte 1945 den nuklearen Durchbruch vorhersagen, und wenn morgen durch eine heute noch unvorstellbare technologische Neuerung die Ozeane transparent würden und die unterseeischen Abschußrampen überall und zu jeder Zeit geortet werden könnten, wären wir gezwungen, die Politik der Abschreckung aufzugeben und andere Sicherheiten für den Weltfrieden zu finden. Abgesehen von diesem immer möglichen, aber weder vorhersagbaren noch überprüfbaren Umbruch, bieten die verifizierbaren Informationen hinreichend Stoff für Auseinandersetzungen, ja sogar für böswillige Angriffe. (Führt nicht die öffentliche Aufzählung der Waffensysteme zu den jeweils gegensätzlichen Behauptungen über das Gleichgewicht der militärischen Stärke?) Man sollte dennoch die Unterschiede in der Wahrnehmung durch Wutanfälle und emotionale Ausfälle der Ankläger nicht noch verschlimmern. Mangelnde Klarheit und Mißachtung der Fakten und Zahlen führen zu Intoleranz. Bei uns gibt es zu viele Spekulanten und zu wenige seriös recherchierende Forscher. Jeder, der nicht der «Hexagonie»* anheimfallen will, muß sich der Anstrengung unterziehen, den Gedanken mit Information zu verbinden. Ich meine damit, daß das schnelle Vergnügen der Konzepterstellung ergänzt werden muß durch die Anstrengung der Recherche. Die hier vorliegende Untersuchung unterzieht sich dieser Anstrengung, indem sie so viel öffentlich zugängliche Informationen wie möglich – mit Quellenangaben – benutzt, nicht etwa um mögliche Gegenpositionen abzuwürgen, sondern um eine loyale Diskussion einzuleiten, die der genauen Analyse, der Verifizierung und Falsifizierung unterworfen werden kann (nicht aber den haßerfüllten Auswüchsen des «Terrors» in weißen Handschuhen, des «offiziellen» Journalismus).

Natürlich habe ich zahlreiche Persönlichkeiten und Veröffentlichungen, die gegensätzliche Thesen zu der meinen vertreten, zu Rate gezogen: die französischen Sachbuchbestseller der letzten zehn Jahre haben meine Forschungen begleitet. Wenn jemand behaupten sollte, ich habe keine Ahnung vom Thema, so kann ich zumindest darauf verweisen, daß mir die anerkanntesten Autoren zum Thema vertraut sind. Jedenfalls kenne ich genügend, um daraus die einzig gültige Überzeugung abzuleiten: Es ist an der Zeit, auch wenn ich allein dastehe, sich eine eigene Meinung zu bilden.

* *

Die weltweite Verbreitung des Nationalismus ist ein halbes Jahrhundert lang auch in jenen Gegenden der Welt das zentrale Ereignis des internationalen Lebens, in denen es keine Nationen gibt (Schwarz-

* Anspielung auf die sechseckige Form Frankreichs, d. h. übersteigertes Nationalgefühl (Anm. d. Übers.).

afrika) und in denen es keine geben sollte (islamische Umma-Länder). Nachdem die nationale Idee nach Ende des Krieges aus dem von Blut getränkten und von Mythen übersättigten Europa verbannt worden war, führte sie in Asien, im Nahen und Mittleren Osten und in Afrika zu kolonialen Aufständen. Überall gab es Grenzauseinandersetzungen. Nun werden sie in einer Art Sogbewegung an ihren Ausgangspunkt zurückgespült, in ein Europa, wo die Grenzen – die vorherigen Verteidigungslinien – zu Handelszonen wurden. Die verschwindende Zugkraft des Nationalstaats taucht in regionalen und kulturellen Gruppierungen wieder auf. In der UdSSR ist es ein Wiederaufleben des Russischen oder Russophilen, obwohl der «Staatsinternationalismus» zum Dogma wurde. Es gibt die Wiedergeburt eines gesamtdeutschen Gefühls auf beiden Seiten der Mauer, daneben das Wiedererwachen des durch eine alte atlantische Demütigung gebrochenen britischen Nationalstolzes, ein italienisches Aufbegehren, polnische Selbstzerfleischung und ein gesamtes neues slawisches Selbstbewußtsein – kurzum, es ist eine Rückkehr zu trüben Verwirrungen. Es ist an der Zeit, unsere verstaubten Geographie- und Geschichtsbücher wieder zur Hand zu nehmen, um das alte europäische Spiel erneut zu entdecken: wo liegt das rumänische Bessarabien, wo leben die ungarischen Minderheiten in Slowakien und im ehemaligen deutschen Schlesien, wo ist das italienische Tirol, das Transsylvanien und wo liegt Kossowo mit seiner albanischen Bevölkerung, das der serbischen Republik angeschlossen wurde? Die weitere Libanisierung stellt das Religiöse in einem Ausmaß in den Vordergrund, ja sogar im Widerspruch zum Nationalen, wie man es sich noch vor 1914, zur Zeit der großen Kaiserreiche, kaum vorstellen konnte. Inmitten der jungen Nationen und der alten Kulturen wird das aktuelle Geschehen bestimmt durch das Wiederaufkommen mystischer Empfindungen und konfessioneller Parteien, so z. B. in Israel, in Ägypten und in Indien; oder auch innerhalb alter Nationalstaaten wie Spanien, Großbritannien und morgen vielleicht auch in Frankreich: die Expansion und das Wiederaufleben separatistischer, autonomistischer oder irredentistischer Bestrebungen. Der Provokationsterrorismus (à la Rote Brigaden und à la Baader-Meinhof), blutiges Kennzeichen eines blutleeren Internationalismus, ist zwar spektakulär, hat aber in keiner Weise die Aussagekraft der langen baskischen, irischen und armenischen Traditionen, ganz zu schweigen von den Korsen, den Mazedoniern und den Kroaten. Der Granit der kulturellen und religiösen Geschichte (überall dort, wo die Religion und nicht die Sprache die Einheit der Gruppe ausmacht) kaschiert die an der Oberfläche vorhandenen Unterschiede. Das religiöse Wiederaufleben stellt die Monotheismen in Frage, das Ende des Universellen wird offenkundig in der universellen Explosion der Partikularismen. Die Lebensgeschichte eines betagten, kommunistischen Juden, der seit Beginn des Jahrhunderts in Paris, Moskau oder Jaffa lebt, ist symbolisch für jeden von uns. Aller Wahrscheinlichkeit nach ist er im Laufe der Zeit immer weniger Kommunist und immer mehr Jude (d. h. eigentlich «antikommunistisch») geworden. Im gleichen Zeitraum ist vermutlich ein liberaler und westlicher Muselmane, ob nun in Kairo, in Lagos oder in Kuala-Lumpur, immer islamischer geworden (um nicht zu sagen «antiwestlich»). Ein französischer Sozialist, der zunächst sehr französisch – oder auch europäisch – eingestellt war, dürfte ebenfalls weniger Sozialist geworden sein. An die Macht gelangt, wird man von ihm sagen, daß er auf afrikanisches Aufbegehren sensibler als auf die Proteste der Sozialistischen Internationale reagiert, so als ob er mehr Gemeinsamkeit mit einem feudalen Frankophilen verspürte als mit einem fortschrittlichen Finnen. Währenddessen wacht sein spanischer Genosse wie ein Höllenhund über den Hispanismus Lateinamerikas und lehnt sogar jegliche gemeinsame Aktion in diesem Raum mit anderen Sozialisten Europas ab, obwohl sie ihm zur Seite gestanden hätten. Je weniger Fortschritt, um so mehr Judaismus; je weniger Liberalismus, um so mehr Islam; je weniger Sozialismus, um so mehr Französisch-Sein, mehr Spanisch-Sein. Insgesamt gibt es überall weniger Ideologie und mehr Kultur. Das heißt nicht: «Weniger Mythen und mehr Realität», denn jede Generation bestimmt selbst, welche Realität und welche Mythen sie für verbindlich hält. Die unsrige, mit ihrer weltweit verbreiteten Wirtschaft, entwickelte sich auf politischer Ebene von den Prinzipien zu den Wurzeln und vom Großen zum Kleinen. Mythen hier und dort, aber sie agieren in entgegengesetzter Richtung.

Wenn ich versuche, eine strukturierende Matrix für das Durcheinander in der Welt einzubringen – in das, was Hubert Védrine die «Proliferation staatlicher Souveränitäten» (52 Staaten im Jahre 1950, 161 Staaten im Jahre 1985) nennt, was aber nur ein Symptom unter vielen anderen ist –, würde ich abermals das *Prinzip der Konstanz* wählen, welches das Gleichgewicht in der Entwicklung historischer Gruppen zwischen den Faktoren der Veränderung und denen der Stabilität sichert. * Es realisiert sich ein dynamisches Krisengleichgewicht (hierbei wird das verlorene Gleichgewicht auf einer jeweils höheren Ebene wiederhergestellt), in dem man die «Vernünftigkeit der Gesellschaften» ähnlich der «Vernünftigkeit des Körpers» erkennen kann. Es gewährleistet im Laufe der Zeit eine invariante Beziehung zwischen dem, was sich fortbewegt (der wissenschaftliche und technische Fortschritt) und dem, was unverändert bleibt (die Orientierungspunkte für die Identität). Je mehr beispielsweise die technologische Erneuerung an Geschwindigkeit zunimmt, so wie die Erneuerung der agrarischen Grundlagen durch die nachfolgenden industriellen Revolutionen nachläßt, durch das Verschwinden der gemeinschaftlichen Flurpläne und der traditionellen Lebensbereiche, durch die Standardisierung der Werkzeuge und der Produkte etc., je mehr kommt es zur Atomisierung, je mehr kommt es zur Rückkehr von Stammesentwicklung. Der Fortschritt wird in Regression umschlagen, während die Nivellierung eine immer größere Einfriedung bewirken wird. Das Moderne wird *archaisch* sein oder überhaupt nicht existieren. Und wenn die «fortschreitende» Menschheit sich durch die Hand zivilisiert, so verwildert sie in Kopf und Herz. Die Herausstellung quantitativer Faktoren des Fortschritts – wie die Expansion humanistischer Ideologien im 19. Jahrhundert – führt langfristig zu einer qualitativen Intensivierung der Regressionen und an erster Stelle zum derzeitigen Wiederauftreten kommunaler und konfessioneller Strömungen (man denke an Indien). Dieses Modell hat zumindest den Verdienst zu verdeutlichen, warum die dritte industrielle Revolution («die dritte Welle» von Alvin Tofler) «gegen jede Logik» die Eskalation der Stammesfehden und der religiösen Wiedergeburten erneut auslöst, und zwar nicht allein um die industrialisierte Welt herum, sondern in ihrem Herzen selbst.

Und weiter gehts im gleichen Takt: Schiiten gegen Sunniten oder Araber gegen Perser, Alawiten gegen Sunniten, zypriotische Türken gegen zypriotische Griechen, Drusen gegen Maroniten, Juden gegen Muselmanen, Kurden gegen Araber und Perser, Mauren gegen Berber, Sikhs gegen Hindus, Singhalesen gegen Tamilen, Germanen gegen Slawen und Slawen gegen Türken. Katholiken gegen Orthodoxe, Gläubige gegen Atheisten, Hazara und Pashtunen gegen die russi-

* Siehe Regis Debray «Critique de la Raison politique» (Kritik der politischen Vernunft), Band 2.

schen Besetzer, Baluchen gegen Punjabis, Vietnamesen gegen Rote Khmer und Chinesen gegen Vietnamesen oder umgekehrt Kanaken gegen Kaldoschs. So geht die Geschichte «mit großen Schritten voran und rührt sich doch nicht von der Stelle». Ist denn die Absurdität dieses Karussells bar jeder Vernunft? Dabei ist das ständige Herausstellen der Nationalitäten sinnlos. «Warum töten Sie mich? Wohnen Sie nicht auf der anderen Seite des Wassers?» Und es wird weiter differenziert: «Sprechen Sie nicht eine fremde Sprache? Verehren Sie nicht einen anderen Gott? Oder doch den gleichen, nur auf andere Weise?» Die grausamsten Schlachtfelder dieses Jahrhunderts laufen quer durch unsere geistigen Bereiche, bringen unsere Orientierungspunkte aus dem Gleichgewicht. Links und rechts, weiß und rot, in diesem Kaleidoskop? Ein Bündnis setzt einen Raum und verteilt die Farben: mit einem Augenzwinkern stellt es sie wieder auf den Kopf. Wer die Strategiedebatte auf einen Austausch von Visitenkarten zwischen «Proamerikanern» und «Prosowjets», zwischen «freier Welt» und «Totalitarismus» reduziert, wie es die fiktive Geschichte der Ost-West-Beziehungen vorschreibt, dient einem nützlichen Idealismus, nämlich stets die Bösen von den Guten unterscheiden zu können. Aber so wie seit Menschengedenken die Starken mit den Schwachen umgehen, versuchen beide Blöcke, Ereignisse, die ihnen zu entgleiten drohen, zu ihren Gunsten zu wenden, um den eigenen Einfluß auszudehnen und den des Gegners zu begrenzen. Diese Konflikte sind weder aus der Opposition des Kapitalismus zum Sozialismus noch aus der der beiden Supermächte entstanden, noch dienen sie ihr. Es mag zwar unser Denken, nicht aber die Realität ordnen, wenn wir so tun, als befänden wir uns «in einem weltweiten Bürgerkrieg» zwischen zwei sich feindlich gegenüberstehenden Weltanschauungen, die durch eine klare zentrale Linie voneinander getrennt wären. Seinerzeit glaubte der Marxist, es reiche aus, den Bürger vom Proletarier oder auch die «bürgerliche Nation» von der «proletarischen Nation» nach der entwicklungspolitischen Version der Geschichte zu trennen. Zwischen Demokratie und Diktatur müsse unterschieden werden, meint der liberale Jedermann von heute. Das Schicksal will es, daß die Welt keine transnationale Nation ist, kein Superstaat mit Abteilen. Alle Kriege sind, wenn man so will, Bürgerkriege – jedoch erst in der Retrospektive, erst an dem Tag, an dem die geeinte Menschheit durch das unmittelbare Herannahen des Todes vor dem obersten Gerichtshof der Bombe zu erscheinen haben wird. Aber dieses Tribunal wurde berufen, um niemals zusammenzutreten. Wenn wir auf Godot warten, müssen wir uns darüber klar werden, daß die mehr als 140 Kriege, die diesen Planeten verwüstet haben und die dies auch seit dem Ende des Zweiten Weltkrieges lustig weiterhin tun, nicht die düsteren Schatten aus den Kavernen sind, sondern daß bis auf den heutigen Tag keine transzendentale Idee – so versteckt sie auch immer sein mag – entstand, die in der heutigen Situation Einsicht und Erhellung bringen könnte. Die 350000 Menschen, die zwischen Abadan und Mossul wie Millionen ihrer feindlichen Brüder bei gleichartigen Gemetzeln ums Leben kamen, sind keine Simulanten einer sie alle umfassenden strategischen Konfrontation, sie sind keine von grandiosen planetarischen Fernzielen manipulierten Bleisoldaten. Es sind Tote, die für nichts anderes als ihre eigene Mythologie starben, jeder für die seine.

Von der Allianz zum System

Das allgemeine Desinteresse an den großen politischen Fragen kommt daher, daß diese nicht genügend Auswirkungen auf unser persönliches Leben haben. Die Debatten um die Außenpolitik interessieren kaum mehr Wähler als Abgeordnete im Parlament. Nur einige wenige Publikationen bringen ein wenig Licht in die Art und Weise, in der der «Westen» funktioniert. Müßte nicht das unsere Aufmerksamkeit erregen, was uns am meisten betrifft? Warum ist die «freie Welt», die sich ja äußerst wortreich zur Freiheit äußert, so zurückhaltend in ihren Aussagen darüber, was sie selbst zu einer Welt macht? Hindert uns der Balken im Auge unseres östlichen Nachbarn daran, den Strohhalm in unserem eigenen zu entfernen? Indem ständig wiederholt wird, daß Neutralität *de facto* eine Unterstützung der UdSSR bedeutet und daß die Gleichstellung der beiden Supermächte eine folgenschwere Mystifizierung darstellt, läßt sich vergessen, wie von beiden Einfluß auf uns selbst ausgeübt wird. H_2O wurde nicht von den Fischen erfunden. Man kann unschwer feststellen, daß die Analyse des atlantischen Systems die Europäer kaum interessiert, einschließlich der Experten und Verantwortlichen. Wenn darüber gesprochen werden muß, in offiziellen Reden beispielsweise, scheint die Feierlichkeit, mit der dies getan wird, die Beschreibung des «Wie es ist» überflüssig zu machen.

Zunächst zu dem, was ist. Frankreich gehört einem Staatenverbund an, der durch einen anderen Mitgliedsstaat, die Vereinigten Staaten von Amerika, geleitet wird. Nur wenige Franzosen sind davon informiert, und das hat seinen Grund: dieses Bündnis besteht offiziell nicht. Seit Valéry Giscard d'Estaing wissen wir, daß «Europa danach strebt, von einer amerikanischen Kommission geführt zu werden». Dieses Staatenbündnis ist trotz seines äußeren Anscheins und trotz der Ritualien in der politischen Zusammenarbeit unglücklicherweise nicht die Europäische Gemeinschaft, die ja eine wirtschaftliche und kommerzielle Basis hat. Das Staatenbündnis trägt den bescheidenen Namen «Atlantische Allianz». Dabei ist es gar keine Allianz, sondern eine Gemeinschaft oder eine Familie (mit den regelmäßigen Zusammenkünften, mit den gemeinsamen Essen und den üblichen Streitigkeiten). Aber halten sich die Mitglieder einer Familie für Alliierte? Auch ist die Allianz nicht mehr nur atlantisch, sondern wurde «ein Pakt mit weltweiter Aufgabenstellung».* Dieser politisch-strategischen Gesamtorganisation gehören Länder an, die sehr weit von diesem Ozean entfernt sind, aber dennoch eine Strategie von planetarischem Ausmaß unterstützen, welche jetzt sogar auf den Weltraum erweitert wird.

Was bei uns gesagt wird, entspricht nicht immer der Realität, sondern eher dem, was sein sollte. Frankreich ist ein souveräner Staat, der für seine Entscheidungen selbst verantwortlich ist. Es versteht sich als «treuer Partner einer militärischen Verteidigungsallianz mit begrenzten und auf den Nordatlantik beschränkten Kompetenzen». Das ist falsch und richtig zugleich. Es ist richtig, weil es die einzige Verpflichtung ist, die Frankreich einging. Der Vertrag von Washington wurde in dieser Stadt am 4. April 1949 von den Vertretern von zwölf Ländern unterzeichnet (Belgien, Kanada, Dänemark, Vereinigte Staaten von Amerika, Frankreich, Island, Italien, Luxemburg, Norwegen, Niederlande, Portugal und das Vereinigte Königreich). Diese Behauptung ist falsch, weil der Vertrag (er verdient es im übrigen, von seinen Anhängern nachgelesen zu werden) noch nach 30 Jahren die Politik des «entschlossenen und geeinigten Westen unter der Leitung eines wiedererstarkten Ameri-

* Claude Delmas, Le Monde atlantique (Die atlantische Welt), 1965.

kas» (so bezeichneten es die Amerikaner selbst) * zu rechtfertigen hat.

«Eine militärische Allianz?» Das war sie im wesentlichen nur zu Anfang und schon ab Dezember 1956, als der Atlantische Rat den «Bericht der drei Weisen» (Pearson, Lange und Martino, den Außenministern von Kanada, Norwegen und Italien) entgegennahm, war sie es offiziell schon nicht mehr. Als Reaktion auf die ersten Spannungen zwischen den Nuklearmächten und den Nichtnuklearmächten der Allianz, wurde von ihnen das «Komitee für nichtmilitärische Zusammenarbeit» gegründet. Es war bei der vorhergehenden Sitzung beauftragt worden, die zur Verfügung stehenden Mittel zu untersuchen, die für die «Zusammenarbeit zwischen den Ländern der NATO in den nichtmilitärischen Bereichen und für die Stärkung der Einheit innerhalb der «atlantischen Gemeinschaft» zur Verfügung stehen. Die wichtigsten Punkte dieses umfangreichen Berichtes, der als «moralische Charta» der NATO gilt, werden seit 20 Jahren angewendet. **

* Richard Burt, US-Botschafter in Bonn, 1983 Unterstaatssekretär für europäische Angelegenheiten.

** Hier die wichtigsten Punkte dieses Berichtes:
«Wenn vor allem bei Beginn des Bestehens der NATO die Angst im Vordergrund stand, so haben wir heute – mehr oder weniger bewußt – verstanden, daß im Atomzeitalter und in einer Welt, in der Entfernungen immer bedeutungsloser werden, der Augenblick gekommen ist, die Schwesternationen des Atlantiks und Westeuropas enger zusammenzuführen, daß deren Ziele nicht ausschließlich defensiver Natur sein sollten und daß die Zusammenlegung eines Teils der jeweiligen nationalen Souveränitäten unseren natürlichen Schutz erhöhen und zum Fortschritt der allgemeinen Zusammenarbeit beitragen könnten. Die Regierungen und die betroffenen Völker spüren, daß diese größere Einheit natürlich und wünschenswert ist, daß diese Gemeinschaft gleicher kultureller Traditionen, freier Institutionen und demokratischer Konzeptionen eine Herausforderung für ihre Feinde darstellt. Dies ist ein weiterer Grund für eine Stärkung der Einheit nicht allein für die Verteidigung, sondern auch für deren Weiterentwicklung. Zusammengefaßt bedeutet das: Durch das Bewußtsein für die gemeinsame Gefahr entstand das Gefühl der Gemeinsamkeit in der atlantischen Gemeinschaft.» (Kapitel I, Art. 12).

«Die NATO darf nicht vergessen, daß der Einfluß und die Interessen seiner Mitglieder nicht auf den Anwendungsbereich des Vertrages beschränkt sind und daß auch äußere Ereignisse in gravierender Weise die gemeinsamen Interessen der atlantischen Gemeinschaft gefährden können. Indem sie sich bemühen, die Beziehungen untereinander zu verbessern und die Einheit zu stärken, sollten die Mitgliedsstaaten ebenso ihre Politik in den anderen Teilen der Welt aufeinander abstimmen.» (Kapitel I, Art. 32).

«Der Zusammenschluß der atlantischen Nationen mit ihren konstruktiven und edelmütigen Zielen – Prinzip und Ideal der NATO-Grundlagen – muß sich, um sich entwickeln zu können, auf etwas Grundlegenderes und Dauerhafteres stützen, als

Die Franzosen sind die einzigen Bündnispartner, die es seit 1965 zur Gewohnheit werden ließen, innerhalb der NATO zu opponieren. Es heißt, Frankreich habe sich aus der militärischen Organisation der NATO zurückgezogen und sei nur noch in der Allianz selbst, dem politischen und formellen, in der Argumentationsfolge fast inhaltslosen Rahmen, aus Höflichkeit verblieben. Diese Unterscheidung ist eine Fiktion. Die Atlantische Allianz existiert nicht mehr unabhängig von der NATO, seitdem letztere durch eine simple Konvention im Jahre 1951 gegründet wurde. Frankreich wurde Vollmitglied der Organisation des Nordatlantischen Vertrages, einer permanenten Einrichtung der Allianz in Friedenszeiten mit politischem Auftrag, dessen Generalsekretär ein ziviler Beamter ist.*

In diesem dehnbaren Gesamtgefüge ziviler und militärischer Organe wurde der zivile Bereich ständig erweitert. In Evère (Belgien), dem Sitz der NATO, gibt es ca. 200 Spezialkomitees, unter anderem ein Komitee für Information und kulturelle Beziehungen, ein wissenschaftliches Komitee, das durch das internationale Sekretariat erweitert werden soll, mit dem Ziel, die «nichtmilitärischen Aktivitäten zu fördern» (Juli 1982). Gemäß Artikel 2 des Vertrages gründete die Allianz schon 1957 ein Wirtschaftskomitee, das gegenüber dem Rat re-

allein auf die Gefahren und Entzweiungen der letzten zehn Jahre. Sie ist viel eher das Ergebnis einer historischen Entwicklung als der aktuellen Situation.» (Kapitel I, Art. 35).

«Politische Zusammenarbeit und ökonomischer Konflikt können nicht miteinander in Einklang gebracht werden ...» (Kapitel III, Art. 60).

«Wissenschaft und Technik sind Bereiche von besonderer Bedeutsamkeit für die atlantische Gemeinschaft. In den letzten zehn Jahren wurde immer deutlicher, daß wissenschaftlicher und technischer Fortschritt entscheidend ist für die Sicherheit der Nationen und für ihre Stellung in der Welt ...» (Kapitel III, Art. 67).

«Bei den Völkern und den Institutionen der Nationen innerhalb der Allianz sollte der Geist der atlantischen Gemeinschaft herrschen. Das kann nur erreicht werden, wenn es gelingt, den Völkern ein klares Bewußtsein sowohl für ihr gemeinsames kulturelles Erbe als auch für den Wert der materiellen und gedanklichen Freiheiten zu vermitteln, in deren Geist sie leben. Es ist daher von Bedeutung, daß die Länder der NATO die kulturelle Zusammenarbeit zwischen ihren Völkern mit allen zur Verfügung stehenden Mitteln fördern, um ihre Einheit zu stärken und so der Allianz die größtmögliche Unterstützung zu geben. Dabei ist es von besonderer Wichtigkeit, daß diese kulturelle Kooperation über die Grenzen eines Kontinents hinausgeht.» (Kapitel IV, Art. 73).

* Die Generalsekretäre waren seit 1959: Paul-Henri Spaak (Belgien), Dirk Stikker (Niederlande), Manlio Brosio (Italien), Joseph Luns (Niederlande), Lord Carrington (Großbritannien).

chenschaftspflichtig ist und dessen Aufgabenstellung und Zusammensetzung im Jahre 1978 erweitert wurden. Im Jahre 1981 wurde ihm eine Ad-hoc-Gruppe «technologische Entwicklung» unterstellt. Seit 1982 wird auf Grund eines amerikanischen Vorschlags erwogen, ein «Koordinierungsgremium für die Aktionen der westlichen Länder zur Verbesserung der Menschenrechte in der UdSSR» zu schaffen. Das Adjektiv «militärisch» ist zugleich zu weitfassend und zu restriktiv, um die Fülle der Aktionen von der Logistik bis zur Philosophie, von den Pipelines bis zur Ökologie zu erfassen. An allen politischen Aktivitäten der NATO ist Frankreich beteiligt. Ebenso nimmt es an den Sitzungen des obersten Rates der NATO, dem Atlantischen Rat, teil, sowie aller Unterorganisationen, dem politischen Komitee, dem wirtschaftlichen Komitee und den Ad-hoc-Gruppen; es ist ebenso beteiligt an den technischen Gremien, deren Aufgabe die Verteidigung ist (die Komitees für Luftverteidigung, für zivile Notstandsverteidigung und für die Fernmeldetechnik). Frankreich hat seinen Platz im internationalen Sekretariat der Organisation (in Bezug auf den Personalbestand liegt Frankreich vor Italien und vor der Bundesrepublik Deutschland), es leistet seinen vollen Beitrag zum zivilen Haushalt (und einen Teil des militärischen). Es ist nicht vertreten im Komitee für Verteidigungspläne, nicht in der Euro-Gruppe, nicht in der Nuklearen Planungsgruppe und nicht in der Gruppe der obersten Ebene, wo entschieden wird, welche Nuklearwaffen für welchen Kriegsschauplatz von der NATO benötigt werden.

«Defensive Militärallianz?» Die Atlantische Allianz ist defensiv, wenn man sich allein auf den Vertrag von 1949 bezieht und auf die Situation ihrer Entstehung. Es kann sich heute kein Staatenbündnis selbst als offensiv bezeichnen, weil die Unterzeichnerstaaten der Charta der Vereinten Nationen ihre Mitglieder verpflichten, auf Gewaltanwendung zu verzichten. Entsprechend können sie nur Verteidigungsallianzen schließen. Juristisch ist diese Bezeichnung überflüssig. Strategisch stellt sie eine bekannte Schwierigkeit dar: es ist in der Regel nicht möglich Verteidigung von Gegenangriff zu unterscheiden. Psychologisch kann die Bezeichnung «defensiv» immer dann zu peinlichen Situationen führen, wenn es der mutmaßlich bedeutendste Staatschef innerhalb des Bündnisses für angezeigt hält, eine offensive Strategie anzuwenden und wenn ihn seine Verbündeten nicht daran hindern können, ohne gleichzeitig ihre Pflicht zur Solidarität zu verletzen.

Die Redundanz des Begriffes «defensiv» verdeckt ein Dilemma, das zwischen Allianz und Verteidigung, zwischen der Treue zum Geist des Bündnisses und der zum amerikanischen Präsidenten. Die Wende in der Administration, in der Mentalität und der Strategie, die in Amerika nach der sowjetischen Besetzung von Afghanistan (Dezember 1979) und nach der erfolglosen Flugzeugoperation im Iran (24. April 1984), ob sie nun gerechtfertigt war oder nicht, stattfand, sind Beispiele für diese Kalamität. Es ist nämlich gar nicht so einfach, eine im allgemeinen defensive Allianz mitzutragen mit einem Leader, der die Wirtschaftswaffe zu politischen Zwecken einsetzt, der ökonomische Sanktionen benutzt, um strategischen Druck auszuüben und dies nicht nur, um dem Kreml eine neue Linie aufzuzwingen, sondern, so glaubt man, um dieses Regime abzuschaffen; ein Leader, der die horizontale Eskalation theoretisch und auch praktisch betreibt (man denke an Libyen, Syrien und Grenada); der den Weltraum militarisieren wird und dabei den Vertrag und die Sicherheit seiner französischen und britischen Alliierten völlig außer acht läßt; der innerhalb von drei Jahren sein Militärbudget um 40 % erhöht; der den Anschein erweckt, seine strategische Ausgangssituation mehr operationell als defensiv, mehr offensiv als abschreckend über den Umweg der «warfighting capability» zu gestalten und der so den begrenzten Nuklearkrieg banalisiert; der die «Sonderoperationen» der Geheimdienste rehabilitiert; der 80 Millionen Dollar der CIA für das Projekt «Demokratie» als Zuwendung gibt; der den Rundfunkkrieg wieder aufnimmt und der durch einen nicht erklärten Krieg ein Mitglied der internationalen Gemeinschaft destabilisiert. Die «Kreuzzüge für die Freiheit» sind selten defensiver Natur. Für die Jüngsten in der «Familie» stellt sich die ganz praktische Frage: Wie kann ich Mitglied der Gemeinschaft bleiben, ohne meine Souveränität aufzugeben, um jederzeit und an jedem Ort frei zu entscheiden? Dies wäre in einem Fall von Wichtigkeit, wenn das Überlebensinteresse eines Landes angesichts des Ostens bedroht ist und der Zwang da ist, die defensive Position aufzugeben.

Wie hat «die defensive militärische Allianz in einem begrenzten Anwendungsbereich» überhaupt auszusehen? Der Artikel 6 des Vertrages gibt ausdrücklich vor, daß Konsultationen stattzufinden haben im Falle eines bewaffneten Angriffs eines der Mitgliedsländer «im Nordatlantik oder nördlich des Wendekreises des Krebses gegen ein Flugzeug oder ein Schiff eines anderen Mitgliedslandes der gleichen

Region». Dieser geographische Raum ist mehr als fiktiv. «Angesichts der globalen Herausforderung durch die sowjetische Welt muß die Allianz global reagieren», sagte bereits Paul-Henri Spaak, ehemaliger Generalsekretär, im Jahre 1959. Er verkündete zehn Jahre zuvor prophetisch: «Wir müssen von der Allianz zur Gemeinschaft übergehen.» Die Amerikaner benutzten ihre Stützpunkte in Frankreich, um 1958 ihre Waffen in den Libanon zu transportieren und im Jahre 1964 in den Kongo. Sie haben es auch im Jahre 1973 für die Luftbrücke nach Israel versucht. Portugal, Spanien, Griechenland und die Türkei sind heute Relaisstationen (Transit, Annäherung und Instellungbringen von Wehrmaterial etc.) für die schnellen Eingreiftruppen. Das alles geschieht mit dem Argument, die Wasserstraßen seien zu schützen. Damit breitet die Allianz ihre Aktionen bis zum mittleren Orient einschließlich des Persischen Golfs aus. In der Deklaration von Ottawa von 1974 wurde definiert, was außerhalb des Schutzbereichs der Allianz liegt. Dort wurde gesagt: «Die offenen gegenseitigen Konsultationen sollen verstärkt stattfinden, weil sie geeignet erscheinen, die zu behandelnden Fragen und gemeinsamen Interessen der Mitglieder der Allianz zu fördern, unter Berücksichtigung dessen, was durch Ereignisse in anderen Teilen der Welt ausgelöst wurde.» Diese Deklaration wurde durch Frankreich unterzeichnet, so auch jene des Jahres 1982 in Bonn, bei der noch deutlicher das Prinzip der Erweiterung der Verteidigungszone auf die Krisenherde im «Südsystem» ausgesprochen wurde. Die Praxis geht noch weit darüber hinaus. Militärisch umfaßt die Zuständigkeit des SACEUR (oberster amerikanischer Befehlshaber in Europa) einen Teil des Mittleren Ostens (Israel, Libanon, Syrien). Geographisch umfaßt das «Linkage» die Anbindung der verschiedenen Sicherheitssysteme, deren Zentrum die Vereinigten Staaten bei gleichbleibendem Leadership sind (gestern NATO-CENTO-OTASE, heute NATO-ANZUS-Japan)*.

Auf dem Umweg über die Gipfeltreffen, die in der Öffentlichkeit als rein ökonomische Besprechungen dargestellt wurden, haben die Vereinigten Staaten stillschweigend Japan in die «atlantische Welt» (Williamsburg, Mai 1983) eingeführt und dabei auf zweideutige

* CENTO: früherer Pakt von Bagdad, aufgelöst im Jahre 1979.
OTASE: früherer Pakt von Manila, aufgelöst im Jahre 1977.
ANZUS: zeitlich unbegrenzter Vertrag von 1951 zwischen Australien, Neuseeland und den Vereinigten Staaten.

Weise die Frage der Stationierung von Pershing-Raketen benutzt. Ihre Anstrengungen in dieser Richtung gehen seitdem weiter. Es geht um eine Erweiterung im Sinne der Interessen des Präsidenten: «Eine Allianz mit verschiedenen Schauplätzen kann nur ein Imperium – dabei wird Interessengleichheit durch Dominanz erreicht – oder ein Diskussionsforum sein, das aber zur realen Bewältigung von Krisen ungeeignet ist.» *

Dann handelt es sich aber nicht um eine Alternative, sondern um eine Folgeerscheinung. Man kann auf akademischen Foren beginnen und in den Führungsstäben fortfahren.

Diese Realitäten sind in gewisser Weise logisch. Man kann einwenden, daß der Krieg ja die Fortsetzung der Politik mit anderen Mitteln sei. Eine private Militärallianz ohne politische Gremien hätte jedoch keinen Bestand; genausowenig können politische Konzertationen ohne die Beteiligung der ökonomischen Organe wirksam sein: Die operationelle Koordinierung ist in Kriegszeiten nicht von heute auf morgen möglich, so wird die Gemeinschaft durch permanente Gremien, die die gemeinsame Aktion vorbereiten, gestützt. Durch die Verbindung der Schauplätze untereinander und durch die nukleare Perspektive wird die Globalisierung der Konflikte unausweichlich. Zudem wäre die Aussage: «über diese Linie auf der Landkarte hinaus gilt unsere Solidarität nicht mehr» völlig absurd. Wenn es Gründe für diese Solidarität gibt, dann können diese nicht von einigen Kilometern abhängig sein. Daneben ist die einseitige Vorherrschaft eines Staates über alle anderen politischer Ausdruck des militärischen Kräfteverhältnisses (99 % der 6000 Nuklearsprengköpfe der NATO sind amerikanisch), dazu kommt die Anzahl der im Ausland stationierten Armee-Einheiten (320000 US-Soldaten in Europa), die Beitragsleistungen (65 % der Ausgaben werden von den Amerikanern bestritten) und das wirtschaftliche Gewicht (die Vereinigten Staaten stellen 46 % des Bruttosozialproduktes der gesamten NATO und 38 % seiner Bevölkerung). Aber wie kann diese Logik aufgebrochen werden, d. h. wie können die tatsächlichen Probleme der Gemeinschaft diskutierbar werden, ohne dabei die gleichen Begriffe zu verwenden, mit denen der Leader regiert? «Es ist nicht wichtig, was die Worte bedeuten, es geht

* Dominique David, L'Alliance: notre Arche et son Déluge (Die Allianz: unsere Arche und Sintflut), Stratégique, Ier trimestre 1983, (Fondation pour les Études de Défense nationale), S. 103.

darum herauszufinden, wer hier zu sagen hat», sagte Alice im Wunderland. In den Ländern der Allianz bedeutet das möglicherweise, daß ein vereinigendes politisches System scheinbar nicht so genau genommen werden sollte. Vielleicht ist die Allianz bloß ein akademischer Diskussionsclub, an dem sechzehn Länder «auf der Basis völliger Gleichheit, ungeachtet ihrer tatsächlichen Stärke», beteiligt sind, bei dem der Eintritt frei ist und die Zugehörigkeit ohne Folgen.

Das Sein und der Anschein

Wir sagen, was ist, also etwas anderes als das, was üblicherweise auf Grund von Ansehen gesagt wird. Eigenliebe verpflichtet! Die feste und begrenzte Vorstellung, die wir von der Allianz des äußeren Anscheins wegen haben, verstellt uns den Blick für das, was aus der Allianz heute geworden ist. Es ist nicht so, daß nicht alles gesagt würde, aber es wird in einer Weise gesagt, die den Anschein erweckt, als sei es unwesentlich. Um die Tragweite des Systems zu bagatellisieren, seine Schwerkraft zu banalisieren, genügt es, die Allianz von den formell unabhängigen Institutionen zu trennen, die sehr unterschiedliche Aufgaben haben und die von ihr gelenkt werden und unter ihrer Leitung wie ein Netzwerk funktionieren: OECD, Internationaler Währungsfonds, die WEU, die Internationale Energiebehörde, der Siebenergipfel, der Europarat, der Viererrat etc.; es genügt also, die Allianz auf ihre rein institutionelle Realität zu reduzieren, auf das, was sie dem Papier nach ist. Dies ist mit dem besten Gewissen der Welt möglich. Damit aber wird schlicht und einfach die objektiv «böswillige Absicht» des Staatenbündnisses deutlich, dessen Kraft im Sinne von Sartres Werk *Das Sein und das Nichts* darin besteht, zu sein, was es nicht ist, und nicht zu sein, was es tatsächlich ist. Jeder der am Bündnis Beteiligten kann sich selbst und die anderen belügen. Die Allianz, so wie wir sie gerne hätten, so wie sie sein sollte, ist entsprechend den Prinzipien, den Zielsetzungen und den im Vertrag festgelegten Strukturen ein einfaches System regionaler Sicherheit, das seit 1969 (Artikel 13) auf Wunsch jederzeit aufgelöst werden kann. Es ist ein System, das keine großen Verpflichtungen beinhaltet (Artikel 5 schließt die automatische Hilfeleistung aus, er verpflichtet ebensowenig zur Anwendung von Waffengewalt). Es gibt sich damit zufrieden, einen Rat ohne periodische Festlegung zu berufen, ein Verteidigungskomitee ohne genaue Zuständigkeiten (Art. 9) zu ernennen allein aus dem Grund, die Zivilisation, die Demokratie und die Rechtsherrschaft (Präambel) zu schützen. Die Allianz hat, so wie sie in der Öffentlichkeit auftritt, den Vorteil, hinter verschlossenen Türen zu agieren, unter Spezialisten, ohne sichtbare Flaggen, ohne Straßenschilder (nicht einmal die Belgier nehmen ihre Existenz wahr) und ohne sichtbare Auswirkungen auf die Innenpolitik. Ihre Öffentlichkeit besteht allein in dem, was gesagt wird, aber eher über eine maschinelle Institution als über leibhaftige Personen. Der Vertrag definiert eine klassische Allianz zwischen souveränen Staaten; ihre reale Organisation strukturiert ein Lager, eine Hegemonialmacht. Die Beziehung der klassischen Allianz zur öffentlichen ist nicht die eines gesetzlichen Erlasses, sie widersprechen sich gegenseitig in Form und Inhalt. Die NATO beinhaltet die Vereinigung einer Gemeinschaft unter amerikanischer Leitung, aber die verschiedenen Unterorganisationen der NATO, deren Entstehen nach und nach ohne schriftliche Vereinbarung und ohne offene Diskussion erfolgte, waren nie Gegenstand parlamentarischer Debatten, und sie erscheinen auch nicht im Vertrag, dem einzigen ratifizierten Dokument. Zudem besteht keineswegs die Notwendigkeit, die Institutionen oder auch die Texte zu verändern, um die Kompetenzen und um die geographische Region oder die Zuständigkeit des amerikanischen Präsidenten zu erweitern. Hier regiert «der angelsächsische Pragmatismus», so würde Alice im Wunderland sagen.

Die gleiche Spiegelverkehrung besteht innerhalb der Organisation selbst, in der offizielle Superstrukturen und De-facto-Funktionen nicht übereinstimmen. Was bedeutet eigentlich «integriertes militärisches Kommando»? Das Komitee der Verteidigungspläne entstand 1963 und ist seit 1966 das offizielle militärische Koordinationsgremium, das sich auf gleicher Ebene wie der Atlantische Rat selbst befindet. Tatsächlich ist es ein Forum ohne eigene Machtbefugnisse. Es ist theoretischer Gipfel der Militärstruktur der Organisation, hat aber keine direkte Befehlsgewalt auf die Kommandos, es gibt nur «Empfehlungen» an das Komitee für Verteidigungspläne weiter. Die genaue Aufgabenstellung des interalliierten Komitees der Chefs der Führungsstäbe im Konfliktfall, dieses multinationalen Gremiums, ist in keinem Schriftstück festgelegt. Die Befehle werden an diesen Beratungsgremien vorbei, den dekorativen Superstrukturen auf der unteren Ebene gegeben: durch SACEUR, SACLANT und CINCHAN*

In Wirklichkeit hat SACEUR** die oberste Befehlsgewalt. Es befehligt das Militärkomitee, dem es theoretisch untergeordnet ist. Seine Entscheidungen haben eine politische Dimension, die auf der fiktiven Ebene des integrierten Kommandos nicht existiert, da die Operationspläne vom Pentagon ausgearbeitet werden. Im Krisenfall gibt der Präsident der Vereinigten Staaten an das SACEUR allein die Befehle. In einem Wort: das Oberkommando der amerikanischen Streitkräfte in Europa ist zugleich alliierter Oberbefehlshaber in Europa.

Polemischer Vorteil des Disputs: In Friedenszeiten wird die Allianz beschuldigt, wenn sie das Hegemonialsystem überhaupt anspricht, in Kriegszeiten, wo es Grundlage ist, wird sie zur Rechenschaft gezogen, wenn sie es ablehnt. Damit ist gemeint, daß Amerikaner und Europäer im Notfall angesichts der sowjetischen Aggressoren Seite an Seite zu stehen haben. Entweder seid ihr unverantwortlich oder ihr seid unzuverlässig.

Wer aber das Abhängigkeitsverhältnis der Allianz nüchtern in Frage stellt, den verweist man auf die Texte der Vereinbarung, in denen klar Unabhängigkeit und Gleichheit garantiert sind. Sie sollen als Beweis für eine offene Verbindung gelten, der keinem Ehevertrag entspricht!

Der politische Vorteil: Wenn ein Regierungschef bei einem atlantischen Gipfel oder anderswo seine «völlige Treue zu den Verpflichtungen der Allianz» versichert, dann fragt sich auf Dauer niemand mehr, von welchen Verpflichtungen die Rede ist. Wenn es allein um jene geht, die durch sein Land juristisch unterschrieben wurden, könnte er die Sitzung verlassen und nach Hause fahren (nirgendwo wird im Vertrag gesagt, daß ein Regierungschef gezwungen ist, an den Sitzungen des Atlantischen Rates teilzunehmen; nicht einmal 1949 wurde die Anwesenheit eines permanenten Vertreters der Unterzeichnerstaaten gefordert). Es ist diese Zweideutigkeit, die den seit 35 Jahren

* SACLANT, Atlantikkommando mit der Basis in Norfolk (USA); CINCHAN, Kommando des Ärmelkanals in Northwood (Großbritannien).

** SACEUR, die Basis ist in Casteau in der Nähe von Mons und ist zuständig für den Bereich von der Atlantikküste bis zur türkischen Grenze und vom Nordkap bis Nordafrika. Diesem Kommando unterstehen Nordeuropa, Südeuropa und die Luftstreitkräfte des Vereinigten Königreichs.

eingeschliffenen Status quo immer wieder neu bestätigt und den schleichenden Verfall der Souveränität auf seiten der Alliierten bewirkt.

Ein Cartesianer würde dazu vielleicht sagen: «Nun gut, wir müssen die Texte verändern, um sie der realen Praxis anzupassen, oder wir müssen die Praktiken verändern, um sie den Texten der Staatengemeinschaft anzupassen.» Wird eine solche «Klärung» die Beteiligten befriedigen? Den «Protektor» sicher nicht, aber die «Protegierten»? Daran läßt sich zweifeln. Ist es nicht viel einfacher, weiterhin Versteck zu spielen?

Ein wenig Geschichte

Was ist, ist geworden. Es gibt so etwas wie Fetischismus auf seiten der atlantischen Gemeinschaft, der sie zu einer Art unwandelbaren Konstante der Geopolitik, zu einem Vermächtnis der Zivilisation, zur strategischen Fatalität aller Zeiten werden läßt. Wir wollen darauf hinweisen, daß ihre Entstehung nicht abgeschlossen ist, daß die Gemeinschaft täglich erweitert wird, daß sie komplexer und zäher wird, zunächst ohne, schließlich mit unserer Einwilligung und vielleicht in einem zermürbenden Krieg ein Ende findet. Ein Tabu ist demnach eher ein nebelhaftes Bild als eine Zwangsvorstellung, und Mythen haben dabei den Vorteil, einen vorübergehenden Zustand in einen dauernden zu verwandeln. Will man dieses System von Mythen befreien, so bedeutet das zunächst, den geschichtlichen Kontext, den der Nachkriegszeit, wieder in Erinnerung zu rufen, denn «alles was entstanden ist, kann auch wieder verschwinden».

Hier ist der Ort, an Cäsars Fürsorglichkeit und an Europas Angst zu denken. Spaak sagte zu Vichinski im Jahre 1948: «Wir wollen nicht über die Form des Regimes diskutieren, sondern lediglich betonen, daß wir gegen den Faschismus und gegen die Nazis gekämpft haben, und nun nicht bereit sind, uns irgendeiner autoritären oder totalitären Doktrin zu unterwerfen.» Und weiter schleuderte der belgische Minister dem Leiter der sowjetischen Delegation vor den Vereinten Nationen entgegen: «Es ist nicht Aufgabe der sowjetischen Delegation, komplizierte Erklärungen für unsere Politik zu suchen. Wenn Sie fragen, worauf diese beruht, so kann ich nur antworten, es ist die Angst, die Angst vor Ihnen, die Angst vor Ihrer Regierung, die Angst vor Ihrer Politik.» Die Entstehung der Allianz ist eindeutig: das Bedürfnis bestand vor dem Angebot. Die Bittsteller benötigten zwei Jahre, von 1947 bis 1949, um die Vorbehalte der designierten Väter der Allianz in Washington auszuräumen, insbesondere die der Senatskommission für Auswärtige Angelegenheiten («Resolution Vandenberg», genannt nach dem damaligen republikanischen Präsidenten). Die Lehnsherrschaft wurde von uns, den Europäern, mit dem Mut der Verzweiflung vorangetrieben. Wir waren es, die die Dynamik in Gang setzten unter den scit Menschengedenken bekannten apolitischen Beherrschungsreaktionen: unter dem Druck der Armut und der Unsicherheit, auf Grund der europäischen Entwaffnung und angesichts einer mobilisierten, zwar noch ohne Nuklearwaffen, aber dennoch konventionell hochgerüsteten sowjetischen Übermacht. Sie stand unter dem Einfluß eines paranoiden Autokraten, der in den eroberten Ländern skrupellos die alte Feudalregel anwandte: «*Ejus regio, cujus religio*» (Jede Armee bringt ihre Überzeugungen mit), sagte Stalin lakonisch 1945 in Djilas. Das westliche Protektorat entstand als Reaktion darauf. Die Chronologie dieser Ereignisse muß doppelt, in zwei Rubriken, aufgezeichnet werden.

1947 war das Jahr der Wende, das Jahr des «containment», der Eindämmung. George Kennan hatte bereits ein Jahr zuvor angeregt: «Es reicht nicht aus, die Völker unter Druck zu setzen, ähnliche politische Prozesse wie wir durchzumachen. Viele Völker, zumindest in Europa, sind müde ... Sie erwarten, daß man ihnen den Weg zeigt, aber sie wollen nicht, daß man ihnen Verantwortung gibt. Wir müssen besser als die Russen in der Lage sein, ihnen den Weg zu zeigen (...). Wenn wir es nicht tun, dann tun es die Russen mit Sicherheit.» *

Februar 1947: Truman veröffentlicht die Doktrin, die seinen Namen tragen wird. *März-April:* Scheitern der Konferenz in Moskau (der Grund ist die deutsche Frage zwischen den vier «Noch-Alliierten»). *Juni:* Inkrafttreten des Marshallplans. *Juli:* Ablehnung dieses Plans durch die UdSSR. *September:* Pakt von Rio, erster regionaler Sicherheitspakt, den die Vereinigten Staaten mit einem ihrer Nachbarländer unterzeichnen. Er wird zum Modell für die Atlantische Al-

* Zitiert in: Pierre Mélandri, L'Alliance atlantique, Juli 1979.

lianz. *Oktober:* Gründung des Kominform, Auflösung der Bauernpartei in Rumänien, die französische kommunistische Partei geht in die Opposition. *November:* Auflösung der Oppositionsparteien in Ungarn. *Dezember:* die kommunistische Partei Italiens ruft in Rom den Generalstreik aus. Es ist das Jahr der europäischen Unsicherheit. Die Fortsetzung der Schläge und Gegenschläge ist bekannt. Zur Erinnerung: 22. Februar 1948: der Gewaltstreich von Prag, 17. März 1948: der Vertrag von Brüssel wird zwischen Belgien, Luxemburg, Niederlande, Großbritannien und Frankreich für 50 Jahre abgeschlossen. 21. März 1948: Eröffnung der Verhandlungen hinter verschlossenen Türen zwischen den angelsächsischen Staaten (Vereinigte Staaten, Kanada, Großbritannien) ohne jede europäische Beteiligung. Es entsteht das «kollektive Verteidigungsabkommen für den Nordatlantik», die Grundlage für die Allianz. Juni 1948: Blockade von Ostberlin. September 1948: Organisation der westeuropäischen Verteidigung (Zusatz zum Vertrag von Brüssel). 4. April 1949: Vertrag von Washington. 25. Juni 1950: Invasion in Südkorea. 1951: Unterzeichnung von ANZUS (Vereinigte Staaten, Philippinen, Australien, Neuseeland). Friedensvertrag mit Japan, der von 48 Staaten unterzeichnet wird. Sicherheitspakt Japan-Vereinigte Staaten. Das Hauptquartier der NATO entsteht in Frankreich.

Wir wollen nun die allerersten Phasen der Institutionalisierung nach Vertragsunterzeichnung untersuchen:

– *April 1949:* Es entstehen, als einzige politische Struktur, ein Rat, der gelegentlich ohne Bestimmung der Ebenen (Art. 9) zusammentritt und ein Verteidigungskomitee.

– *Dezember 1949:* Bei der ersten Sitzung des Rates in Washington wird beschlossen, daß sich dieser aus den Ministern für Auswärtige Angelegenheiten zusammensetzen und mindestens einmal pro Jahr zusammentreten soll; neben dem Verteidigungskomitee, dessen Aufgabe darin besteht, die gemeinsamen Verteidigungspläne zu erarbeiten, wird ein Komitee für wirtschaftliche und finanzielle Verteidigung geschaffen (mit den jeweiligen Finanzministern), sowie ein militärisches Produktionskomitee.

– *Mai 1950:* Berufung eines ständigen zivilen Gremiums in London, in dem jeweils ein Vertreter des Ministers für Auswärtige Angelegenheiten einen Sitz hat (der Rat der Stellvertreter).

– *September 1950:* Institutionalisierung eines vereinten Militärorgans mit gemeinsamem Oberkommando (SACEUR).

– *April 1951:* Das erste SACEUR erhält seinen Sitz in Frankreich.
– *Mai 1951:* Das Verteidigungskomitee wird in den Nordatlantischen Rat integriert und das Komitee zur ökonomischen und finanziellen Verteidigung wird zu einem regelrechten zwischenstaatlichen Ministerrat (Auswärtige Angelegenheiten, Verteidigung, Finanzen).
– *Februar 1952:* Der Rat erhält eine ständige Dienststelle, einen Generalsekretär und ein internationales Sekretariat, in dem alle zivilen Gremien vertreten sind. Es erfolgt die Ernennung der ständigen Vertreter. Sie werden befugt, in Abwesenheit der jeweiligen Minister, ihre Regierung voll zu vertreten. Lord Ismay wird der erste Generalsekretär.

Bereits 1952 kommen die Vertreter der Mitgliedsstaaten bei allwöchentlichen Sitzungen in ständigen Kontakt zueinander. Auf Gipfelebene werden ab 1957 regelmäßig Treffen abgehalten. In Paris findet die erste Sitzung der beteiligten Staats- und Regierungschefs statt, bei der über die erste Stationierung von Nuklearwaffen in Europa verhandelt wird. Bei der zweiten Sitzung in Evère im Jahre 1974 wird die Erklärung von Ottawa ratifiziert; die dritte Sitzung findet im Mai 1975 statt, nach dem Sturz von Saigon. Von nun an wird der atlantische Gipfel regelmäßig auf Initiative des Leaders stattfinden. Dabei wird die europäische Marschroute abgesteckt: im Mai 1977 in London, anläßlich der Reise von Präsident Carter; im Juni 1982 in Bonn, im Zusammenhang mit der Reise von Präsident Reagan. Und zum erstenmal seit 1957 und seit dem französischen Rückzug aus dem gemeinsamen Oberkommando trat der Atlantikrat zu einer Sitzung auf Ministerebene in Paris zusammen (Juni 1983).

Der Vertrag der Freundschaft, der Zusammenarbeit und der gegenseitigen Hilfe, der unter dem Namen «Warschauer Pakt» bekannt wurde, ist eine verspätete sowjetische Reaktion auf das westliche Verhalten. Er wurde erst sechs Jahre nach dem Washingtoner Vertrag, im Mai 1955, unterzeichnet. Die UdSSR hatte in der Zwischenzeit bilaterale Verträge mit den Volksdemokratien abgeschlossen. Sie bilden die Grundlage für die Präsenz sowjetischer Truppen in Osteuropa (außer Rumänien, dort wurde der letzte russische Soldat im Jahre 1958 abgezogen). Diese Sonderabkommen wurden durch einen Gesamtvertrag ergänzt (der allen Staaten, «unabhängig von ihrem sozialen und politischen Regime», offensteht), nachdem die Bundesrepublik Deutschland am 5. Mai 1955 der NATO beigetreten war und nachdem die UdSSR im März 1954 ihren Beitritt zur Allianz vorgeschlagen hatte (ein Vorschlag, der von den Unterzeichnerstaaten als «irreal» beurteilt wurde). Formal ähneln sich die Vertragstexte. Auch in dem «Warschauer Pakt» werden, ohne Ironie, Prinzipien genannt wie der Respekt der Unabhängigkeit, der Souveränität jedes Mitgliedslandes und die Nichteinmischung in ihre inneren Angelegenheiten. Die Institutionen sind ebenfalls vergleichbar. Entsprechend dem atlantischen Gipfel arbeiten im politischen Beratungskomitee, dem obersten Gremium, die Generalsekretäre und Staatschefs «bei Bedarf» zusammen. Das Ministerkomitee für Auswärtige Angelegenheiten ist ein Gremium, das seit 1976 regelmäßig, mindestens aber einmal pro Jahr zusammentritt, und das Ministerkomitee für Verteidigung (die Sitzungen finden alle sieben Monate statt) wurde 1969 gegründet und verfügt über ein Zusatzgremium, den Militärausschuß des Paktes, der vom (sowjetischen) Oberkommando der Vereinigten Streitkräfte geleitet wird.

Unsere Allianz ist eine Gemeinschaft, die der anderen ist ein Block. Das behaupten beide. Die «sozialistische Gemeinschaft» unterscheidet sich von der unsrigen nicht allein durch ihre geopolitische Kontinuität im Sinne eines zusammenhängenden Raumes, sondern durch relative Kriterien, die eine Gemeinschaft von einem Block unterscheiden. Dabei spielen der Grad der Kontrolle des innenpolitischen Lebens der Mitgliedsstaaten sowie der Grad der Ungleichheit zwischen den Partnern eine Rolle.*

Der Spielraum tolerierter Meinungsverschiedenheit ist im Westen größer als im Osten, dennoch konnte der monolithische Charakter des Ostblocks nicht verhindern:

– daß Albanien sich zurückzog,
– daß Rumänien, jenes kleine Frankreich des Paktes, offen protestierte (Rumänien forderte schon in den sechziger Jahren die Rotation des obersten Befehlshabers, untersagte gemeinsame Manöver auf seinem Territorium und verurteilte die Intervention in der Tschechoslowakei),
– daß Ungarn eine relative Autonomie gewann und
– daß die DDR sich zu nationalen Selbstgefälligkeiten hinreißen ließ.

Auch wenn es, außer in der Luftverteidigung, keine gemeinsamen militärischen Befehlsstäbe gibt – die Streitkräfte unterstehen dem na-

* Aus dem Bericht der Konferenz in Varna (Oktober 1972) von Pierre Hassner.

tionalen Kommando –, so entsprechen die Uniformierung der Strukturen, der Stand der Waffen, die schulische Ausbildung und die Militärwissenschaft den sowjetischen Normen. Politisch ist der Pakt die offizielle Garantie für die UdSSR, den territorialen und politischen Status quo in seinem Sicherheitsglacis beizubehalten, obwohl sie selbst durch ihre Interventionen in Ungarn 1956 und in Prag 1968 gemeinsam mit vier Alliierten gegen den Vertragstext (Art. 4) verstieß, der ja eine gegenseitige Hilfe nur im Falle der «bewaffneten Aggression in Europa» vorsieht.

In diesem Sinne entspricht der Warschauer Pakt nicht der Atlantischen Allianz, sondern dem Vertrag von Rio. Die UdSSR begrenzt die Souveränität der Länder in ihrem Interessenbereich nach dem gleichen Schema, wie es die Vereinigten Staaten entsprechend in dem ihren, den mittel- und südamerikanischen Kontinenten, handhaben. Politischer Wandel auf nationaler Ebene ist nur in dem Maße innerhalb der Staaten möglich, in dem sie nicht die Zugehörigkeit zur «sozialistischen Gemeinschaft» bzw. zur «westlichen Familie» in Frage stellen.

Die entschiedene Stellungnahme der sowjetischen Obrigkeit, niemandem zu gestatten, ein Kettenglied aus der sozialistischen Gemeinschaft herauszureißen, ist das Parallelstück zu der denkwürdigen Erklärung von Präsident Johnson aus dem Jahre 1965, in der er die Entschlossenheit der Vereinigten Staaten bekräftigt, um keinen Preis den Übergang eines (jungen) Staates seiner Hemisphäre zum Kommunismus zu gestatten.*

Dies wurde durch die Ereignisse in Bolivien 1971 und in Chile 1973 bestätigt. Sie wurden auf «polnische» Art bewältigt. Nicaragua ist weiterhin ein Beispiel für eine latente Militärintervention. In diesem internationalen System entspricht Osteuropa nicht etwa Westeuropa, sondern Lateinamerika.

Die Einführung der Begriffe der «indirekten Aggression» oder der «konterrevolutionären Gefahr» soll verbergen, daß die legale Regierung nicht befragt wurde (Nagy hatte 1956 sogar bei den Vereinten Nationen den Abzug der sowjetischen Truppen erbeten und gleichzeitig seinen Rückzug aus dem Pakt bekanntgegeben). Es ist die Wiederholung der absolutistischen Heiligen Allianz, in der die Beziehungen zwischen Staaten den Regeln der ideologischen Solidargemeinschaft

* Problèmes politiques et sociaux, in: *Les Grands Pactes militaires,* Januar 1982, S. 31.

unterzuordnen sind, wobei die Zustimmung des betroffenen Landes erst nachträglich gegeben wird. Es ist das «Interventionsrecht der sozialistischen Gemeinschaft». Wenn der Grundsatz der «begrenzten Souveränität» jemals definiert wurde, dann brachte es Breschnew im Jahre 1968 post festum so zum Ausdruck: «Die Garantie des Warschauer Paktes hat das gleiche Ausmaß wie das der klassischen Bündnisse. Sie garantieren den Mitgliedsstaaten (die eine bestimmte Art von Regierung stellen) den regulären Ablauf der öffentlichen Institutionen.» *

Der stillschweigenden Konföderation der parlamentarischen Demokratien, ein durch Selbstbegrenzung der Souveränität noch immer stattfindender Prozeß, steht das Staatenbündnis der nicht demokratischen Staaten gegenüber, die von außen und durch die Autorität eines einzelnen Staates zusammengehalten werden. Der Dynamik eines offenen, wenn auch unbewußten Triebwerks, steht der starre Rahmen einer unwiderruflichen Organisation gegenüber. Gibt es ein System von Blöcken in der Folge der Konfrontation der Lager, dann ist es weder gewollt noch bewußt, aber es gibt keine dem Westen und dem Osten gemeinsame, äußerlich ähnliche Wesensform eines Blocks.

Verheerend ist das Ungleichgewicht beider Imperien in der Nordhemisphäre. Daraus muß aber nicht geschlossen werden, daß die einzige Alternative zu einem beeinflußten Europa ein Europa unter Vormundschaft ist.

Die atlantische Welt, die des real existierenden Kapitalismus, ist expansiv. Sie zählte elf Mitgliedsländer im Jahre 1949, sechzehn im Jahre 1985 (Griechenland und die Türkei wurden 1952 Mitglieder, die Bundesrepublik im Jahre 1955 und Spanien 1982). Sie ist durch Spanien mit Lateinamerika und dem Maghreb verbunden (das Mitglied des SACEUR ist, während Portugal weiter im SACLANT bleibt); durch die Türkei steht sie mit Asien und durch Norwegen mit der Arktis in einem Zusammenhang. Die sowjetische Welt, das Bild des realen Sozialismus, wird zu einer Welt, die sich zusammenzieht und als kümmerlicher Abklatsch des Westens verbleibt. Gab es im Jahre 1955 acht Unterzeichnerstaaten und China mit Beobachterstatus, so sind es heute nur noch sechs Staaten und der ehemalige Beobachter, China, hat das Lager gewechselt. So ist auch zu verstehen, daß es die UdSSR im Jahre 1976 für angebracht hielt, den Vereinigten Staaten

* Paul Reuter, Les Organisations européennes, Paris 1970, S. 174.

vorzuschlagen, die Eingangsklauseln der beiden Verträge zu streichen, um eine Erweiterung der Allianzen zu verhindern. Auf der einen Seite also ein gigantisches Imperium, welches aus Krisen Kraft schöpft und auch in ausweglosen Situationen Lösungen findet, auf der anderen Seite ein Imperium, das abstirbt und bei dem Versuch, den Block zu stabilisieren, Risse bekommt.

Der Mythos von der führenden Rolle der Partei bedingt, daß der UdSSR die Leitung ihres Lagers wie ein Geschenk der Vorsehung in den Schoß fällt. Von den USA wird erheblich mehr historische Anstrengung gefordert, sie kann sich nicht so mühelos auf ihren Lorbeeren ausruhen. Was die deterministische Metaphysik eines religiösen Systems auf der einen Seite ermöglicht, kann auf der anderen allein durch tägliche und praktische Realisierungen zustande kommen. Die amerikanische Hegemonie über die Gemeinschaft ist eine Konstante mit variabler Intensität. Von 1945 bis heute erlebte sie zwei Blüten: 1949–1963 und 1974–1981. Das erste Ansteigen der Kurve wurde durch das Scheitern des Kennedy-Plans beendet, der eine multilaterale Nuklearmacht (MFL) vorsah und an dem französischen Widerstand gegen ein «supranationales» Europa endgültig zerschellte. (Der amerikanische Plan hatte seinerzeit die politische Integration Europas als Ziel, die aber seitdem zu einer massiven Bedrohung für die Vereinigten Staaten wurde.) Zudem war ein System der Unterordnung der historischen Weiterentwicklung nicht mehr gemäß und unvereinbar mit der Beendigung der Kolonialkriege, mit dem wirtschaftlichen Auftrieb, mit der wiedergewonnenen politischen Selbstsicherheit und mit der Wiederaufnahme direkter Beziehungen zu Moskau durch die Europäer. Schon ab 1969, nach der Invasion in die Tschechoslowakei, warf die Nixon-Administration diese Frage durch eine Flut von Untersuchungen und Berichten wieder auf.*

Der Rücktritt de Gaulles, der einen «konzilianteren Stil» auf seiten der französischen Beteiligten erwarten ließ, die Annahme der englischen Vorschläge durch Kissinger, die die Europäer innerhalb der NATO zusammenfassen wollten und die 1969 zur Gründung der «EuroGruppe» führte, die von Pompidou «als ein Sack» bezeichnet wurde, «der mit einer amerikanischen Kordel zugebunden ist»; die erneute Abfolge von Konsultationen; die Ablehnung der Mansfield-

* Siehe dazu: Henry Kissinger, Memoiren Bd. I 1968–1973 und Bd. II 1973 bis 1974, Gütersloh/München 1979 und 1981.

Vorlage durch den Senat (der einen partiellen Rückzug der amerikanischen Streitkräfte in Deutschland vorsah), der Eintritt Großbritanniens und mit ihr das Vorkommen einer «special relationship» in der Europäischen Gemeinschaft; die Anwesenheit eines Italieners im Generalsekretariat: All das belebte den amerikanischen Eifer, die europäischen Ermüdungserscheinungen zu bekämpfen. Kurz danach kam das Ende der vietnamesischen Verwicklung, wodurch die Atlantische Allianz wieder Priorität erhielt, wie auch 1973 durch das «Europajahr», das unmittelbar in die unvorhersehbare Erdölkrise führte. Pompidou und Michel Jobert stellten sich in einem voluntaristischen Alleingang gegen diesen krisenbedingten Vereinigungseifer. Aber der erneute hegemoniale Auftrieb ist vorgezeichnet: 1973 wurde die «Trilaterale Kommission» gegründet, ein halbamtliches Reflektionsgremium, mit dem sich die amerikanische Führung ihre japanischen und europäischen Kollegen aussuchte, so auch die Franzosen, die bis 1981 im Amt blieben. 1974 erfolgt die Deklaration von Ottawa; 1975 findet der erste trilaterale Gipfel statt. Die ehemalige «standing group» (ständige Gruppe) wird in den Rang eines ständigen Viermächtegremiums gehoben. Die Unnachgiebigkeit der Amerikaner zahlt sich aus: alle inoffiziellen Vorschläge und offiziellen Empfehlungen Kissingers, die noch anläßlich des Europajahres keine Zustimmung fanden, können nach dem liberalen Vorstoß durchgeführt werden, nachdem das französische Hindernis aus dem Weg geräumt ist.

Die dann zwischen den Bündnissen eintretende Windstille brachte der «Einheit des Westens» nur Nachteile: Das «Tauwetter» von 1954 fällt zusammen mit der ersten Krise; die zweite Krise erfolgt während der «pazifistischen Koexistenz» unter Chruschtschow, die dritte mit der «Entspannung» Breschnews. Die wachsende Bedrohung kommt der Gemeinschaft entgegen: die Stationierung der SS 20 ab 1977 und die Besetzung Afghanistans 1979 führen zunächst zu unterschiedlichen Reaktionen auf seiten des Westens (Olympischer Boykott, Sanktionen), ermöglichen aber Washington, die Angst erneut als politisches Mittel einzusetzen. (Die Fiktion von der «Verwundbarkeit» hat Anfang der achtziger Jahre die gleiche Funktion wie das «missile gap» der sechziger Jahre, das es ja gar nicht gab.) Diese polemischen Streitigkeiten lenken vom Wichtigsten ab: In der Allianz wurden Verfahrensweisen geschaffen, deren Durchsetzung nicht mehr allein von Beamten und auch nicht von der jeweiligen Regierungspartei bestimmt werden. Am Ende dieser Periode (1974–1981) wird diese in den vorherigen zehn Jahren entwickelte Maschinerie entsprechend der Logik der Interessen wie eine automatische Flugsteuerung in Gang gesetzt. So verwundert es nicht, wenn im Mai 1981 die französischen Sozialisten willkommen geheißen werden.

1973 bemerkt Kissinger gegenüber Jobert bei einem Besuch im Quai d'Orsay: «Ihre Verwaltung ist genauso antiamerikanisch, wie die meinige antifranzösisch ist.» Shultz hätte zehn Jahre später in ähnlicher Weise seinen Amtskollegen sagen müssen: «Ihre Verwaltung wurde proamerikanischer, als meine profranzösisch wurde.»

Das Recht

Am Anfang war, ist und wird die Angst sein. Sie ist ein Spiegel der Unsicherheit. Woher kommt das Verteidigungssystem, das mal Imperium oder Stadtstaat, mal Lehnsherrschaft, Königreich oder Republik heißt, das aber nach außen hin als Koalition, Allianz, Block oder Gemeinschaft auftritt?

Unsicherheit bestimmt das Leben zwischen den Nationen. Es gibt kein Weltgericht, dessen Rechtsprechung sowohl von der UdSSR als auch von Polen, von den USA und von Guatemala anerkannt würde. Rechtsgleichheit zwischen den Staaten bleibt ein ehrenswertes, aber undurchführbares Prinzip. Die kollektive Sicherheit ist eine fromme Lüge, denn die Chancen, sie zu verwirklichen, sind zwischen armen und reichen Ländern ungleich verteilt.

Der ursprünglich auf Gegenseitigkeit beruhende Vertrag um die Angst: «Sicherheit gegen Abhängigkeit» verbindet den Kleinen mit dem Großen, den Vasallen mit dem Lehnsherrn, «die Verbündeten» mit dem Präsidenten. Diese Untertanenbeziehung existierte in unterschiedlichem Ausmaß zu allen Zeiten der Geschichte. In den Beziehungen zwischen den Nationen gibt es demnach weniger Fortschritt als in der Entwicklung der sozialen Beziehungen von den Sklaven der Antike zur modernen Arbeiterschaft.

Die Atlantische Allianz ist Resultat der amerikanischen Atombombe (August 1945) und des Coups von Prag (Februar 1948), und sie ist Ergebnis und Preis zugleich der durchaus verständlichen europäischen Nachkriegsangst vor einem stalinistischen Vorrücken. Die Organisation, die sich dann aus der Allianz heraus entwickelte, die NATO – das natürliche Kind des Koreakriegs und der Berlin-Blokkade –, hatte zur Aufgabe, die Verteidigung zu organisieren und Abhängigkeiten zu institutionalisieren. Die öffentlichen Freiheiten sollten um den Preis des äußeren Handlungsspielraumes und der äußeren Souveränität bewahrt werden, um die Souveränität des Volkes in den internen Angelegenheiten und damit eine bestimmte Gesellschaftsform zu schützen. Dies war möglicherweise ein gutes Geschäft, wenn es stimmt, daß im Jahre 1949 allein die Wahl bestand zwischen einer fernen Lehnsherrschaft und einer nahen Unterjochung (daran zweifelte manch einer und wird es auch heute noch tun). Aber wir wollen uns zunächst dem Recht und den Fakten zuwenden.

Es ist nicht nur selbstgefällig, sondern auch demagogisch, die Atlantische Allianz als «einen Zusammenschluß freier Nationen ohne Herrschaftsanspruch einer Nation» darzustellen. Um von Wahrheit zu sprechen, reicht es ebensowenig, die eine oder andere Falschmeldung über den «sowjetischen Block» richtigzustellen, der einer einzigen Macht unterstellt ist und von einer einzigen Ideologie getragen wird. Es ist eine Macht, die den anderen Staaten Rechte abspricht, die sie für sich selbst in Anspruch nimmt.*

Es kann kein Gleichgewicht geben zwischen einem Staatenbündnis, in dem die reichsten und die am weitesten entwickelten Länder der Welt vertreten sind, und einer Gemeinschaft, deren Bevölkerung bzw. ihr Bruttosozialprodukt dreimal weniger bedeutsam ist. Aber kann Europa sich damit zufriedengeben, ein Protektorat zu sein? Man muß sich entscheiden zwischen der «internen Autonomie» und dem Gesetz des «großen Bruders». Es bleibt nichts anderes, als die Führerschaft in eine Partnerschaft umzutaufen, so als sei eine hierarchische Institution mit ihren Tabus, Geboten und Verboten eine freundliche, familienähnliche Gemeinschaft, so als sei Hegemonie

* Eine weitere journalistische Falschmeldung ist die Gleichsetzung des staatlichen Militäreinsatzes in Polen und in Chile, die von Pinochet und Jaruzelski. Die vielleicht noch verzeihliche, juristische Unrichtigkeit (denn Jaruzelskis Vorgehen basierte auf der Grundlage eines Grundgesetzes) ist nicht mehr zu entschuldigen, wenn man Zahlen und Vorgehensweisen in beiden Ländern vergleicht: In den drei Tagen nach dem 11. September 1973 wurden in Chile mehr als 20000 Menschen ermordet und 50000 verhaftet. 20 Tote gab es in der Woche nach dem 13. Dezember 1981 in Polen. Dort wird nicht exekutiert und ein politischer Mord ist ein nationaler Skandal. Man schießt auch nicht auf Demonstranten.

gleichbedeutend mit Solidarität, als sei Unterordnung Koordination und als seien die amerikanischen Militärkommandos «integrierte» Befehlsstände. Damit wurde das Vokabular des Untertanen übernommen, und es wird immer schwieriger, die eigentlich zugrundeliegende Realität zu verstehen. Regiert wird mit Worten, und der moderne Meister will verhindern, daß sich die Vasallen als solche erkennen und entsprechend so bezeichnen. Auch dann nicht, wenn man im internen Sprachgebrauch weniger prüde wurde. «In bezug auf Europa verlangte Nixon von mir, daß ich mich zu seinem politischen Glaubensbekenntnis erneut bekannte: die USA müssen das Leadership behalten. Mich kostete es keine Anstrengung, dieses Bekenntnis abzulegen, es entsprach in seinem Wesen voll meinen eigenen Überzeugungen», schreibt Kissinger treuherzig in seinen Memoiren.*

Durch Phantasien über die «große atlantische Familie» und durch Klagen über die «unvermeidlichen Familienstreitigkeiten», womit schnell ein unangenehmer Vorgang beiseite geschafft werden kann (und gleichzeitig verdrängt wird, daß sich die Brüder und Schwestern eigentlich nach einem Vater sehnen) identifiziert man sich bereits mit dem Leader, der so tut, als sei niemand untergeordnet, sondern alle gleichgestellt.

Begriffe wie: «Schicksalsgemeinschaft», «Vorherrschaft des Rechts», «Zivilisation», «Freiheit», «Triumph des Menschen» täuschen darüber hinweg, daß die Verträge der Angst ungerecht sind. Es gibt keinen Schutz ohne Abhängigkeiten, genausowenig, wie man gleichzeitig in der Stadt und auf dem Lande leben kann. Man kann sich nicht für eine Sache entscheiden und gleichzeitig für ihr Gegenteil. Man kann nicht die «Atlantische Allianz» stärken und «Jalta» hinter sich lassen wollen. Man kann nicht für das globale System eintreten und die Hegemonialmacht ablehnen. Man kann sich nicht für Souveränität begeistern und Loyalität praktizieren. Man kann nicht das Konzept der nuklearen Abschreckung vertreten und sich gleichzeitig zur «Rogers-Doktrin» (Priorität der konventionellen Auseinandersetzung) bekennen. Wenn es stimmt, daß Frankreich (und auch China) mehr als jedes andere Land – wegen seiner autonomen Nuklearwaffen und eines eigenständigen Einsatzplans – über eine größere Möglichkeit verfügt, Unabhängigkeit mit Sicherheit in Einklang zu bringen, so hat es das nicht wegen seiner großen Treue zum Bündnis

* Henry Kissinger, Memoiren, a. a. O.

und zu seinen Verpflichtungen und nicht wegen seiner Loyalität zum Leader erreicht, sondern weil es rebellisch und aufmüpfig war (der «Verräter im Westen»). Frankreich war zu einem bestimmten Zeitpunkt imstande, dem Zorn des Herrschers und den Ängstlichkeiten der Nachbarn entgegenzutreten und sich der «durch die Atlantische Allianz aufgezwungenen Organisation, die die militärische und politische Unterordnung Westeuropas unter die USA beinhaltet» *, zu entziehen.

Die Wahrheit birgt ein weiteres Risiko: Es könnte sonderbarerweise ein Protektorat entstanden sein, unter dem die Protegierten die notwendigen Mittel zur Selbstverteidigung entwickelten und an dem der Protektor aber kein Interesse mehr hat.

Wir konstatieren eine absurde Entwicklung der Allianz: die Sicherheitsgarantien schwanden in dem Maße, in dem sich die Abhängigkeitsbeziehungen verstärkten. Wenn die «atlantische Gemeinschaft», wie jede politische Institution, ein Phänomen kollektiven Glaubens ist, dann muß die einzelne Formulierung des Vertrags nicht mehr mit der Goldwaage gewogen werden. Religionen (der Aberglaube zur Allianz ist dahin einzuordnen) zementieren im Osten wie im Westen die öffentliche Ordnung. Es ist für jemanden, der nicht gläubig ist, das heißt weder Mandat noch Verantwortung trägt, viel leichter, die Wahrheit zu sagen, als für einen Politiker, der aufrecht stehend die Mauern des Hauses, auch wenn sie nur aus Papier sind, auf seinen Schultern tragen muß. Seinen Wählern die Wahrheit zu sagen und gleichzeitig von ihnen geliebt zu werden, ist nicht einfach. Erstaunt es dann noch, wenn von den Menschenrechten und nur selten von den Bürgerpflichten gesprochen wird, von der Sicherheit und kaum von der Abhängigkeit, von der Rose und nicht von den Dornen? Welcher französische Regierungs- oder Staatschef wagt es, seinen Mitbürgern sowohl die Aufrechnung der Abhängigkeiten zu präsentieren (in allen Bereichen: Finanzen, Technik, Militär, Industrie, Strategie, Landwirtschaft etc.) als auch die Verpflichtungen aufzuzählen, die auf politischer Ebene damit einhergehen, all jene konkreten Abhängigkeiten, die Frankreich im innern, aber auch nach außen behindern. In unserem Spiel «Sag die Wahrheit» würde das bedeuten, daß wir einerseits fragen, was uns die Abhängigkeit zur Gemeinschaft kostet und was sie uns bringt. Soll und Haben.

* Charles de Gaulle, Die Schneide des Schwertes, Frankfurt/Main 1981.

Der Warschauer Pakt hat den ideologischen Weltkrieg und alle (politischen) Auseinandersetzungen in Westeuropa seit 1949 verloren. Das Kominform besteht nicht mehr und die letzte kommunistische Weltkonferenz fand 1969 statt. Der Pazifik wurde an Stelle des Atlantiks zur «Drehscheibe der Weltwirtschaft» und bildet demgemäß die Achse des Gleichgewichts; größere Krisen und Ost-West-Konfrontationen haben seit 30 Jahren den europäischen Schauplatz umgangen; die bipolare Welt zerfiel durch das wachsende Selbstbewußtsein der «Dritten Welten». Die Voraussetzungen, die zur Allianz geführt haben, bestehen nicht mehr, ihre Strukturen aber wurden fester. Wozu?

Wenn die Alternative zur amerikanischen Hegemonialmacht eine sowjetische Führerschaft wäre, dann bliebe nichts anderes übrig, als ersteres zu akzeptieren. Es ist besser, den Kopf einer großen Insel zu bilden, als das Glacis eines *Hinterlands* * zu sein! Das gibt mehr Luft zum Atmen. Und wenn Herrschaft unvermeidlich ist, dann ist eine moderne Demokratie einer rückständigen Oligarchie vorzuziehen: Niemand aber kann bestreiten, daß das Problem nicht in gleicher Weise bestehen würde, wenn der Protektor seine atlantische Fassade nicht mehr für wichtig hielte und wenn Europa sich auf sich selbst besänne. Das atlantische System ist konter produktiv geworden. Seine Sicherheit wurde zu einer lebensbedrohlichen Gefahr.

1. Indem es seine Protegierten verantwortungslos macht und ihre Verteidigungsbereitschaft langfristig zerstört, bewirkt das Protektorat, was es verhindern wollte: eine Finnlandisierung Europas, wie es die Entwicklung in Holland, Italien und der Bundesrepublik zeigt. Die Atlantikideologie der Väter birgt den Pazifismus der Söhne in sich, wenn nicht gar einen hoffnungslosen Terrorismus. Die Normalisierung der Lehnsherrschaft birgt unausweichlich die Rebellion der Zukunft in sich. Europäer werdet amerikanisch bis auf die Knochen, dann werdet ihr dem Terrorismus anheimfallen und schließlich sowjetisiert.

2. Durch die diplomatischen Kanäle mit den «Verbündeten» im Sinne «freier Bündnisstaaten» neutralisiert die amerikanische Führung die nationalen oder europäischen Interventionskräfte in den Kri-

* Deutsch im Original (Anm. d. Übers.).

sengebieten. Sie stellt die Einäugigen auf die gleiche Ebene wie die Blinden und führt beide ins Verderben. Indem die komplexe Struktur jeder Region der vereinfachten Option «proamerikanisch» oder «prosowjetisch» untergeordnet wird, wird der Freund geschwächt und der Feind gestärkt. Die Erfahrungen im Libanon, in Indochina, in Südafrika, im Nahen Osten und in Zentralamerika zeigen überdeutlich, daß der atlantische Feuerwehrmann der beste und offensichtlich letzte Brandstifter ist, mit dem der Kreml rechnen darf.

Warum weicht man diesen Tatsachen aus?

Weil es stets mühevoller ist, zu erwachen als weiterzuträumen. Das atlantische Dogma wurde zum Schutzengel über den europäischen Schlaf und lullt uns ein in unserem feigen Selbstbetrug.

Vom Überleben und dem, was dann bleibt

Ein nutzloses System

«Die Allianz bescherte Europa den längsten Frieden seiner Geschichte. Die Allianz hat ihr Ziel erreicht, weil sie nicht zum Einsatz kam: die Abschreckung des Gegners. Ein militärischer Angriff durch die Sowjetunion ist höchst unwahrscheinlich, weil wir ständig davon ausgehen, daß er jederzeit erfolgen kann.»

Diese doppelt falsche Aussage beeindruckt den Teilnehmer an einer Konferenz, unter der Voraussetzung allerdings, daß man ihm keine Zeit zum Nachdenken läßt.

Falsch ist diese Aussage einmal, weil sie ‹nach› gleichsetzt mit ‹wegen›. Nachträglich kann niemals bewiesen werden, warum ein Ereignis nicht eintrat. Man könnte genausogut behaupten, daß die nukleare Überlegenheit Amerikas und das Gleichgewicht des Schreckens, daß das strategische Interesse Europas für die Verteidigung der Vereinigten Staaten, daß die politische und möglicherweise auch militärische Absicht der Europäer selbst und schließlich und vor allem, daß die Sowjetunion höchstwahrscheinlich überhaupt keinen militärischen Angriffsplan gegen Westeuropa hegt, daß all dies mehr zu dem vierzigjährigen Frieden beigetragen hat als die atlantische Institution.

Falsch ist die Eingangsbehauptung auch, weil sie ein spezifisches politisches Programm mit einem technischen Allgemeinplatz (die Abschreckungswirkung der Atombombe) rechtfertigt. Zwar führt das drohende Nuklearengagement im Falle der Übertretung der Elbe durch die Streitkräfte des Warschauer Pakts dazu, daß der Gegner von seiner Aggression abläßt, gleichzeitig aber das ganze Spiel verkompliziert, indem er nur so tut als ob. Aber was hat das mit der Beherrschung der Alliierten und den Irrtümern des Leaders zu tun?

Wir kommen zurück zum Ausgangspunkt.

Die Existenzberechtigung der Allianz besteht darin, die westlichen Demokratien Europas davor zu bewahren, in die «Hände der Sowjets zu fallen». Das heißt, den europäischen Ländern, die über keine nationale Abschreckung für den Fall eines militärischen Angriffs verfügen, ein nukleares Eingreifen auf den Territorien des Gegners durch die Vereinigten Staaten zu sichern. Auch wenn das Wort «nuklear» in dem Vertrag nicht genannt wird, so handelt es sich in den Augen der Beschützten und des Beschützers (gemäß Art. 5), insbesondere der Bundesrepublik, die im Falle eines klassischen Angriffs am meisten gefährdet ist, doch um eine Garantie dieser Art.

Diese Absicherung galt so lange, wie die Vereinigten Staaten ihre eigene nationale Existenz beim Auslösen eines Atomkrieges nicht ins Spiel zu bringen hatten. Von 1940 bis 1975 hatte die Allianz tatsächlich diese militärische Funktion. Sie wurde im Oktober 1977 beendet, an jenem Tag, an dem eine sowjetische Interkontinentalrakete erfolgreich erprobt wurde und die Unverletzbarkeit Amerikas nicht mehr bestand.

Schon 1958 deckte General de Gaulle diesen Zusammenhang auf. «Aber wenn von nun an die Protektion in ihrer Effizienz angezweifelt werden muß, warum soll man dann noch sein Schicksal in die Hände des Beschützers legen?»* Die politische Unterordnung Europas hatte keine Existenzberechtigung mehr. Frankreich nahm diesen Tatbestand in aller Unabhängigkeit zur Kenntnis. Darin wurde der schmähliche Ausdruck eines pathologischen Gefühls der Verbitterung gesehen, und die amerikanischen Regierungen erklärten öffentlich, daß sie diese Haltung verurteilten. Wir wissen heute durch die Erinnerung von McNamara, der seinerzeit Staatssekretär im Verteidigungsministerium unter Kennedy und unter Johnson war, daß die Proteste Washingtons in keiner Weise von innerer Überzeugung getragen waren: keiner der geheimen Verteidigungspläne, die im Pentagon für den Fall eines konventionellen Angriffs Europas ausgearbeitet worden waren, sahen ein atomares Eingreifen der Amerikaner vor.** Diese Evi-

* Charles de Gaulle, Die Schneide des Schwertes, a. a. O., S. 213.

** McNamaras Ansicht ist vom Juni 1972 (Ann Arbor, Michigan). Er war Gegenfigur bei den Verurteilungen einer «dritten Kraft», die in erster Linie eine französische Forderung war (die durch Raymond Aron und seine Schule aufgegriffen wurde). In diesen Verurteilungen wurden die europäischen Atomkräfte für «gefährlich», «zu teuer» und für «unglaubwürdig» gehalten.

denz wurde erst zehn Jahre später, nach Beendigung der Trauerzeit – Anstand verpflichtet –, durch Kissinger in Brüssel offiziell verkündet. Noch zu diesem Zeitpunkt gab es Europäer, die angesichts dieser Erkenntnis erschauerten.* Die Strategie der «massiven Repressalien», die mit der überlegenen amerikanischen Atommacht verbunden war, wurde – zunächst heimlich – durch die der «flexible response» ersetzt, die von der Allianz im Dezember 1967 offiziell angenommen wurde. Diese sah keine Monopol- und keine Vormachtstellung mehr vor, dagegen aber die atomare Überlegenheit, die eine ganze Palette nuklearer Optionen beinhaltet, die dem amerikanischen Entscheidungsträger zur Verfügung stand, um sicherzustellen, daß bei jeder Stufe der Eskalation die UdSSR weniger Interesse als die Vereinigten Staaten entwickelt, die nächsthöhere Stufe zu erreichen, d. h. also mehr Bereitschaft zu «Verhandlungen» zeigt.

Diese Strategie wurde ca. zehn Jahre lang bis zum augenblicklichen Zeitpunkt praktiziert. Heute ist ein nukleares Gleichgewicht erreicht, und es besteht seit ca. 1977 ein vorübergehender regionaler Vorsprung für die Sowjetunion auf dem europäischen Schauplatz durch die Stationierung der Mittelstreckenraketen. Dabei hätte Europa aus diesem Spiel herausgehalten werden können, ohne daß die Sowjetunion dazu gezwungen gewesen wäre, die zentralamerikanischen Staaten zu bedrohen.

Man erwartet von der jetzt laufenden Gegenstationierung der Pershings und der Marschflugkörper, daß die «Ankoppelung» von Europa und den Vereinigten Staaten erneut hergestellt wird. Sicher ist sie dadurch aber nicht. Diese Gegenmaßnahme – ein heilsames psychologisches und politisches Signal – sagt aber nichts aus über das amerikanische Verhalten im Falle einer Krise; sie scheint ein «Wahrheitsbeweis für deklamatorische Strategien» (General Poirier) zu sein. Zunächst ist die Kontinuität des atomaren Gegenschlags (taktisch und strategisch) nicht alleine von der geographischen Stationierung der Waffensysteme abhängig. Sie ist vielmehr von der Entscheidung der Ziele, der «targeting policy» abhängig und kann jederzeit durch eine even-

* Dieses Eingeständnis wurde später in: Die Verteidigung der NATO und die sowjetische Bedrohung, in *Survival*, November/Dezember 1979, von Kissinger erläutert: «Die europäischen Alliierten sollten uns nicht um weitere strategische Sicherheiten bitten, die wir nicht geben können und die, wenn wir sie geben würden, gar nicht eingelöst werden können, denn damit laufen wir Gefahr, die Zivilisation zu zerstören.»

tuelle Diskontinuität zwischen den strategischen und intermediären Angriffsplänen in Frage gestellt werden: ein sowjetischer Atomangriff auf Europa kann durch einen ebenfalls auf Europa begrenzten Schlagabtausch beantwortet werden, wobei der amerikanische Gegenschlag zunächst die Aufgabe hätte, das sowjetische und daher auch das amerikanische Hoheits-«Gebiet» zu umgehen. Unter Berücksichtigung der sowjetischen Strategien und der politischen Stellungnahmen seiner Führer sieht es so aus, als sei ein solcher Erstangriff von kurzer Dauer, zum Grundeinwand zurückgeführt: der Einsatz amerikanischer Raketen mittlerer Reichweite hängt allein von der politischen Entscheidung des Präsidenten ab. Demzufolge wird einsichtig, warum ein Präsident, der nicht bereit ist, das Leben seines eigenen Landes für die Verteidigung Europas aufs Spiel zu setzen, dies nun tun sollte, nur weil es von Europa aus geschieht.

Diese Überlegung des gesunden Menschenverstandes ist die Grundlage der Deklaration der vier ehemaligen Verantwortlichen für Außenpolitik und Verteidigung der Vereinigten Staaten über den «Nichteinsatz» von Nuklearwaffen als «Erstschlagwaffe».* Aus europäischer Sicht ziehen sie daraus gefährliche Schlüsse, denn Ungewißheit löst die Wirkung der Abschreckung auf, und die offizielle Zusicherung an die Sowjetunion, daß ein konventioneller Angriff keinen nuklearen Gegenschlag auslösen wird, ist eine strategische Schlappe. Vom Standpunkt der nationalen amerikanischen Interessen gibt es nur noch einen überzeugenden Vorbehalt. Stillschweigend wurde der Übergang in die dritte offizielle Strategie der NATO gerechtfertigt, der als «Rogers-Doktrin» oder als «konventionelle Abschreckung» bekannt wurde. Sein Ziel ist es, Zeit zu gewinnen und die nukleare Schwelle in unbegrenzte Höhen zu verschieben, dabei wird das Potential klassischer Waffen maximal gestärkt. Im Klartext heißt das: um das amerikanische Territorium zu schützen, sollen durch eine Art (offiziöse) Abkopplung im Rahmen einer (offiziellen) Ankopplung strategisches Desengagement und taktisches Engagement miteinander in Einklang gebracht werden können. Wegen der im Grunde nationalen Bewandtnis der nuklearen Abschreckung und ihrer Antinomie zum Wesen der Allianz sind die Vereinigten Staaten heute nicht mehr bereit als gestern, wie es seinerzeit François Mitterand andeutete, als

* Mac George Bundy, George Kennan, Gerald Smith, Robert McNamara, Nuclear Weapons and the Atlantic Alliance, *Foreign Affairs*, April 1982.

erste die Atomwaffe im Falle eines konventionellen Konfliktes in Europa einzusetzen. «Die Atlantische Allianz ist krank», sagte Kissinger hellseherisch, «denn sie wurde nicht dazu geschaffen, einen Krieg zu führen, sondern um die nukleare Reaktion der Vereinigten Staaten auszulösen.» Heute glaubt man sie heilen zu können, indem man sie befähigt, einen Krieg zu führen, wodurch die atomare Gegenreaktion der Vereinigten Staaten verhindert wird. Die Arbeitsteilung innerhalb der NATO, wie sie von dem Leader und seinen Interessen vorgesehen wird, teilt die strategischen Atomwaffen den Amerikanern und die konventionellen Waffen den Europäern zu. Die Arbeitsaufteilung wurde bereits von McNamara in den sechziger Jahren problematisiert. Seitdem wurde sie verfeinert: für Großbritannien und Deutschland der Krieg auf dem Land und für Frankreich der Luftkrieg.

Eine seltsame Wiederkehr der Ereignisse 20 Jahre später. Die Versprechen der Amerikaner, auf der unteren Ebene eines Konflikts nukleare Hilfe zu leisten, sind auf der oberen Konfliktebene überflüssig, wie es sich einmal ein Experte für *Realpolitik** eingestand: «Die realen nuklearen Bedrohungen können sich in Wirklichkeit nur auf etwas beziehen, was ohnehin klar festgelegt ist, so daß die Notwendigkeit des formellen Engagements nicht besteht.» (Kissinger)

Ein überholtes System

Welch ein fruchtbares Fossil, dessen Organe in dem Maße anschwellen, wie seine Funktionen schwinden – eine doppelt paradoxe Entwicklung mit Gegenkurs:

– Die Institutionen des politischen Apparats sind im Inneren und an den Rändern gerade zu dem Zeitpunkt entstanden, als die militärischen Protektionsgarantien (mit dem institutionellen Rahmen) wuchsen und die militärische Absicherung dahinschwand;

– die amerikanische Vormachtstellung, die durch das in Entstehung begriffene Bundessystem gestützt und gerichtet wird, nimmt zu,

* Deutsch im Original (Anm. d. Übers.).

während das Gewicht der Vereinigten Staaten im Rahmen der Verbündeten relativ abnimmt.

Das heutige System ist überholt, weil sich sowohl die atlantische Welt als auch seine Rolle in der Welt seit Entstehung des Paktes gewandelt hat.

1. Die Vereinigten Staaten haben, anders als noch 1949, kein Monopol mehr an Reichtum (Europa) noch an Technologie (Japan). Im Jahre 1950 stellte Amerika ein Drittel des Weltbruttosozialprodukts, Europa dagegen nur ein Sechstel. 1983 ist dieser Unterschied nicht nur aufgeholt, sondern er hat sich umgekehrt (23 % USA und 28 % Europa). Der Beitrag zur Entwicklungshilfe der Vereinigten Staaten verminderte sich in den Jahren zwischen 1960 und 1982 von 37 auf 22 %, ihr Anteil am Internationalen Währungsfonds sank von 29 % im Jahre 1960 auf 20,6 % im Jahre 1983, und ihr Anteil an Neuanmeldungen von Patenten auf internationaler Ebene ging von 39 % auf 23 % im Jahre 1983 zurück, während der von Japan im gleichen Zeitraum um 25 % stieg. So ist auch zu verstehen, daß die Vereinigten Staaten mit so viel Nachdruck darauf bestehen, Japan eintreten zu lassen, es aber strategisch unter seiner Vormundschaft zu behalten, um ihre Vormachtstellung gegenüber den Europäern aus dem Jahre 1949 im Rahmen des atlantischen Systems trotz schwindenden Gewichts beizubehalten. Die Vereinigten Staaten benötigen ihren «pazifischen» Flügel, um dem atlantischen Flügel des Weltreichs Festigkeit zu geben, da der Vertrag von Washington strategisch aus dem Gleichgewicht geraten ist.

2. Wie so oft, hat sich die Geschichte seit 1949 an «der falschen Seite» weiterentwickelt. Wenn bereits zehn Jahre nach dem Pakt feststand, daß die «Atlantische Allianz wegen einer eventuellen Eingreifzone konzipiert und in die Praxis umgesetzt wurde, die nicht mehr den strategischen und politischen Realitäten entspricht» (de Gaulle, 1959), dann gilt dies seit 25 Jahren, seit sich die «Ost-West»-Frage auch im «Süden» immer virulenter stellt, in noch erheblich größerem Maße. Alle Krisen und internationalen Kriege seit 1949 (Berlin zog die vier Alliierten hinein, die nicht in der Allianz sind) fanden am Rande der Vertragszone statt oder reichten nur wenig in diese hinein. Der Wendekreis des Krebses verläuft seltsamerweise gerade am nördlichen Rand Zentralamerikas, von Kuba zur westlichen Sahara bis zum Norden des Horns von Afrika. Solange Kolonialkriege geführt wurden, haben die

Vereinigten Staaten dafür gesorgt, daß die Grenzen der atlantischen Solidarität genauestens beachtet wurden, weil sie fürchteten, «regionale Interessen» der Alliierten verteidigen zu müssen. Das hat sie nicht daran gehindert, diese Grenzen juristisch und real (Ottawa, 1974) außer Kraft zu setzen, als es darum ging, die «globalen Interessen» der Allianz zu verteidigen. Für den Präsidenten wurde der Washingtoner Vertrag geographisch obsolet.

3. Frankreich konnte sich 1949 nicht selbst verteidigen und seine Streitkräfte waren in ihrer Infrastruktur, ihrer Logistik, ihrer Befehlsweitergabe und ihrer Bewaffnung voll und ganz von den Vereinigten Staaten abhängig. Die Entwicklung seiner Waffenindustrie und die Beherrschung der Atomtechnik haben diese Abhängigkeit längst beendet, wodurch Frankreich heute darunter weniger als alle anderen europäischen Länder leidet. Unsere Industrie ist heute in der Lage, 96 % unserer Militärausrüstung selbst herzustellen, und die restlichen 4 % beziehen wir im wesentlichen aus Programmen der Kooperation mit Großbritannien und der Bundesrepublik. Die amerikanischen Statistiken weisen für 1981 einen Etat von 52 Millionen Dollar für den französischen Ankauf von Kriegsmaterial aus, zehnmal weniger als der von Großbritannien und der Bundesrepublik. Obwohl die industrielle Abhängigkeit im zivilen Bereich groß ist (drei von vier Patenten, die in Frankreich beantragt werden, kommen aus dem Ausland, eines davon ist amerikanisch), so daß Frankreich Gefahr läuft, Opfer von Moratorien oder Aufkündigungen der Lizenzverträge zu werden, ist die Abhängigkeit Frankreichs im militärischen Bereich überschaubar und nicht definitiv: bei Rechnern, Fernaufklärern (AWACS, Beobachtungssatelliten, Flugabwehrsysteme etc.), Mikroelektronik und bei optischer Elektronik. Die amerikanischen Streitkräfte sind ihrerseits bei bestimmten Materialien von uns abhängig: Siliciumfasern, optische Geräte etc. Darüber hinaus handelt es sich um eine industrielle Zusammenarbeit zwischen Partnern (SNECMA-Motoren/General Electric für die Versorgungsflugzeuge KC 135) und um einen ausgeglichenen Materialaustausch (Crusader-Flugzeuge für die französischen Marineluftstreitkräfte, Matra-Raketen für die amerikanischen Luftstreitkräfte) und um gute Absprachen (die Vereinigten Staaten sind genauso interessiert wie wir, die 90 Abkommen zwischen den drei Alliierten auf dem europäischen Schauplatz einzuhalten).

Insbesondere für Frankreich – natürlich kann ihm das Schicksal seiner Nachbarländer nicht gleichgültig sein – hat also das Protektorat seine rationelle Begründung verloren. Das Ausscheren aus der Bevormundung kann für die Mitglieder der militärischen NATO nur in einer autonomen europäischen Verteidigung bestehen. Auch wenn diese wünschenswert ist, kann sie nicht schon morgen realisiert werden (selbst wenn der Wind aus der richtigen Richtung weht, bleibt es bislang bei dem guten Willen). Dennoch, die Unabhängigkeit der französischen Verteidigung ist im wesentlichen bereits erreicht.

Vieles hat sich innerhalb und außerhalb der Allianz gewandelt, nur die Allianz selbst nicht. Die NATO wurde nicht erneuert, Europa konnte sich nicht behaupten. Die Vereinigten Staaten verloren das nukleare, technologische, industrielle Monopol, behalten aber das politische Machtmonopol. Wer am wenigsten Risiken eingeht, ist immer wieder derjenige, der die Gesamtstrategie bestimmt. Der Starke, der viel von seiner Kraft verlor, fährt mit seinen Selbstbelobigungen fort (verhandelt in Genf über die Sicherheit der Alliierten in ihrer Abwesenheit), und die Schwachen, die heute weniger schwach sind, unterwerfen sich immer noch. Wenn der relative Abstieg der materiellen Stärke der Vereinigten Staaten im Rahmen der Allianz durch die entsprechende Bekräftigung der strategischen Position der Europäer ausgeglichen worden wäre, hätte das atlantische Bündnis eine Verschiebung der Stützpfeiler vornehmen können, ohne daß seine Kraft insgesamt nachgelassen hätte. Daß dies nicht stattfand, hat seine Gründe: Die Hegemonialmacht innerhalb einer Gesamtheit kann nicht aufgeteilt werden, und niemals hat in der Geschichte eine Großmacht aus freien Stücken darauf verzichtet, andere zu beherrschen. Zurückhaltend beschloß man daher gemeinsam, jede verpflichtende Anpassung unter den Alliierten bei aufkommender Machtverschiebung als (vorübergehende) «Mißverständnisse», (unvermeidliche) «Reibungen» oder (periodische) «Krisen» zu bezeichnen.

Ein System der Einbahnstraße

Ob banales Abkommen zwischen den Administrationen oder feierlicher Vertrag, das Prinzip der Gegenseitigkeit bleibt die offizielle Grundlage des zwischenstaatlichen Austauschs. Trotz der Verträge von Helsinki wird dieses Prinzip in den protokollarischen, kulturellen, wissenschaftlichen und diplomatischen Beziehungen zwischen Frankreich und der Sowjetunion noch nicht eingehalten. Der wesensmäßige Unterschied zwischen diesen Staaten ist eine Erklärung, aber keine Rechtfertigung dieser unverzeihlichen Nachsichtigkeit. Dagegen ist eine demokratische Verwandtschaft ebensowenig eine Erklärung für die Regelverletzungen in den französisch-amerikanischen Beziehungen, noch können sie so entschuldigt werden. Besteht denn der Vorteil einer Gemeinschaft nicht darin, daß fortwährend Räume für neue Freundschaften eröffnet werden? So erscheint es selbstverständlich:
– daß französische Staatsangehörige ein Visum benötigen, um in die Vereinigten Staaten einzureisen, und daß manchem ein solches verweigert wird, ohne daß dagegen protestiert oder eine Erklärung abgegeben wird; dies gilt aber nicht für amerikanische Staatsangehörige, die nach Frankreich natürlich ohne Visum kommen und keine politische, ideologische oder religiöse Diskriminierung erfahren;
– daß ein amerikanischer Vizepräsident in aller Form eine europäische Regierung davor warnt, Kommunisten auf technische Ministerämter zu berufen, daß aber ein französischer sozialistischer Premierminister schweigt, wenn in der Washingtoner Administration die höchsten politischen Ämter mit kriegstreiberischen Extremisten und «Antieuropäern» besetzt werden, die «die Atmosphäre und den Inhalt unserer Beziehungen als Alliierte nachteilig beeinflussen» *;
– daß es der amerikanische Botschafter in Paris wagt, die französische Regierung zu beschuldigen, nicht immer «zwischen Terroristen und Exilanten zu unterscheiden» (Juni 1982), es aber ablehnt, mit diesem oder jenem Minister zu verhandeln, weil sie nicht wirklich französisch seien (Januar 1984); daß der französische Botschafter in Washington sich seinerseits nicht herausnimmt, in den Herren Helms, Goldwater oder Buckley «schlechte Amerikaner» zu sehen, und kein Bedauern darüber äußert, daß in den USA so viele politische Exilanten terroristische Aktionen durchführen (z. B. als eine kubanische

* Erklärung des Vizepräsidenten Bush vom Juni 1981.

Maschine der zivilen Luftfahrt während des Fluges angegriffen wurde, 100 Tote), und sich ebensowenig herausnimmt, ehemalige Mitarbeiter der Heritage Foundation oder des Hoover Institute als unerwünscht zu bezeichnen. Erstere erhielten von unseren Medien eine Auszeichnung für Antikonformismus, während ein Mitarbeiter des Hoover Institute bei ähnlichen Stellungnahmen damit rechnen muß, zur persona non grata erklärt zu werden;

– daß das «Buy American Act» oder auch die Entscheidung des Kongresses, die Aufrüstung der amerikanischen Streitkräfte ausschließlich bei der heimischen Industrie zu erwerben und gleichzeitig den Import sogar der kleinsten Einzelteile zu untersagen, unter souveränen Staaten als normal gilt. Französische Entscheidungen gleicher Art, soweit diese überhaupt möglich sind, werden als schwerwiegende Auswüchse von Protektionismus und aggressivem Chauvinismus angesehen;

– daß die Vereinigten Staaten ihren NATO-Alliierten siebenmal soviel Militärmaterial verkaufen, als sie selbst dort erwerben, «Fluß der Waffen» bedeutet, daß der technologische und materielle Transit von den Vereinigten Staaten nach Europa und das Geld von Europa in die Vereinigten Staaten fließt. Als die Niederlande, Belgien, Dänemark und Norwegen sich für die F-16 als zentralen Flugzeugjäger entschieden, hieß es, sie üben atlantische Solidarität. Wenn ihnen aber Dassault die Mirage III anbietet, heißt es gleich, Frankreich wolle die «Front der Alliierten aufbrechen». Die plötzliche Annullierung des Programms Roland (die deutsch-französischen Luft- und Erdraketen, die unter amerikanischer Lizenz hergestellt werden) hindert das Pentagon nicht daran, das «Patriot»-Programm der NATO ausschließlich mit amerikanischem Material zu bestücken;

– daß die Ereignisse in Zentralamerika und Lateinamerika nur die Vereinigten Staaten etwas angehen, so daß jedwede französische oder europäische Initiative in dieser Region wie eine Einmischung in privates Jagdgebiet angesehen wird; daß aber die Ereignisse im Maghreb oder im frankophonen Afrika den Westen in seiner Gesamtheit betreffen und daher Frankreich gezwungen wird, die Vereinigten Staaten vorab über seine Absichten und Aktivitäten zu informieren, während es die Vereinigten Staaten nicht einmal für notwendig erachten, ihre Partner zu informieren, geschweige denn Frankreich vorher zu konsultieren, wenn in Tunesien, in Gabun oder an der Elfenbeinküste amerikanische Projekte realisiert werden sollen;

– daß die Amerikaner bei den Viermächtesitzungen die Politik der drei anderen Alliierten systematisch erörtern, niemals aber umgekehrt;
– daß der amerikanische Präsident keine Zeit hat, den französischen Außenminister oder einen anderen persönlichen Boten des Staatspräsidenten zu empfangen, wenn dieser zur Generalversammlung der UNO fährt, daß aber der französische Präsident jederzeit einen amerikanischen Minister oder einen persönlich Beauftragten des amerikanischen Präsidenten empfängt, wenn dieser nur zur Generalversammlung der OECD anreist;
– daß die die europäischen und französischen Interessen betreffenden amerikanischen Initiativen – Embargo, Importsteuern auf Stahl, einseitige und überstürzte Abreise der Marines aus Beirut (September 1982), «der Krieg der Sterne» (März 1983) – nicht zum Anlaß vorheriger Konsultationen mit den Alliierten gemacht werden, daß aber eine französische oder europäische Initiative, die die amerikanischen Interessen berührt, stets Gegenstand einer Konzertierung zwischen den Alliierten ist;
– daß der amerikanische Präsident auf französischem Boden seine persönliche Sicherheit ausschließlich durch amerikanische Beamte gewährleisten läßt, was eigentlich unüblich ist, während sich der französische Präsident auf amerikanischem Boden, wie allgemein üblich, den Sicherheitskräften des Gastlandes anvertraut;
– daß die Reise Washington–Moskau erst auf dem Rückweg über Paris führt (bestenfalls), daß aber die Reise Paris–Moskau schon auf dem Hinweg über Washington führt;
– daß die Europäer auf Botschafterebene beim amerikanischen Staatssekretär zusammentreffen, um die west-östlichen Wirtschaftsbeziehungen zu besprechen, während die Botschafter der Alliierten gar nicht erst daran denken, in Bonn oder Paris beim französischen oder deutschen Außenminister mit der gleichen Fragestellung zu tagen;
– daß die amerikanischen Gesellschaften «nicht mehr als ihre Handelsabkommen einhalten», wenn sie 23 Millionen Tonnen Weizen an die UdSSR liefern, wenn aber Unternehmen unter französischem Recht ihren Verträgen nachkommen und Rotoren an die UdSSR verkaufen, dann wird «der Zusammenhalt der freien Welt bewußt geschwächt»;
– daß die Amerikaner, wie Joe Kraft zutreffend feststellte, davon

ausgehen, daß man sie nicht mag, wenn sie nach Frankreich kommen, dann aber feststellen, daß man sie anhimmelt, während die Franzosen bei Ankunft in den Vereinigten Staaten davon überzeugt sind, daß man sie mag und dann feststellen müssen, daß man sie einfach links liegen läßt;

– daß die amerikanische Administration ohne große Anstrengung Einfluß nehmen kann auf die französische Öffentlichkeit. Umgekehrt aber kann die französische Regierung nur mit großem Aufwand auf einen verschwindend kleinen Teil der amerikanischen Öffentlichkeit einwirken. Entsprechend erträgt die amerikanische Öffentlichkeit ohne Schwächeanzeichen zehn Jahre lang Spannungen in den französisch-amerikanischen Beziehungen, während die französische Öffentlichkeit zusammenzubrechen droht, wenn solche Spannungen mit den Vereinigten Staaten nur einen Monat lang bestehen.

In der Kybernetik werden Systeme gesteuert, ohne daß die Reaktionen verarbeitet werden müssen. Ein Kursanstieg des Dollars führt zu einem Defizit der französischen Handelsbilanz, so wie ein Defizit im amerikanischen Haushalt eine Erhöhung der Zinssätze in Europa zur Folge hat, während der umgekehrte Effekt niemals eintritt. Durch diese einseitigen Maßnahmen können die Amerikaner anderen ihren Willen aufzwingen. Mit dem atlantischen System hat dies nur insofern zu tun, wie es als eine Art «Steuerungsinstrument» Ausdruck eines ökonomischen Machtverhältnisses ist. Man kann der Allianz weder die Hälfte, ja nicht einmal ein Viertel der soeben genannten mehr oder weniger starken Regelverletzungen zuschreiben, sondern vielmehr, daß diese so selbstverständlich möglich wurden. Auch wenn das atlantische System nicht bestünde, würden auch weiterhin die Entscheidungsträger in Paris jeden Morgen die *Herald Tribune* verschlingen, während die Entscheidungsträger in Washington keineswegs jeden Abend *Le Monde* lesen. Der Einflußbereich des Dollars erstreckte sich immer noch auf die ganze Welt, einschließlich des Ostens. Die Reichweite des Franc bliebe auch ohne Allianz eine untergeordnete Größe. Durch das Bündnissystem allein läßt sich die Diskrepanz nicht erklären, sie wird von ihm nur gebilligt und verschleiert, sie wird höchstens vergrößert und akzeptabel. Ohne das System wäre die Verwirrung der Interessen und die Verzerrung der Wahrnehmung mit Sicherheit erkannt worden, und der gesunde Menschenverstand hätte Oberhand gewonnen: «Wenn der Protektionismus und das ‹Jeder für sich› nicht gut ist für den Westen, dann gilt das für alle. Wenn etwas nicht gut ist für den amerikanischen Landwirt, dann ist es das auch nicht für den europäischen Industriellen.» Das System – oder die Kunst, einen Verkehrsknoten mit «one way streets» zu entwirren. Soll Zynismus unser aller Tugend werden?

Amerikanische Verluste und Gewinne

Das «Leadership» hat seinen Preis. Ziehen die Vereinigten Staaten aus dem System Vorteile, bedeutet es natürlich nicht, daß es ihnen nur Vorteile bringt. Die Erweiterung der Monroe-Doktrin auf den europäischen Kontinent, als Folge der beiden Weltkriege und der Nachkriegssituation (Tom Conally im Jahre 1949: «Die Sicherheit des Nordatlantiks ist entscheidend für die Sicherheit der Vereinigten Staaten») hatte von seiten der amerikanischen Nation schon vor Unterzeichnung des Paktes eines der ältesten diplomatischen Prinzipien als Grundbedingung für sich abverlangt: sich niemals auf Dauer und ohne Vorbehalt mit einer ausländischen Macht zu verbünden. Bringt diese, durch die Erweiterung der Monroe-Doktrin dennoch veränderte, Marschrichtung dem nationalen amerikanischen Interesse jetzt mehr Nachteile? Hat die frühere Politik der Isolation heute mehr Argumente auf ihrer Seite als noch gestern, als man Bilanz zu ziehen versuchte? Es sieht nicht so aus.

Aus der Sicht der Metropole steht auf der Sollseite an erster Stelle die permanente Gefahr, im Notfall zu seinen Versprechen stehen zu müssen. Eine Allianz ist so lange sinnvoll, wie «das unmittelbare Risiko eines Konflikts geringer eingeschätzt wird als die ferne Gefahr, einem überlegenen Gegner alleine gegenüberzustehen» (Kissinger). Wenn der Konflikt von Anfang an Atomkrieg bedeutet, also auch die Existenz des Beschützers auf dem Spiel steht, dann sind im Falle einer Konfrontation die Nachteile der Solidarität größer als ihre Vorteile. Zweifellos ist das Risiko, auf einem außereuropäischen Schauplatz zu unterliegen, seit 1949 in dem Maße gestiegen, in dem die Vereinigten Staaten ihre nukleare Überlegenheit einbüßten. Diese aber wurde durch eine gleichzeitige Erhöhung der nuklearen Schwelle in verschiedenen NATO-Strategien aufgefangen. Wenn man all dies gegeneinander abwägt, ist der eventuelle Verlust Europas heute wie gestern fraglos gefährlicher für den Leader als das Risiko, das sich aus einem begrenzten Krieg in Europa ergeben würde. Die amerikanische Öffentlichkeit hat in ihrer Mehrheit instinktiv ihre Lebensinteressen in dieser Hinsicht erkannt, wie Meinungsumfragen aus den Jahren 1974 bis 1981 zeigen. Mitten im vietnamesischen Debakel wuchs die Anzahl der Amerikaner, die «es für richtig hielten, unseren europäischen und japanischen Verbündeten im Falle eines Angriffs zu helfen».*

Auf der Sollseite stehen ebenso die finanziellen Ausgaben für das Protektorat. Von 1970 bis 1980 hat die Bevölkerung der Vereinigten Staaten zwischen 38 % und 46 % des Bruttosozialprodukts der Allianz gestellt und 65 % ihrer Gesamtkosten getragen. Dagegen stieg im Durchschnitt der Verteidigungshaushalt jährlich um 6–7 %, während bei den Alliierten die jährliche Erhöhung weniger als 3 % betrug. Der Anteil der Militärausgaben am amerikanischen Bruttosozialprodukt ist zweimal so groß wie der der Europäer. Obwohl es in den Vereinigten Staaten keinen Militärdienst gibt, sind dort mehr Männer in der Armee als in Westeuropa. Die Schätzung der Kosten der amerikanischen Streitkräfte, die für die Verteidigung Westeuropas (326000 Mann) zur Verfügung stehen, belief sich für das Haushaltsjahr 1981 auf 81 Milliarden Dollar, während der Rückzug von sechs der zehn amerikanischen Divisionen, die der NATO zur Verfügung stehen, eine jährliche Einsparung von ca. 30 Milliarden Dollar brächte. Die ständig zunehmenden Vorwürfe des Leaders an die Alliierten werden durch diese Zahlen verständlich: «Der amerikanische Steuerzahler ist es leid, Leute zu verteidigen, die es selbst nicht tun wollen. Man darf nicht vergessen, daß Europa zwar unsere wichtigste Verteidigungslinie ist, aber sie ist nicht die einzige. Es ist an der Zeit, daß die Europäer die Kosten für unsere Weltpolitik teilen, denn in der Lage dazu sind sie ja jetzt.» Das Wiedererstarken der europäischen Wirtschaften rechtfertigt diesen Protest. «Lange Zeit war es schmeichelhaft, den großzügigen Beschützer eines verteidigungslosen Europas zu spielen, und nützlich war es auch», bemerkte ein Beobachter jenseits des Atlantiks. Aber das Baby in seinen Windeln ist heute ein 90 kg schwerer Heranwachsender, und die Vereinigten Staaten verfügen nicht mehr über den wirtschaftlichen Vorsprung, um für andere das zu

* Siehe die Statistiken in: Le Débat sur la Défense aux Etats-Unis (Die Debatte über die Verteidigung in den Vereinigten Staaten), in: *Problèmes politiques et sociaux*, La Documentation française, April 1983, S. 6f.

tun, wozu diese seit langem selbst fähig sind.* «Europa aber muß in der Lage sein, seine eigenen Ressourcen zu nutzen», fügt man traditionell hinzu, «und dazu muß es sich zusammenschließen.»

Diese ungleiche Verteilung der Bürde verschärft noch die Gereiztheit des Protektors angesichts einer zu leichtfertigen Aufteilung der Aufgaben nach dem Motto: «Wir sorgen für die Entspannung, ihr für die Verteidigung.» In aller Liberalität suggeriert die Marktwirtschaft: Protektion könne man wie alles andere erkaufen. Das feudale Patriarchat aber lehrt den Historiker das Gegenteil: ein übermäßig beschütztes Land (oder Individuum) wird zum hinderlichen Anhängsel. Man kann den Alliierten den Zugang zu den Raketen nicht versperren und ihnen gleichzeitig vorhalten, sie seien bar aller Verantwortung; man kann Nationen nicht wie Minderjährige behandeln und ihnen auch noch vorwerfen, sich an der Rechnung nicht wie Erwachsene zu beteiligen. Frankreich erklärte eines Tages, nun erwachsen zu sein, und alle hielten es für einen Skandal. Seinen Anteil zum zivilen Haushalt der NATO (17 %) leistet es weiter, und je nach Bedarf zahlt es auch für das Militärbudget. Frankreich beteiligt sich nicht mehr an der alljährlichen Familienversammlung. Scharfsinnig bemerkt ein Amerikaner: «wenn Frankreich die verlorene Tochter der NATO ist, dann lebe das räudige Schaf! Die NATO benötigt eigentlich mehr davon.»**

Wenn die Erpressung, die Truppen aufzulösen und abziehen zu lassen («Out of Europe and back to sea»), wie eh und je letztes Mittel der psychologischen Einschüchterung ist, um dem Spektakel entsprechend einer Schulklassensituation Herr zu werden (der erste, der aufmüpfig wird, bekommt etwas vor den Latz); wenn der Änderungsantrag von Mansfield oder Nunn heute eher dazu benutzt wird, die Noten besser zu verteilen, dann heißt das doch, die Aktivseite, die Seite des Habens, hat immer noch mehr Gewicht. Das wird auch in aller Aufrichtigkeit von denjenigen zugegeben, die den Rückzug fordern (*ad usum Delphini*). Warum also wollen die Führer in Washington die militärische Präsenz Amerikas auf dem europäischen Kontinent nicht verringern? «Weil die amerikanische Präsenz und die nukleare Abhängigkeit von den Vereinigten Staaten ein gutes Mittel sind, auf die

* Ronald Steel, Ending the American Protectorate of Europe, *Harper's*, Juli 1982.

** Jeffrey Record, Should America pay for Europe's Security?, in: *The Washington Quarterly* (1982).

Europäer Druck auszuüben. Wenn die Verbündeten der NATO eine stärkere konventionelle Armee hätten und wenn sie selbst die Kosten für ihre Verteidigung übernehmen würden, wären sie auch bereit, die Verantwortung dafür zu tragen. Für sie gibt es keinen Grund, die Ausgaben zu tragen und keinen Vorteil daraus zu ziehen. Für die USA würde es einen erheblichen Kontrollverlust über die Alliierten bedeuten. Dieser wäre in etwa dem Verlust vergleichbar, den Frankreich ausgelöst hat, als de Gaulle seine Armeeeinheiten aus der NATO zurückzog.»*

«Man darf jedoch nicht Rückzug mit Desengagement, Stimmung mit Absicht, Mythologie mit Strategie gleichsetzen. Der angebliche Rückzug auf die ‹Fortress America›, der ja nach den dramatischen Ereignissen der siebziger Jahre (Vietnam, Watergate, Iran) völlig verständlich wäre, würde ja nicht den Verzicht auf Interventionen außerhalb der eigenen Grenzen bedeuten, sondern hieße lediglich, zurückhaltend und in einer Weise zu intervenieren, ohne die Interessen der Alliierten zu berücksichtigen. Der trügerische Schein, als habe die ‹Politik der Isolation› in den letzten 30 Jahren mit der des ‹Expansionismus› alterniert, war in Wirklichkeit nur das Auf und Ab von ‹Internationalismus› und ‹Unilateralismus›. Die Kalifornier, die Europa nicht mögen, gelten als Isolationspolitiker, im Gegensatz zu unseren Freunden an der Ostküste. Dabei betreiben diese eine Politik der expansiven Isolation oder der verächtlichen Expansion.» Zu den bekannten Vorteilen der internen Hegemonie kommen noch drei weitere an den Außenfronten hinzu, die nicht zu unterschätzen sind:

– Europa wird auf eine «regionale Zuständigkeit» (Kissinger) festgelegt, und die «weltweite Verantwortung» wird ausschließlich der Supermacht zugeschrieben. Wenn letztere sich auch noch für die «globale Strategie» entscheidet (wie es das NSDD-32 oder auch die Entscheidungsvorlage für die nationale Sicherheit Nr. 32, die in Auszügen im Juli 1982 veröffentlicht wurde, beweisen), die ja jegliche Veränderung des Status quo in der Welt für eine Bedrohung der nationalen Sicherheit der Vereinigten Staaten hält, dann muß für Bewegungsspielraum auf allen Schauplätzen ohne Konkurrenz und ungebetene Einmischung gesorgt werden. Das schützende Schild dieses Systems beeinträchtigt in erheblicher Weise unseren autonomen Handlungsspielraum in der Dritten Welt (wo es immer wieder heißt «es liegt

* Ronald Steel, ebenda.

nicht in unserem Interesse, die Reibungspunkte mit den Garanten für unsere Sicherheit unnötig zu vermehren»). Immer wieder wird Europa auf seine Pflichten als Unterhändler im Rahmen einer festgelegten Arbeitsteilung hingewiesen, so beispielsweise im Jahre 1974, als Kissinger außer sich geriet angesichts einer möglichen europäisch-arabischen Konferenz. Entsprechend wurden auch Drohungen gegenüber dem ein oder anderen Alliierten verkündet, der versuchte im Nahen Osten, in Lateinamerika oder in Asien eine eigenständige Politik zu fahren (Frankreich in Afrika oder die Europäische Gemeinschaft in Zentralamerika, wenn sie als wirtschaftliche Kraft in Erscheinung trat). Weil die Allianz eher ein System der unausgesprochenen Verbote als der öffentlichen Initiativen ist, muß ihr Wert danach gemessen werden, woran sie die Alliierten hindert und viel weniger daran, wozu sie sie verpflichtet. Vor allem die regionale Beschränkung Frankreichs, der dritten Seemacht der Welt, die den Atlantik, den Pazifik, den Indischen Ozean und die Karibik beherrscht, ist ja keine geringe Beute.

– Hinzu kommt, den Zugriff zu haben auf sämtliche Verhandlungen mit der Sowjetunion, ob es sich dabei um die Festlegung der globalen Spielregeln handelt oder um das Gleichgewicht auf lokaler Ebene. Durch das System der Angleichung der Kräfte haben die Vereinigten Staaten den Vorteil, im Namen des gesamten «Westens» sprechen zu können. Das ist ein nicht unerheblicher Machtzuwachs. Durch die Zusammenballung der Alliierten unter ihrem Führer wird Europa zu einer Kraft unter anderen im strategischen Dialog mit der UdSSR. De facto führt die Aufteilung der Welt in rechtlich nicht anerkannte Einflußzonen erst zur Herausbildung der beiden Blöcke.

– Von den Europäern erhalten die Amerikaner Zustimmung, Rehabilitierung oder auch ein Alibi, wenn es zu heiklen Konflikten in der Dritten Welt kommt, immer wenn eine einseitige amerikanische Intervention zu auffällig und von der internationalen Gemeinschaft und den Ländern der jeweiligen Region nicht hingenommen wird. Dieses Einstehen erhalten sie, ohne viel dafür zu tun. Das «imperialistische Auftreten» des Leaders in bestimmten Regionen wird durch die Unterstützung eines Alliierten, des Waffenträgers, der die heißen Kartoffeln aus dem Feuer holt, weniger aufwendig. In der Regel geschieht dies auf wirtschaftlicher Ebene (z. B. die von der Europäischen Gemeinschaft erbetene Unterstützung bei der «Caribbean Basin Initiative» im Jahre 1982), auf politischer Ebene (Allianz für den Fortschritt, Belgischer Kongo etc.) und auf diplomatischer Ebene (Namibia und die Gruppe der Fünf). Aber wenn es notwendig ist, auch auf militärischer Ebene: Libanon im Jahre 1983. Europa kann Hilfstruppen für nützliche Trapeznummern stellen, die sonst nirgendwo auf der Welt Zustimmung finden würden.

Die Seite des Habens: Die Seelenzustände des Leaders schüchtern nur die Ängstlichen ein. Wie jeder andere Staat hat auch Amerika eine Seele und eine Strategie. «Die realen Vorteile der Atlantischen Allianz scheinen weniger auf ökonomischer oder politischer Ebene als auf der psychologischen zu liegen. Die amerikanischen Führer haben sich daran gewöhnt, in globalen Größen zu denken. Sie sprechen gerne im Namen Westeuropas und sehen die Größe Amerikas auch im Zusammenhang mit seiner Fähigkeit, ein globales Netz von Bündnissen, Protektionen und Abhängigkeiten zu befehligen. Die Einschränkung dieser Kontrolle bringt aus ihrer Sicht eine Beeinträchtigung ihres Status und ihrer Macht. Für eine Regierung, die von militärischer Macht besessen ist und die heute versucht, ihre absolute Überlegenheit über die Sowjets mit den Mitteln der Diplomatie wiederzugewinnen, ist es besonders schwierig, dies zuzugeben.»*

Transatlantische Mißverständnisse oder strategische Widersprüche?

Die Neuverhandlungen der Allianz sind wie eine Meeresschlange, die von 1953 bis 1983 alle zehn Jahre bei Schlechtwetter ihren Rücken aus dem Wasser hebt: von den Krisen der fünfziger Jahre zum Embargo über die multilaterale Atomkraft Kennedys im Jahre 1963 und zum 1973 mißglückten Versuch einer neuen altantischen Charta. Die Amerikaner sprechen lieber von «Reform», «Neufassung» und «neuem Gleichgewicht» – denn eine konstruktive und befriedigende Gemeinschaft zwischen den Mitgliedern kann nicht Gegenstand eines solchen Kuhhandels sein (unter Franzosen kann man zwar feilschen, doch Frankreich selbst wird nicht verschachert). Das ritualisierte

* Ronald Steel, Le Débat sur la Defénse aux États-Unis, La Documentation française, Nr. 461, S. 22.

Psychodrama der transatlantischen Krisenverwaltung hat ein eigenes Protokoll. Es beginnt immer mit Provokation und endet mit Entspannung, mit der Banalisierung des «Familienstreits»: Ursache ist ein spektakuläres Ereignis; es kommt zu einer Verhärtung, zu öffentlichen Erklärungen nüchterner Entschlossenheit, es folgen erneute Untersuchung der Beziehungen, offiziöser Kompromiß, offizielle Besänftigung, ein unvorhergesehenes Ereignis an der «Peripherie» (Jom-Kippur-Krieg, Libanon-Invasion). Eine andere Ursache ist ein sowjetischer Übergriff (Verhaftung eines Dissidenten). Die französisch-amerikanische Krise der sechziger Jahre wird – irritierende Wiederkehr – zur europäisch-amerikanischen Krise der achtziger Jahre. Niemand staunt, wenn zum Rendezvous europäischer Einsamkeit Frankreich 20 Jahre zu früh erscheint – Europa wird zu einem Zeitpunkt gaullistisch, an dem unsere gute Gesellschaft atlantisch wird ... Die Schmach der Zeit verdrängend, spricht Kissinger vom Wetter: «Krisen in der Atlantischen Allianz sind so unvermeidlich wie die Gewitter in der Natur.»*

Andere erklären es medizinisch: Die Allianz hat einen «Fieberanfall». Mit diesen aus der Naturwissenschaft entlehnten Metaphern wird so getan, als seien diese Vorgänge fortwährende Naturereignisse. Das notwendige Ergebnis einer historischen Entwicklung wird banalisiert und zum unvorhersehbaren Unfall deklariert. Denn die Anormalität ist ja nicht die Krise, sondern die heutige Norm. Die politische Superstruktur der Allianz auf höchster Ebene entspricht nicht mehr ihrer strategischen, wirtschaftlichen und geopolitischen Infrastruktur. Das Alte ist noch nicht abgestorben, aber das Neue noch nicht geboren. Zwischen der Sicherheit, die das System nicht mehr geben kann, und der Unabhängigkeit Europas, die von ihr verhindert wird, driftet das atlantische System zwischen zwei Strömungen, zwischen gestern und morgen. Wäre die Allianz noch lebensfähig, müßte sie sich erneuern. Doch man bleibt lieber beim alten, indem immer gerade so viel verändert wird, um sicherzustellen, daß alles beim alten bleiben kann.

Es gibt keine richtige Antwort auf eine falsch gestellte Frage. Die Reform der Allianz wird ständig mit technischen Termini ins Auge gefaßt. So wird die Frage: Wie können wir aus unseren «Schützlingen» «Verbündete» machen? mit der Antwort: durch Veränderung der

* Henry Kissinger, A plan to reshape NATO, *Time*, 5. März 1984.

Organisationsstruktur, rationell gehandhabt. Kissinger schlägt vor, einen Europäer an Stelle eines Amerikaners auf den Posten des Obersten Heeresleiters der NATO * zu berufen. In den fünfziger Jahren gab es eine Auseinandersetzung um die deutsche Wiederbewaffnung. Dabei wurde vorgeschlagen, die europäische Armee unter amerikanischen Befehl zu stellen. Frankreich hatte damals begründete Zweifel.

30 Jahre später löst die Vorstellung, daß in Friedenszeiten und ohne eine vorausgegangene Niederlage der europäischen Armeen diese dem amerikanischen Präsidenten unterstellt werden, nur noch ein gefälliges Gemurmel aus. Der Kissinger-Plan sieht aber tatsächlich vor, daß der politische Posten des Generalsekretärs (heute Lord Carrington) mit einem Amerikaner besetzt wird. Die Reformpläne, die als strukturelle Veränderungen dargestellt werden, sehen einen möglichen Widerspruch unter den Alliierten allein in den «zu verwendenden Methoden, um die gemeinsamen Ziele zu verwirklichen», wie z. B. in der technischen Notwendigkeit, das Kommando zu zentralisieren (man denke an den einen Finger auf dem Knopf der nuklearen Entspannung), und der empfohlenen Aufteilung der politischen Entscheidungen.

Alles andere gilt als «Mißverständnis», als «Spannung», und wird unterschiedlichen Wahrnehmungsweisen zugeschrieben (Ihre Brille sieht schwarz, versuchen Sie doch meine) oder als Konzeptionsunterschied (Sie haben mich nicht richtig verstanden, ich werde von vorne anfangen); letztendlich ist alles noch wiedergutzumachen. Der Optimismus der Reformer in Washington, die nicht müde werden, sich für die ihrer Sichtweite und ihren Interessen entsprechende «westliche Gemeinsamkeit» einzusetzen, erklärt sich allein aus dem immer wieder beschworenen Konsensprinzip: die Gemeinschaft bildet ein «gemeinsames Ganzes», «die Interessen der Allianz sind unteilbar».** Was zu beweisen war.

Politische und ideologische Werte können keine Gemeinschaft absichern – es sei denn, es handelt sich um eine kulturelle, sprachliche oder historische Gemeinschaft (Fühlt sich ein Franzose einem Türken näher als einem Schweden, fühlt sich ein Pariser einem Norweger mehr verbunden als einem Wiener? Wo wäre der Grund dafür?). Eine lebensfähige politische Gemeinschaft erfordert eine Interessenge-

* Henry Kissinger, ebenda.

** Henry Kissinger, *Les Malentendus transatlantiques*, 1965, S. 26.

meinschaft an der Basis. Selbst wenn zwischen den Partnern der Allianz ergänzende Interessenbereiche bestehen, so gibt es auch solche, die sich widersprechen. «Fünfzehn Jahre Hegemonialmacht», so stellte 1965 ein Harvard-Professor fest, «haben dazu geführt, daß wir gewohnheitsmäßig davon ausgehen, daß unsere Einstellung den allgemeinen Interessen entspricht.»* 35 Jahre der Unterwerfung haben möglicherweise dazu geführt, daß man auch in Europa glaubt, diese Widersprüche seien eher «Unterschiedlichkeiten» als «Antagonismen». Sorgfältig müssen Begriffe wie Mensch, Freiheit, Demokratie etc. definiert werden.

Es mag normal sein, daß zwischen Ländern der Marktwirtschaft, zwischen amerikanischen Firmen und der übrigen kapitalistischen Welt, vor allem mit der Europäischen Gemeinschaft, regelrechte Wirtschafts-, Handels-, Industrie- und Technologiekriege stattfinden. Auf allen entscheidenden Exportmärkten konkurrieren wir ja nicht mit sowjetischen, sondern mit amerikanischen Firmen, die oft die einzigen Gegner sind und es uns nicht gerade leicht machen (Airbus, Ariane, Télécom). Eine Entsprechung gibt es auch bei der Jagd nach Subventionen auf den Agrarmärkten in Ägypten, Marokko und anderswo. Diese Widerwärtigkeiten sind Teil des Spiels um den Absatz, welches aber oft genug nicht mehr «normal» ist. Nicht nur, weil die Vereinigten Staaten auf Grund der Überlegenheit des Dollars allein die Spielregeln bestimmen – eine Einseitigkeit, die durch die massive Verwirrung der Märkte (Bank, Fernmeldewesen, Raumfahrt) noch verstärkt wird, sondern weil sie ein doppeltes Spiel treiben: Sie fordern einerseits wirtschaftlichen Liberalismus, freies Unternehmertum, Öffnung der Märkte, gleichzeitig aber praktizieren sie selbst massiven Protektionismus (Abschottung des nationalen Marktes, verschleierte Agrarsubventionen etc.). Offiziell hat die Allianz seit der feierlichen Erklärung von Ottawa im Jahre 1974 unzählige Male vor jedem Gipfeltreffen zu einer Harmonisierung der Wirtschaftspolitik aufgerufen. Die Senkung der Zinssätze im Jahre 1980 und das seither bestehende amerikanische Haushaltsdefizit (was ja im Gegensatz zur Überbewertung des Dollar ein weitgehend unkontrollierbares Phänomen ist) gaben Anlaß zu wiederholten offiziellen Anfragen, ja sogar offiziösen Bittgesuchen von seiten der Alliierten: «Die wirtschaftliche Stabilität der Allianz ist unerläßliche Voraussetzung ihrer

* Ebenda, S. 271.

Verteidigungskraft. Ihr könnt nicht gleichzeitig unsere politische Solidarität in den Beziehungen mit dem Osten erwarten und uns die ökonomische Solidarität in unseren eigenen Beziehungen verweigern. Ihr sprecht immer wieder von der sowjetischen Bedrohung, seht aber nicht, daß der Schlüssel zum Ost-West-Problem im Westen und im Nord-Süd-Konflikt liegt.» Erfolgloses Beschwören! Der wirtschaftliche Egoismus der Vereinigten Staaten hat ausnahmslos bei jedem Konflikt überzeugende Argumente mit Widerspruchscharakter wie eine blinde Dampfwalze erdrückt. Das hat seinen Grund: die Umstrukturierung der amerikanischen Wirtschaft setzt eine begleitende Destrukturierung der konkurrierenden Wirtschaftssysteme, insbesondere bei den Alliierten, voraus. Ein durchaus bekanntes Phänomen. Die Alliierten haben endgültig das Harmonieprinzip verabschiedet. Es scheint demgegenüber aber notwendig, den unvermeidlichen wirtschaftlichen Spannungen das breite Spektrum der strategischen Übereinstimmungen als Ersatz hinzustellen. Dadurch wird das Wichtigste gerettet: die gemeinsamen Sicherheitsinteressen angesichts der kommunistischen Gefahr. Auf dieser soliden Grundlage wurde die Allianz gegründet. Mit Bedauern wird man feststellen, daß sie nicht «alle notwendigen Voraussetzungen erfüllt, die Stabilität und das allgemeine Wohl zu sichern». In Artikel 2 heißt es: «Die Parteien werden sich bemühen, alle Gegensätze der internationalen Wirtschaftspolitik zu beseitigen und die wirtschaftliche Zusammenarbeit zwischen jedem einzelnen und zwischen allen zu fördern.» Mündlich wird hinzugefügt, daß auch heute noch die Allianz die Maximalerwartungen ihrer Gründung erfüllt.

Was würde geschehen, wenn die «Unterschiede und Mißverständnisse», die immer wieder auf politischer Ebene auf beiden Seiten des Atlantiks beklagt werden, nicht allein Ausdruck sind für auseinandergehende, sondern für heute bereits unterschiedliche und morgen vielleicht widersprüchliche nationale Interessen auf strategischer Ebene?

1. Die alliierten Interessen sind durch den Atlantik voneinander getrennt. Das ist nichts Neues. Die Zusammenführung in ein und demselben Sicherheitssystem einer atomaren Supermacht und mehrerer mittlerer und kleinerer Nichtatommächte, die durch einen Ozean voneinander getrennt sind, war von Anfang an problematisch, weil Risiken und Mittel sich nicht entsprechen. Dieses Ungleichgewicht, das 1957 durch den Einschluß des amerikanischen Territoriums in das Nuklearrisiko abgeschwächt wurde, hat sich aber dann durch

die weltweite Ausdehnung des amerikanischen Sicherheitsraumes wieder verstärkt. Für die Vereinigten Staaten ist die Atlantische Allianz ein Untersystem des Westens, flankiert von dem interamerikanischen Untersystem. Es entspricht dem pazifischen Untersystem im Osten, wo sich alles um die japanisch-amerikanische Achse herum gruppiert, obwohl die «pazifische Gemeinschaft», die im Handelsaustausch bereits eine Vormachtstellung einnimmt, in den Institutionen des Systems formell noch nicht vertreten ist.

Das amerikanische Sicherheitssystem besteht nicht oder nicht mehr allein aus der Atlantischen Allianz, sondern aus der Gesamtheit dieser drei mit der Zentralbastion verbundenen Untersysteme, die etwa im gleichen Abstand voneinander liegen und zwischen denen die Großinsel mit zwei Fassaden und den fünf Grenzen (die fünfte Grenze ist die mit dem Weltraum) ihre Interessen aufs beste verwirklichen kann. Für die Alliierten an der atlantischen Front ist die Allianz *das* System, Gesamtrahmen und wesentlicher Bezugspunkt; für den Leader ist sie nur ein Teil. Was für uns strategisch ist (die Langstrekkenraketen, aber auch die Raketen mit nur kurzer Reichweite), ist für ihn taktisch. Der Leader würdigt als «strategisch» allein den Vektor, der den Atlantik überqueren und ihn selbst zu zerstören vermag. Der für ihn «begrenzte Atomkrieg» ist die unbegrenzte Zerstörung ganz Europas. Die Taktik ist die Strategie der Armen, aber gerade diese Armut ist unser versteckter Trumpf. Für die Vereinigten Staaten würde der Verlust des europäischen Vorpostens bedeuten, daß sie eine Schlacht verloren hätten, für uns aber würde es Krieg bedeuten mit dem höchstwahrscheinlichen Ausgang eines gänzlichen Endes. Aus dieser Asymmetrie entwickelt sich eine Interessendivergenz von höchster Tragweite, die auch das Umgehen mit der nuklearen Abschreckung bestimmt.

Wenn die Abschreckung in Europa scheitert, würden die Vereinigten Staaten bei ihrer rationalen Strategie bleiben, indem sie die Eskalation zu stoppen versuchten und verhindern würden, daß die «zentralen Systeme» eingesetzt werden. Sie haben ein gemeinsames Interesse mit der Sowjetunion, nämlich das eigene heilige Refugium und die eigene Bevölkerung vor der Katastrophe zu retten. Wenn die Abschreckung scheitert, haben die Europäer keine rationale Strategie mehr. Die wirkungsvolle Irrationalität der Abschreckung stellt letztlich unsere einzige rationale Strategie dar, während die Amerikaner aus Vernunftgründen eigentlich dieses Scheitern einplanen müssen.

Die Stationierung der Cruise Missiles löst diese Ambivalenz in keiner Weise auf, da sie selbst doppeldeutig ist, indem sie die Erweiterung des Konflikts gleichzeitig sichert und verzögert. Die sowjetische Atomüberlegenheit in Europa hat diesen Widerspruch aufleben lassen. Es liegt im Interesse der Europäer, alles zu tun, um die UdSSR davon zu überzeugen, daß der Konflikt nicht auf Europa begrenzt bliebe; die Vereinigten Staaten haben ein Interesse daran, die Möglichkeit einer Begrenzung auf und innerhalb Europas für möglich zu halten. Der bestmögliche Ausgang für die Vereinigten Staaten wäre der begrenzte Konflikt – für uns wäre er das Schlimmste, was passieren kann.

Diese hypothetische Widersprüchlichkeit, sie ist euro-amerikanisch, nicht französisch-amerikanisch, setzt den Kriegszustand voraus. Viel gravierender noch als diese Interessengegensätze im Rahmen einer Abschreckungsstrategie wäre es, wenn diese Strategie selbst in Frage gestellt würde. Die «flexible response», der Verlust amerikanischer Überlegenheit, würde unseren europäischen Freunden zeigen, daß Europa dann auf sich selbst gestellt sei, ob in heroischer Weise oder auch nicht. Der «Krieg der Sterne» unterläuft das Prinzip unserer Abschreckung schon am Ende dieses Jahrhunderts.

Die Entscheidung *ex-abrupto* von Präsident Reagan vom 23. März 1983, wodurch ohne vorherige Abstimmung, sogar ohne vorherige Information der Alliierten, das amerikanische Territorium mit einem «Schutzwall gegen Raketen» aus energetisch gerichteten Waffensystemen, die auf einer Weltraumplattform stationiert sind, versehen wird, führt zu der bedeutendsten strategischen Veränderung seit Kriegsende. Seit den geglückten Experimenten in Los Alamos wurden zum zweitenmal die Voraussetzungen für den Frieden auf den Kopf gestellt. Die Laser ABM sollen noch vor Ende des Jahrhunderts einen absoluten Schutzwall für Amerika ermöglichen und langfristig werden beide Supermächte davon eingegrenzt (wie in anderen Bereichen auch, würde die Sowjetunion die technologische Verspätung auf dem Gebiet der ABM aufholen). Damit wäre das Ende des Wettrüstens und das Ende der nuklearen Erpressung erreicht. Das Auslösen eines Angriffs wäre von vornherein unwirksam. Der Übergang von der sicheren gegenseitigen Zerstörung (MAB) zum gesicherten gegenseitigen Überleben (MAS) würde Amerika endgültig vor Angriffen schützen und gleichzeitig würde die europäische nukleare Schlagkraft nichtig werden. Unser Territorium würde ohne einen solchen Defensivschutz durch konventionelle und nukleare Angriffe angreifbar, es wäre darüber hinaus aller Abwehrmittel beraubt. Indem sie die Sowjets auffordern, sich mit einem ähnlichen System auszustatten, räumen die Vereinigten Staaten der Sowjetunion die Vorteile ein, die sich aus ihrer konventionellen Überlegenheit auf dem europäischen Schauplatz ergeben.

Die Vereinigten Staaten werden auf Dauer die beiden Seiten des Atlantiks strategisch voneinander abkoppeln, da es immer unwahrscheinlicher wird, daß ein konventioneller Krieg in Europa die heiligen Refugien der beiden Supermächte zerstören kann. Frankreich und Großbritannien wären dann gezwungen, in den klassischen Bereichen die notwendigen Ressourcen für eine erhöhte Durchschlagskraft ihrer strategischen Kräfte zu mobilisieren; die konventionelle Abschreckung bliebe dennoch unzureichend. Bis jetzt beruhte die Sicherheit der Welt auf der Verteilung der Risiken. Die Priorität, die heute der Sicherheit gegeben wird, führt aber zu einer Erhöhung der Risiken. Darin liegt ein weiteres Paradox. Die Strategie der absoluten Verteidigung führt zu mehr Katastrophen als jeder Alptraum. Indem die «Fortress America» sich von technologischen Höhenflügen verführen läßt, vergewaltigt sie das ABM.-Abkommen von 1972, die wichtigste Errungenschaft des strategischen Dialogs der letzten zwanzig Jahre und beweist damit, daß für sie die eigene Sicherheit das Wichtigste ist, auch wenn dabei die der Alliierten geopfert wird, ja möglicherweise sogar die eigene. Technologisch ist das ABM-Projekt illusorisch, denn eine hundertprozentige Absicherung und Undurchlässigkeit gibt es nicht. Es ist auch gefährlich, denn 5% der gegnerischen ballistischen Raketen, Kampfflugzeuge und Marschflugkörper reichen bereits aus, um Amerika von der Landkarte verschwinden zu lassen; es führt zu Destabilisierung, denn das Ziel der Erpressung, Grundlage der Abschreckung, wird außer Kraft gesetzt. Schließlich ist es offensiv und nicht defensiv, da es zum Erstschlag auffordert. Mit diesem Projekt wird der technologische Wettlauf für die Entwicklung von Gegenmaßnahmen, die den Schutzschirm von unten her umkreisen sollen, wieder in Gang gesetzt. Es ist ein widersprüchlicher Plan, denn man kann nicht im eigenen Land der Verteidigung Priorität geben und von seinen Verbündeten verlangen, daß sie auf ihrem Boden Offensivwaffen mittlerer Reichweite stationieren. Die Durchsetzung dieser Strategie kennzeichnet eine neue Etappe in der Zerstörung der Grundlagen des atlantischen Systems. Die Zeit ist vorbei, in der man von einer rückständigen Militärstrategie der Vereinigten Staaten in bezug auf die Abschreckungsstrategie in Europa sprechen konnte: von nun an ist diese antinomisch. Gestern sicherte das Pentagon nur unzureichend die Sicherheit Europas; morgen wird es seine Verletzbarkeit noch erhöhen.* Die erste Behauptung wurde so lange für eine Übertreibung gehalten, bis sie offiziell bestätigt wurde. Der zweiten Behauptung ergeht es heute genauso – wir wollen übermorgen abwarten.

* Man sieht in Washington demnächst eine Verdoppelung der vom Kongreß beantragten Ausgaben für das Projekt «Star War» vor, das sind 3,6 Milliarden Dollar für das Steuerjahr 1986 im Vergleich zu 1,8 Milliarden Dollar für 1985.

Was tun?

Jedem seine Religion

Das System ist eine nie versiegende Quelle für Konflikte zwischen den Parteien, die es eigentlich verbinden soll. Wer versucht, in die Zukunft dieses transatlantischen Malheurs zu schauen, würde den Teufelskreis der Andeutungen, die Hintergedanken der Beteiligten, durchbrechen. Einerseits hält der Leader, ohne es ausdrücklich zu sagen, eine Außenpolitik für wünschenswert, die mit den Großen der Allianz (Vereinigte Staaten einerseits, Großbritannien, Frankreich, Deutschland andererseits) ein gemeinsames Fundament bildet. Andererseits widersprechen die nationalen Interessen dieser gemeinsamen Politik, aber niemand von den Alliierten traut sich, es dem Präsidenten zu sagen. Ist es ein Verbrechen, diese Ambiguität ohne Aggression und ohne Verleumdung anzusprechen? Es reicht nicht aus, daß sich die politischen Direktoren zwanzigmal im Jahr bei Sitzungen treffen, daß der Atlantische Rat alle sechs Monate eine gemeinsame Erklärung veröffentlicht, daß die westlichen Gipfelkonferenzen trilateral ihre Absichten bekunden. Mit Worten allein ist die Quadratur des Kreises nicht zu lösen. Im Gegenteil: weil immer wieder versucht wird, aus jedem Gipfeltreffen ein Fest der Freundschaft zu machen, wird falsch gesungen und jeder findet erst zu Hause seine Tonlage wieder. Weil so getan wird, als gäbe es in einer idealen Ehe keine Meinungsverschiedenheiten, kommt es zu den periodisch wiederkehrenden Klagen, Enttäuschungen, Kontroversen, Ressentiments. Die Realitäten lassen sich nicht ständig hinter Treueversprechen verstekken, und man kann auch nicht so tun, als seien die amerikanischen Interessen überall und zu jedem Zeitpunkt die unsrigen. Wir wollen einmal die Rangordnung der Faktoren auf den Kopf stellen. Wie ein zerstrittenes Paar nach der Trennung von Tisch und Bett die besten Freunde der Welt werden können, wollen wir einmal versuchen, Mein und Dein zu entwirren, um Klarheit zu gewinnen.

Der amerikanische Beauftragte in Paris könnte statt seiner monatlichen Überschau, in der er immer wieder die «Aufklärung» über die fünf letzten Vergehen gegen die französisch-amerikanische Solidarität erbittet, sich lieber mit dem diplomatischen Berater des Elysees darüber freuen, daß es zumindestens auch fünf Übereinstimmungen gab. Weil wir zur Freundschaft weder verpflichtet sind noch sie endgültig erworben haben, sind solche konkreten Beweise um so wichtiger. Dabei soll nicht im voraus über Unvorhersehbarkeiten geurteilt werden, die das System der internationalen Beziehungen Monat für Monat neu entstehen lassen bzw. immer wieder neu in Frage stellen. Es wäre nutzlos, wollte man die Dinge endgültig festlegen oder sich darüber belehrend äußern. Die Grenze unserer Übereinstimmungen und der genaue Rahmen unserer Widersprüche kann nicht vorab festgelegt werden. Es liegt im Interesse des Bauherrn unseres Machtbereiches, jede Unstimmigkeit mit den Vasallen zu dramatisieren (das heißt, auch die Punkte der Übereinstimmung vorab in aller Endgültigkeit festzulegen) in unserem Interesse liegt es, und eigentlich auch in dem der Allianz selbst, zu entdramatisieren: weder die Hoffnung zu übersteigern noch Übereinstimmungen wie Dogmen anzusehen, sondern die Tatsachen zu sehen.

Man kann eine gemeinsame Politik und noch weniger eine politische Gemeinschaft (Lager oder Bündnis) nicht auf der Grundlage strategischer Übereinstimmungen, noch allein auf einer ökonomischen Feststellung aufbauen. Die zentrale Frage bleibt: unser gemeinsames Interesse ist es, die europäische Souveränität angesichts des sowjetischen Imperiums, mit seinen Bedrohungen und Übergriffen, zu bewahren. Unser gesunder Menschenverstand sagt uns: man kann nur noch auf Weltebene über Rohstoffe, Zinssätze und Energie sprechen. Dies kann nicht in Abwesenheit der größten Weltmacht geschehen, von der die Währungsstruktur des ganzen Universums, die Stabilisierung der zentralen Wirtschaftsindikatoren, die Laufzeit der Schulden der südlichen Länder, die Werte des Währungsfonds der Weltbank etc. abhängen.

Das gemeinsame Sicherheitsinteresse ist entscheidend, dennoch hat es eine negative Struktur: Wir können daraus ableiten, was wir unter allen Umständen ablehnen, nicht aber, was wir erstreben sollen.

Es verlangt, daß wir im Kriegsfall zusammenstehen. Das heißt aber nicht, daß wir es auch im Frieden tun. Durch eine Allianz klassischen Typs wird gefordert, daß bereits in Friedenszeiten die politischen und militärischen Vorkehrungen für eine eventuelle Aggression durch die Sowjetunion getroffen werden. «Fände diese statt, bestünde kein Zweifel daran, daß mein Land auf der Seite der Vereinigten Staaten stünde. Tatsache aber ist, daß sie nicht stattfindet.»*

Mit dieser unvorhersehbaren Tatsache werden wir seit 40 Jahren konfrontiert. Wir wissen um die zahllosen regionalen Konflikte und Spannungen, die die Sowjetunion und die Vereinigten Staaten zu nutzen versuchen, um ihren Einfluß zu erhöhen oder ihren Einflußbereich zu erweitern. Dies ist um so gefährlicher, weil durch das nukleare Verbot zwar ein Angriff innerhalb der atlantischen Zone bislang verhindert werden konnte, wodurch es aber vermehrt zu regionalen Konflikten an den Randschauplätzen kam, die nicht innerhalb des atomaren Schutzraums lagen. Entsprechend wurde auch die politische Rolle der zentralen Länder in Friedenszeiten bedeutungsloser.

Aus der Feststellung der ökonomischen Interdependenzen kann weder ein Bündnis noch eine politische Unterordnung der Schwächeren unter einen Starken abgeleitet werden. Wie sich auch immer die technokratische Subversion auswirken mag, die Wirtschaft ist nicht mehr als eine Technik im Dienst der Politik. Eine verantwortungsvolle Außenpolitik kann nicht durch die Finanzminister des Westens gemacht werden, «sie ist die Summe aller Faktoren, aus denen man zugunsten eines Landes Gewinn ziehen kann». Diese Faktoren sind jeweils gesondert zu betrachten, und sie sind nicht in erster Linie ökonomischer Art. Die überzogene Rolle, die die Ökonomen der «Wirtschaft und den Finanzen» in der Führung der (internationalen) Geschäfte beimessen, stellt diese Evidenz zwar auf den Kopf, aber verändert sie nicht. Darin kommt im Grunde zum Ausdruck, daß der Staat als ideelles Gebilde an Kraft verlor, was sich in der Praxis in der politischen Vormachtstellung der Wirtschaftsdomäne Amerika äußert. Ebenso beherrscht auch im Leben der Metropole die Wirtschaft die Politik (dort ist die am meisten gelesene Zeitung nicht etwa die *New York Times* oder die *Los Angeles Times*, sondern das *Wallstreet Journal*). Darüber hinaus gibt es spezifische Schonräume, in denen ausführliche Gespräche mit den Vereinigten Staaten über andere Pro-

* Charles de Gaulle, Die Schneide des Schwertes, a. a. O.

bleme möglich sind (deren Lösung jedoch keineswegs durch das Bündnis erleichtert wird): OECD, GATT, TWS, Vereinte Nationen, Fünfer-Gruppe, Entwicklungskomitee etc. Die tausendmal wiederholte Darstellung der Abhängigkeitsketten und die der damit entstehenden Gefahren für die globale Sicherheit in ihrem eigenen Lager beeindruckte die amerikanischen Regierungen in keiner Weise. Ein «new deal» wäre sowohl für die Absatzchancen des Nordens als auch für die Kaufkraft des Südens wünschenswert. Dieser wäre jedoch nur auf Betreiben und unter Führung der Vereinigten Staaten möglich.*

Leider wollen (oder können) die Amerikaner davon nichts wissen. Wie soll auch die Realität eines auf politischer Ebene nicht akzeptierten Leaderships durch die Utopie eines unerläßlichen, aber auf ökonomischer Ebene undenkbaren, Leaderships gerechtfertigt werden? Diese Logik würde sich gegen sie selbst wenden.

Die Chimäre von der gemeinsamen Außenpolitik kann nicht weiter geträumt und ihr Fehlen nicht endlos beklagt werden. Die Rangfolge der Prioritäten und die lebenswichtigen Interessen der Alliierten sind unterschiedlich. Die lebensunwichtigen Gebiete des Leaders können für mich lebenswichtig sein und umgekehrt. «Ohne Afrika gibt es keine Geschichte Frankreichs des 21. Jahrhunderts», sagte François Mitterand – aber die zukünftige Geschichte der Vereinigten Staaten hängt nicht von diesem Kontinent ab. Wenn aber Mexiko zusammenbricht und sich seine Grenzen öffnen, ... Einflußregionen und bevorzugte Warenaustauschzonen können nebeneinander liegen, ohne sich gegenseitig zu beeinträchtigen: das ist zumindest auf dem Papier richtig. Aber wenn Frankreich beispielsweise seine internationalen Prioritäten den eigenen strategischen Interessen anpaßte, würde es gleichzeitig den frankophonen Einflußbereich auf institutioneller, politischer und menschlicher Ebene strukturieren. Oder wenn es in seinen Beziehungen mit Quebec, Haiti, Libanon, Laos und Vietnam besondere Schwerpunkte setzen würde, entstünde zwangsläufig aus sehr unterschiedlichen Gründen und für jedes Land in spezifischer Weise ein bestimmter Grad an Widersprüchlichkeit zu den Vereinigten Staaten und der «Außenpolitik der Allianz». Indem die Beziehungen im «kulturellen» Einflußbereich ihren Ort haben, bleiben die potentiellen Widersprüche gering. Leider fehlt der frankophonen Kultur eine poli-

* Siehe den ausgezeichneten Vortrag, den Claude Cheysson im Argentinischen Zentrum für interne Beziehungen am 26. Juli 1984 hielt.

tische Grundlage (dem britischen Commonwealth vergleichbar), um eine eigene Identität zu finden und um sich zu modernisieren. Eine frankophone Gemeinschaft ist aber gegenläufig zu den bestehenden ideologischen Lagern der Blöcke und würde die Gründung eines informellen, aber regelmäßig stattfindenden Treffens der Staats- und Regierungschefs zur Voraussetzung haben. «Noch ein Gipfel, wo es doch schon so viele gibt ...» wird der Diplomat sagen. Jener Gipfel hätte zuerst kommen müssen und die anderen nachher oder wenigstens gleichzeitig. Dieser erträumte, aber illusorische Gipfel wäre nicht überlastet durch bürokratische Arbeit, natürlich hätte man ihn nicht für reine Folklore (wie viele es sind) halten dürfen. Durch sein System wären die Rollen vertauscht, und die Mitgliedsländer stünden nicht im Mittelpunkt.

Die amerikanischen Administrationen und ihre europäischen Ableger hielten die «unterschiedlichen Einschätzungen» des Westens in bezug auf die Ostblockländer, die ja Grundlage und Rechtfertigung der Allianz sind, für schockierend und warfen den europäischen Regierungen vor, dem gemeinsamen Feind nicht vereint entgegenzutreten. Dieses Verhalten erstaunt, wie jede strategische Position, die die Geschichte und die Geographie außer acht läßt. Jeder hat so viel Entspannung und so viel Kalten Krieg, wie er verdient, entsprechend seiner Position auf der Landkarte und je nach Art seiner Außenbeziehungen. Die «Entspannung» führt in den Vereinigten Staaten zu Diskussionen über eine Verringerung der Militärausgaben und ist gleichzeitig eine gute Gelegenheit, um hier oder dort eine kleine Neuaufteilung der Welt vorzunehmen, zumindestens aber wird gefordert, zu einer gemeinsamen Krisenverwaltung zu kommen. In der Sowjetunion wird bei dieser Gelegenheit versucht, den Klassenfeind mit in den Abgrund zu ziehen, die eine oder andere nationale Revolution in der Dritten Welt für sich auszunutzen, ohne den Status quo im eigenen Lager aufzutauen. Im geteilten Europa führt diese Differenz zu weitergehenden Hoffnungen. Natürlich ist für die Deutschen die deutsche Frage vorrangig, und daher steht ihnen die «Ostpolitik» näher, ein Instrument, das weder diplomatisch noch finanziell, dafür aber menschlich, ja geradezu körperlich, im deutschen Nationalinteresse verwendet wird. Wenn siebzehn Millionen Landsleute als Geiseln hinter einer Mauer – Brüder, Freunde, Vettern – gefangengehalten werden, dann spielt man nicht mit dem Feuer und neigt eher zur Aussöhnung, auch wenn dabei die Beziehungen mit der «anderen

Seite» verzerrt werden, denn betroffen sind davon nicht die Strategen, sondern die Familien.* Dem Durchschnittsdeutschen ist mehr am Frieden gelegen als dem Amerikaner, denn er wäre als erster Opfer einer militärischen Auseinandersetzung zwischen Ost und West.

Man kann sich sehr wohl eine Konfliktkonstellation vorstellen, bei der die Bevölkerung der USA schadlos bliebe, schwieriger wäre es schon für Frankreich – aber für die Bundesrepublik ist sie unmöglich. Im Notfall müßte sie sich opfern, damit die USA unversehrt bleiben kann (wobei dies eine unmoralische Strategie ist). Frankreich ist weniger gefährdet und hat keine lebenswichtigen Interessen im Osten. Es könnte entschlossener auftreten, denn es ist weniger verletzbar und durch nichts erpreßbar. Aber im Laufe seiner Geschichte sind Beziehungen, keine Verpflichtungen, entstanden, ja sogar ein offensichtliches und andauerndes Interesse, als mittlere Großmacht seine politischen und ökonomischen Beziehungen zu diversifizieren und gegenüber einem Hegemonialanspruch ausgleichend zu wirken. Darüber hinaus hatte Frankreich lange Zeit, im Unterschied zu den Vereinigten Staaten und der Bundesrepublik, eine kommunistische Partei, deren Zurückhaltung und Friedfertigkeit aus der Sicht einer konservativen Macht ihren Preis kostet.

Der Außenhandel Frankreichs stellt ein Viertel seines Bruttosozialproduktes. Mehr als jedes andere Land in der OECD muß Frankreich seine Exporte erhöhen und eine veränderte Kreditpolitik anstreben, weil es nicht wie andere in der Lage ist, Kapital zu geringeren als den durch die OECD festgesetzten Zinssätzen zu bekommen. Selbst wenn Frankreich an die UdSSR fünfmal weniger verkaufen wird als die Bundesrepublik, und sogar weniger als Belgien, können wir dennoch nicht unsere Handelspolitik bei anderen kopieren, da wir im Handel keine Kriegs- oder Friedenswaffe sehen (je nach imperialer Stimmungslage, je nachdem, wer an der Macht ist).**

* «Es liegt offensichtlich in unserem ureigensten Interesse, mit Moskau freundschaftliche Beziehungen zu unterhalten.» Willy Brandt, Begegnungen und Einsichten, Die Jahre 1960–1975, Hamburg 1976.

** Die OECD-Vereinbarung verpflichtet zu einem Zinssatz von 12,40% für Kredite in französischer Währung. Die UdSSR wurde neuerdings als relativ reiches Land eingeordnet. Dieser Zinssatz führte die Sowjetunion dazu, die Vereinbarung mit Frankreich zu stoppen, weil es nicht mit der Bundesrepublik und mit Großbritannien konkurrieren kann.

Michel Tatu schrieb anläßlich des von Carter auferlegten Getreide-Embargos im

Was die Politik im Süden betrifft (soweit man mit diesem Begriff überhaupt den Nahen Osten, die arabisch-muselmanische Welt, Zentral- und Südasien, den Fernen Osten, den Pazifik, die 25 lateinamerikanischen und die 50 amerikanischen Staaten zusammenfassen kann), ist es nicht notwendig, hier im einzelnen die höchst unterschiedlichen – ja gegensätzlichen – Interessenslagen auszubreiten, die durch die Geschichte, durch den Mangel an Energiegrundlagen, durch kulturelle Affinitäten oder aus anderen, naturgegebenen Gründen entstanden sind. Das zwanghafte Kopieren der Bedürfnisse, die Macht der Informationssysteme (TV, Presse, Radio, Bücher etc.) und die dadurch gesteuerte Wahrnehmungsweise ist eine Sünde gegen die Eigenständigkeit und Identität dieser Völker.

Jede große Nation schneidet gewissermaßen das eigene Land aus der Weltkarte heraus. Der Leader sieht eine andere Welt als seine Alliierten, weil der Blickwinkel ein anderer ist. Die amerikanische Führung hat eine unhistorische, dafür aber technische Sicht der menschlichen Geschichte. Auf dem Hintergrund der Atomwaffe glaubt sie an den ewigen Frieden. Für sie gibt es keine Probleme, die nicht durch Technologie und entsprechende Mittel lösbar wären. Daraus erklärt sich, warum sie in den nationalen Angelegenheiten so selbstverständlich das Militärische vor das Politische stellt. Die persönliche Ignoranz der amerikanischen Präsidenten (mit Ausnahme von Nixon am Ende seiner Amtszeit) gegenüber der äußeren Weltgeschichte ist erschütternd. Es wäre nicht weiter wichtig, wenn das Weiße Haus nur für die Geschicke Boliviens oder Luxemburgs verantwortlich wäre. Aber die Mischung aus politischer Weltläufigkeit

Jahre 1982: «Weil ein Beispiel des geheiligten Egoismus von so hoher Stelle gegeben wurde, konnten die Europäer zugkräftige Argumente vorbringen. Der Anteil des Warenaustausches mit dem Osten ist bei allen Ländern der OECD verschwindend gering (und übersteigt niemals mehr als 5% insgesamt). Aber dieser Anteil ist bei den europäischen Ländern höher als bei den Vereinigten Staaten und stellt (vor allem) in wirtschaftlichen Krisenzeiten gerade den Anteil, der die Katastrophe zumindest für eine gewisse Anzahl von Betrieben verhindert: In Frankreich liefert die Firma Creusot-Loire 10% ihrer Exporte in den Osten, 20% der Exporte von Vallourec gehen dorthin, und die dadurch beschäftigten 200000 Arbeitnehmer fallen angesichts von 2 Millionen französischen Arbeitslosen ins Gewicht; der Anteil ist in der Bundesrepublik der gleiche, mit etwa 2,5 Millionen Arbeitslosen und 275000 Arbeitnehmern, die durch Aufträge aus dem Osten arbeiten können. In: Die Ostpolitik auf beiden Seiten des Atlantiks, März 1982.

und intellektuellem Provinzialismus – was sehr zutreffend von den amerikanischen «Internationalisten» kritisiert wird –, das Verlangen, sich in alles einzumischen, diese Einfachheit der Pfadfindermentalität, bergen nicht nur für die «boys», sondern manchmal auch für die Freunde Risiken.

Dieser historische Optimismus war 1917 und 1944 eine große Hilfe für uns. Es kann aber auch dazu führen, daß die grobe Vereinfachung siegt und nicht der Heroismus: so z. B., als man sich 1940 für Pétain und gegen de Gaulle entschied und 1944 für den Plan «Amgot». Nichts verwirrt die komplexen internationalen Probleme mehr, als wenn man sie in dem Glauben angeht, es gäbe eine Lösung. Der Lauf der Geschichte wird immer dann zur Tragödie, wenn man sie für einen Stabilbaukasten hält.

Wenn es nicht darum geht, Krieg zu führen, sondern darum, Politik zu machen (bei der die Wahl der Mittel den Beteiligten zufällt), hat die Ausrichtung auf den Arglosesten immer in Katastrophen geführt. In den Regionen mit unnachgiebigen Partikularinteressen, mit einer sechs- bis zweitausend Jahre alten Geschichte, die von den heutigen Technokraten «Süden» und von den politischen Agitatoren von gestern «Dritte Welt» genannt werden, führte diese globale Denkweise dazu, daß in Indochina Millionen und im Libanon mehrere tausend Menschen getötet wurden. Immer dann, wenn der «Leader des Westens» vor Ort initiativ wird und auf Grund der bereits beschriebenen Mechanismen des Leaderships die Leitung übernimmt, besteht für den «solidarischen Alliierten» die Gefahr, daß er im Handumdrehen in einen Krieg verwickelt wird, der nicht seiner ist, oder daß er gezwungen wird, eine nicht lebensfähige «pax americana» zu bilden (Südafrika, Naher Osten etc.).

Es ist für die europäischen Regierungschefs an der Zeit, eine unüberhörbare Warnanlage einzurichten, die sich immer dann automatisch in Gang setzt, wenn eine bestimmte Schwelle in den Beziehungen mit Washington überschritten wird – im Rahmen von Fernschreiben, Telefon, Kommen und Gehen von Abgesandten, Versammlungen zwischen Dienststellen: «Stopp, Gefahr!» ... Der atlantische Schutzschirm ist letztendlich der beste und sicherste Verbündete der UdSSR, deren Expansion in dem letzten ihr verbliebenen Aktionsfeld, den unruhigen Gegenden der jungen, kämpfenden Nationen, erst möglich wurde, weil der Westen (man kann ihm dankbar sein) 30 Jahre lang auf der «falschen Seite» stand. Die Sowjetunion verdankt seit 1948 fast alle ihre Erfolge der «imperialistischen» Abschreckung. Zum Beispiel kostete die lang andauernde Solidarität der westlichen Länder mit Portugal unter Salasar die neuen Staaten in Afrika 30 Jahre ihrer Entwicklungsmöglichkeiten und viele tausend Menschen das Leben. Auch das großzügige, aber pazifistische Schweden konnte nichts ausrichten. Wenn es, in einem anderen Fall, der jungen angolanischen Regierung möglich gewesen wäre, sich an Frankreich zu wenden, um die 1975 vor Luanda stehenden Panzereinheiten aus Pretoria (die mit französischem Kriegsmaterial ausgestattet waren) mit französischen Elitetruppen aufzuhalten, dann wären die Angolaner heute weniger unglücklich, weil besser ernährt und freier, und auch der «Westen» wäre zufriedener. Der «Westen» ist eine zu wichtige Angelegenheit, um sie den Professionellen anzuvertrauen. Es ist sogar mehr als unvorsichtig, einen solch verlockenden Begriff von demjenigen definieren zu lassen, der am wenigsten dazu geeignet ist und der am spätesten zur Europäischen Gemeinschaft hinzustieß (der perfekte «falsche Bruder»). Gegenwärtig wird der Wert des Systems von der Anzahl der Gefahren bestimmt, die die Zukunft der westlichen Wertvorstellungen gerade an der Stelle bedrohen, an der sie besonders anfällig ist.

Der Geist einer Gemeinschaft hängt letztlich von der Nation ab, von der sie dominiert wird; dabei sind Schriftstücke weniger ausschlaggebend als Mentalitäten. Jener Teil, der dem jeweiligen Staat seinen Charakter gibt, wurde nicht aus freien Stücken bestimmt, sondern steht bei dessen Entstehung fest, das heißt, durch die Gründung eines Staates sind – zweifellos unbewußt – die entscheidenden Determinanten schon vorgegeben. Der amerikanische Staat betrachtet sich selbst als etwas Besonderes und als über den anderen Staaten stehend, so als wäre er von der Vorsehung zu «Höherem berufen» und habe einen «universalen Auftrag» zu erfüllen. Das «neue Jerusalem», das der Präsident ins Grundgesetz geschrieben wissen will, wodurch das morgendliche Schulgebet eingeführt, jede Parlamentssitzung mit einem «Vaterunser» eröffnet und in jedem Hotel eine Bibel ausgelegt wird, hat die Religion ins Herz geschlossen.*

Messianismus hier und dort! Wenn es stimmt, daß sich die sowjeti-

* «Religion und Politik sind zwangsläufig miteinander verbunden. Diese Beziehung hat sich für uns als Nation immer vorteilhaft ausgewirkt.» (Rede von Ronald Reagan vor dem Parteitag der Republikaner im August 1984).

sche Supermacht der Illusion der Wissenschaft anheimgibt, dann überläßt sich die amerikanische Supermacht der Illusion eines Glaubens. Es ist nicht erstaunlich, daß ein so großes, «auserwähltes» Volk vereinnahmen, beherrschen und bestrafen will, und es ist nicht weiter verwunderlich, daß es sich um «Dritte Kräfte» bemüht, um die Verhandlungen zwischen den Blöcken zu vereinfachen. In seinen Augen scheint es legitim, den «Sicherheitsspielraum» des Bösen herauszufinden, seine Einflußbereiche zu erweitern und zu stärken. «Die freie Selbstbestimmung der Völker und die Aufteilung der Welt in sich unterzuordnende Einflußzonen» (François Mitterrand) beinhalten eine jeweils andere Sicht der Welt, eine andere Wunschvorstellung, wenn man so will. Und gleichzeitig ist es durchaus möglich, «Jalta hinter sich zu lassen» und Washington mit den Augen eines Jean Monnet zu sehen. Der Politik der ontologischen Überlegenheit – die nicht in der Lage ist, sich von einer bipolaren Sicht der Dinge und der Menschen zu befreien – stellt das laizistische und säkularisierte Frankreich, ein Staat wie jeder andere (obwohl vielleicht, weil hier der Staat ein wenig stärker ist als anderswo), ganz natürlich eine Politik der Gleichheit unter den Menschen, den Nationen und den Kräften gegenüber. Der Intoleranz eines niederzwingenden Manichäismus wird die Toleranz eines konsequenten Pluralismus entgegengestellt. Der Leader wird die Welt in Frieden sehen, wenn er von Kamtschatka bis zum Kap Hoorn die Herzen für Bibelsprüche geöffnet hat. Wir sind demgegenüber in aller Bescheidenheit mit François Mitterand und General de Gaulle der Meinung, daß jeder auf seine Weise leben sollte: «Die Welt wird schließlich nur dann Frieden finden, wenn es ein Gleichgewicht gibt.»*

Im Vergleich zur imperialen Republik erscheint unsere ungläubige Marianne fehl am Platze. Es läge im Interesse Europas, aus dieser Diskrepanz eine Demarkationslinie werden zu lassen: als Zeichen der gegenseitigen Anerkennung und als Rettungsanker.

* Charles de Gaulle, Rede vom 3. Mai 1960.

Wir müssen von dem atlantischen System unabhängig werden, um den falschen Sicherheiten zu entrinnen, um nicht der Verblendung und in tatenloser Unterordnung zu erliegen bzw. dem sowjetischen Spiel der «indirekten Strategie» zu unterliegen. Wir dürfen nicht wie ein Kind vor den nationalen Verantwortlichkeiten fliehen und müssen Frankreich vor dem drohenden Neutralismus von übermorgen bewahren (es ist kein Zufall, wenn Länder, die noch vorgestern im System integriert waren – Niederlande, Dänemark, Deutschland – heute der «neutralistischen» Verführung unterliegen). Wir müssen lieben, was uns größer macht, und ablehnen, was uns schwächt. Die NATO verleiht zwar den Vereinigten Staaten einen längeren Arm, beeinträchtigt aber unsere Weltoffenheit und verringert unsere Fähigkeit, Ansprechpartner für andere zu sein. Das führt zu einer Verminderung unserer Macht. Ist daraus zu schließen, daß Frankreich die Allianz verlassen soll? Dagegen werden in der Regel drei Gründe angeführt:

– *«Wir sind durch Verträge gebunden.»* Dieses juristische Argument ist nicht überzeugend (denn ein Vertrag, der schon im Jahre 1951, durch die Aufnahme der Türkei und Griechenlands, dem Artikel 6 zuwiderhandelte, hat juristisch kaum Glaubwürdigkeit). Zunächst einmal ist die Möglichkeit der Vertragskündigung im Vertrag enthalten und ausdrücklich in Artikel 13 präzisiert: «Nach zwanzigjährigem Bestehen des Vertrages kann jeder Beteiligte eine Beendigung des Vertrages beantragen. Eine solche Kündigung muß der Regierung der Vereinigten Staaten von Amerika mitgeteilt werden, die ihrerseits die Regierungen der anderen Vertragspartner über diese Aufkündigung informiert.» Dann ist die Regel *«pactus sunt servanda»* entsprechend den jeweiligen Umständen einzuschränken, *«rebus sic stantibus»*; der Vertrag ist zeitlich begrenzt und die historischen Voraussetzungen von 1949 bestehen nicht mehr. Die einzelnen Staaten können ohne weiteres eigene Abmachungen untereinander treffen, eine unabdingbare Voraussetzung der Souveränität. Das, was aus freien Stücken beschlossen wurde, kann auch wieder veräußert werden. «Unser Engagement ist durch unsere Interessen bedingt und nicht umgekehrt», sagte Richard Nixon. Diese Maxime des gesunden Menschenverstandes gilt für alle. Frankreich ist nur sich selbst verpflichtet und hinter dieser absoluten Pflicht treten alle anderen Verpflichtungen in den Hintergrund. Alles sollte der Frage unterworfen sein: «Dient es dem nationalen Interesse?»

– *«Es steht zuviel auf dem Spiel, und eine Fehlentscheidung hätte katastrophale Konsequenzen, weil das Verlassen der Atlantischen Allianz ein Sprung in das Unbekannte ist.»* Dieses psychologische Argument ist falsch. Das Schreckgespenst vom Sprung ins Leere wurde 1965 und 1966, als sich Frankreich aus der integrierten militärischen Organisation zurückzog, immer wieder benutzt, aber die von den Anhängern des atlantischen Bündnisses angekündigten schlimmen Folgen sind nicht eingetreten. Die technologischen, industriellen und diplomatischen Kapazitäten Frankreichs wurden unterschätzt, während die amerikanischen Garantien und die sowjetische Militärbedrohung überschätzt wurden. Die Angst vor dem Nichts (wenn man nicht versucht, das «Unbekannte» zu ergründen, dann wird es übermächtig) ist heute um so weniger glaubhaft, als unsere «force de farce»* in zwanzig Jahren zu einem überzeugenden Abschreckungsinstrument wurde. Gleichzeitig wurden die Leerstellen im Sicherheitsnetz der Allianz in demselben Zeitraum noch größer. Die Allianz erfüllt subjektiv ein legitimes Bedürfnis, aber sie entspricht nicht mehr den objektiven Anforderungen der europäischen Sicherheit. Wer sein Überleben einem Trugbild anvertraut, fällt sogar eher ins Ungewisse als der Vorsichtige, der sich zunächst auf sich selbst verläßt. Das Entstehen eines kollektiven Sicherheitssystems abzuwarten, um sich aus dem System der Blöcke zu lösen, hieße, alles auf den Sankt Nimmerleins-Tag zu verschieben, so als ob es keine kürzeren und weniger utopischen Wege gäbe. Es scheint, als fürchtete sich Frankreich vor der politischen Konsequenz, die sich aus der Modernisierung seiner nationalen Abschreckungskraft ergeben würde, nämlich möglicherweise der Kern eines unabhängigen Europa zu werden. Es ist, als wolle man die Europäer davon abhalten, dieses «unselige Beispiel» gemeinsam zu besprechen, das zum Haupthindernis ihrer Neutralisierung durch den Osten wurde. Wenn nicht de Gaulle in den sechziger Jahren die französische Unabhängigkeit wiederhergestellt hätte, hätte sich dann zwanzig Jahre später Mitterand darum bemühen müssen, Deutschland im Westen zu verankern?

– *«Man darf nicht in die Falle der Sowjets hineinlaufen, deren gesamte*

* «Kraft der Farce», Anspielung auf die französische «Force de frappe», die Gesamtheit des französischen Militärpotentials (Anm. d. Übers.).

Strategie darauf abzielt, Europa von Amerika zu lösen und die in ihrer alltäglichen Taktik versuchen, einen Keil zwischen die Alliierten zu treiben.» Dieses Argument ist überzeugender als die beiden ersten und auch weiter verbreitet. Es ist ein strategisches Argument, das einer nüchternen und ernsthaften Reflexion unterzogen werden sollte. Wie die anderen Argumente beruht es auf der Gleichsetzung der Allianz mit dem atlantischen System, auf der Gleichsetzung des Systems mit Demokratie, mit bestimmten politischen Institutionen und allgemeinen Zivilisationswerten. Daher ist die Infragestellung der Allianz gleichbedeutend mit Verrat – oder kann in der Folge dazu führen.

Das «Kohärenz-Kohäsion»-Argument scheint eher ideologischer als strategischer Natur zu sein. Es beruht auf Postulaten, die offensichtlich falsch sind.

– Die Stärke des Westens liegt nicht in seiner Homogenität («dem Warschauer Pakt vereint gegenüber stehen!»). Diese strategische Nachäfferei ist verhängnisvoll. Der Versuch, den Monolithismus des Gegners zu kopieren, ohne über die gleichen Möglichkeiten zu verfügen (militärische Disziplin und ihr Einsatz unter Zwang), ist nicht der beste Weg, ihn zu besiegen. Was wäre, wenn unsere Einigkeit auch unsere Schwäche wäre? Die Stärke des Westens in Friedenszeiten liegt in seinen Differenzen, in seiner Fähigkeit, politische Probleme politisch anzugehen. Diese Unterschiedlichkeit gibt dem Westen seine Kraft und steigert die jeweiligen Ressourcen eines Landes, welche nur so optimal eingesetzt werden können (geographische Lage, kulturelle Verflechtungen, politische Ausrichtung, traditionelle Freundschaften etc.).

– Es ist falsch zu glauben, eine Emanzipation des Systems sei nur durch ein geringeres und nicht durch ein verstärktes Engagement nach außen, nur durch geringere militärische Rüstung und weniger moralische Entschiedenheit möglich. Ein völlig entnuklearisiertes Europa, aus dem sich auch das amerikanische Militär zurückgezogen hätte, käme den sowjetischen Wünschen nach «Neutralisierung» voll und ganz entgegen. Doch woraus schließt man, daß ein nicht integriertes Europa automatisch und notwendig ein neutrales Europa bedeutet, zudem noch ohne Verteidigung? Im Augenblick erweist sich das Gegenteil: Je mehr sich die Regierungen dem System unterordnen, um so neutralistischer wird die Bevölkerung. Für Westeuropa, einschließlich Frankreich, führt der Weg zur Finnlandisierung über die Panamisierung. Der beständigste und vernünftigste Kern der sowjetischen Strategie besteht darin, die nukleare Abschreckung abzuschrecken. Nichts kommt dem Spiel mehr entgegen als eine Atlantische Allianz, die fest um ihren Leader geschweißt ist, ob nun auf Grund der Rogers-Doktrin (Primat des Konventionellen) oder auf Grund des Weltraum-Verteidigungsprogramms.

– Der Vorteil, den die sowjetische Regierung aus den «Reibereien» unter den westlichen Staaten zieht, indem einer gegen den anderen ausgespielt wird, wäre keineswegs größer, wenn die einzelnen Länder unabhängig wären, sondern im Gegenteil: Ein Land mit begrenzter Souveränität ist immer ein schwächerer Gegner als ein Land mit autonomer strategischer Kapazität (einschließlich der radioaktiven Waffen). Die Herrschenden auf unserer Seite scheuen sich nicht, mit dem Finger auf diejenigen zu zeigen, die als «Abtrünnige des Westens» von den Sowjets willkommen geheißen werden: «da seht ihr, was euch der Verrat einbringt». Die «Rebellen des Ostens» liefern dann gleichzeitig dem anderen «großen Bruder» Argumente, mit denen die «Revisionisten» noch mehr in Diskredit geraten.

Wer will denn behaupten, daß Jugoslawen, Chinesen und zum Teil auch Rumänen nicht ihren nationalen Interessen dienten, als sie sich bestimmte Freiheiten zurücknahmen und auf Distanz gingen? Daß Moskau Recht hatte, sie für «Agenten des Imperialismus» zu halten, die endlich ihre Maske fallen ließen? Daß Washingtoner Gerüchte über Maulwürfe des KGBs, die den Elysée-Palast unterwandern (was in den letzten Jahren zum Thema zahlloser Bestseller wurde), gar nicht so unberechtigt waren? Von kommunistischer Seite gefiel man sich in kompromittierenden Lobeshymnen über de Gaulle, als er den französischen Austritt aus der Militärorganisation kundgab. Wer aber bemerkte, daß die «Force de frappe» und die Unterzeichnung des deutsch-französischen Vertrags, ihm nur Sarkasmus und Vorwürfe von der UdSSR und der KPF einbrachten? Ein Nein zur Hegemonie ohne militärische Absicherung und ohne Bekräftigung der mitteleuropäischen Achse hätte als Ja zum gegnerischen Imperium verstanden werden können. Aber wer hätte denn eine andere Vorgehensweise ernsthaft ins Auge fassen können?

Es hat insgesamt fünfzehn Jahre gedauert, bis unser Machtsektor bereit war, offiziell seinen Irrtum einzugestehen, denn in der «Erklärung von Ottawa» vom 26. Juni 1974 wird ausdrücklich gesagt, daß das abweichende Verhalten Frankreichs der Allianz nicht geschadet, sondern sie eher gestärkt habe; die vermeintliche einseitige Verringerung der Sicherheit habe zu einer «erheblichen Verbesserung» der Verteidigungskapazität des Gesamtsystems geführt. Damit ist nicht ausgeschlossen, daß das gleiche Handlungsschema – mit anderen Akteuren, aber ähnlichem Ablauf – wiederholt wird, sobald einer der Vasallen aufmüpfig wird.

Keiner der drei üblichen Einwände kann einer genauen Überprüfung der Fakten standhalten:

Daher also aus der Allianz austreten?

Nein, es wäre zum jetzigen Zeitpunkt völlig unklug, Artikel 13 voll auszuspielen.

Frankreich kann im Falle eines Angriffs größeren Ausmaßes gegen die Vereinigten Staaten oder einen seiner Alliierten nicht neutral bleiben, ohne an Ansehen einzubüßen. Es ist zwar höchst unwahrscheinlich, daß ein solcher Angriff stattfindet, aber es ist notwendig, auch diese Hypothese von vornherein mit zu bedenken. Europa würde bei einem solchen Angriff die Vereinigten Staaten nicht überleben. Unsere Geschichte, unsere Gefühle und unsere Interessen, ja unsere ganze Zivilisation, alles spricht dafür, daß wir uns auf die Seite unseres ältesten Alliierten stellen, falls dieser bedroht wäre.

Und gerade das ist das Ziel des Vertrags von Washington. Er hat keinen anderen Auftrag und keine andere Funktion, als das Äußerste vorzusehen, sollte es eintreten. Ausdrücklich wird in Artikel 5 formuliert: «Im Falle eines Angriffs helfen sich die Vertragspartner gegenseitig, indem sie jeder für sich und nach Abstimmung mit allen anderen so vorgehen, wie es zu dem gegebenen Zeitpunkt notwendig erscheint, auch unter Einsatz der bewaffneten Kräfte.» Zweifellos gäbe es geeignetere und der heutigen Zeit entsprechendere Möglichkeiten, klarzustellen, auf welcher Seite in einer außergewöhnlichen Situation Frankreich stünde. Ideale Meßinstrumente gibt es dafür aber nicht, und trotz aller Vorsichtsmaßnahmen kann die Gefahr nicht vollends ausgeräumt werden, daß ein falsches Signal gegeben wird.

Die «Auflösung der Blöcke» ist nicht mehr als «wishful thinking». Es ist eine Worthülse, die ein Ziel vorgibt, ohne die Mittel zu seiner Durchführung zu benennen. Dennoch, ein französischer Rückzug hätte allein in diesem Zusammenhang und im Zuge der Beendigung eines Prozesses, den zur Zeit niemand absehen kann, einen Sinn: nicht als ein Gratisgeschenk, sondern als Bestandteil eines umfangreichen «Kuhhandels». Das Sicherheitssystem der Allianz ist ein Notbehelf. Es führt zu nichts. Es ist aber gleichzeitig Bestandteil der Konfrontation zwischen den zwei Lagern. Frankreich ist nicht ohne Waffen. Ein Rückzug aus der Allianz könnte weder sein Gesellschaftssystem noch seine nationale Sicherheit ernsthaft in Frage stellen. Die Gefahr für uns besteht nicht in einem Abrutschen und noch weniger in einem gesellschaftlichen Umsturz (Schweden und Österreich sind beispielsweise demokratische Länder, die wegen ihres offiziell neutralen Status hundertmal mehr gefährdet wären als Frankreich, wenn sie die Allianz verließen. Aber auch sie wurden nicht vom sowjetischen System verschlungen, noch sind sie auf dem Weg dahin). Borniert wäre es, überhaupt nicht zu verhandeln. Wenn es richtig ist, daß die Allianz Frankreich keine Vorteile bringt, dann wäre ein französischer Rückzug ohne sowjetische Gegenleistung ein Gewinn für die Sowjetunion. Auf internationaler Bühne macht man aber keine Geschenke.

– Die elementare strategische Vorsicht gebietet es, sich niemals einem Sicherheitssystem allein oder nur einem Teil innerhalb eines Systems anzuvertrauen (daher auch die nukleare «Triade»: luft-, boden- und seegestützte Raketen). Das Zusammenrechnen der Waffen kann sich aber auch negativ auswirken, wenn der zentralen infranuklearen Abschreckung andere Formen der Abschreckung hinzugefügt werden (operationelle Bodenverteidigung, Guerilla-Technik nach deutschem Vorbild, Volksverteidigung à la Schweiz oder Jugoslawien ...). Das Zusammenrechnen kann auch Vorteile bringen. Die Atlantische Allianz bietet zusätzliche, wenn auch stark vom Zufall abhängige Garantien. Indem sie unserem Rüstungspotential zusätzliche Kapazitäten bringt, erhöht sie unsere Glaubwürdigkeit. Besteht aber überhaupt eine Chance von 1:10, daß sie im Krisenfall zum Einsatz gelangt? Allein die Möglichkeit eines amerikanischen Atomengagements in Europa verstärkt die Unsicherheit auf seiten des eventuellen Aggressors und erhöht so unsere nationale Abschreckungskapazität. Dennoch muß das amerikanische Versprechen nicht durch ewige Unterwürfigkeit erkauft werden. Auch ohne formelle Allianz wäre die Abschreckung glaubhaft, so sehr stimmen die strategischen Interessen überein. Wenn diese Zusatzleistungen so preiswert zu haben wären, warum dann darauf verzichten?

Welches Machtverhältnis, von welchen Kräften?

Im allgemeinen löst der Begriff «Machtverhältnis» endlose Mutmaßungen aus, die meist sehr unpräzise sind:

Zwischem wem wird dieses Machtverhältnis kalkuliert? Wie sollen der geographische Raum und das strategische Feld abgegrenzt und verglichen werden? Wenn man das konventionelle Potential und das technologische Potential zusammenzieht, eine Gesamtaufstellung der militärischen Kräfte der Vereinigten Staaten und der Sowjetunion jeweils allein gegenüberstellt, dann zeichnet sich ein annäherndes «Gleichgewicht des Ungleichgewichts» ab (bei einem «dynamischen» Vorsprung der USA). Ein Vergleich zwischen Warschauer Pakt und NATO zeigt einen leichten Vorsprung der NATO! 1980 – als die Militärausgaben der Vereinigten Staaten ihren tiefsten Stand erreicht hatten – gab die NATO 193 Milliarden Dollar für die Rüstung aus, gegenüber 120 Milliarden Dollar des Warschauer Pakts. Dieses Gefälle wurde im Laufe der letzten fünf Jahre noch erheblich größer. Das amerikanische Verteidigungsbudget stieg von 284 Milliarden Dollar im Jahre 1985 auf 313 Milliarden Dollar im Jahre 1986 und wird nach den Plänen des amerikanischen Präsidenten 1988 401 Milliarden Dollar betragen. Vergleicht man die «erweiterte sozialistische Gemeinschaft» (einschließlich der sozialistischen Staaten, die nicht Mitglied des Paktes sind, und die der Staaten mit sozialistischer Orientierung) mit dem Westen im weitesten Sinne des Wortes (einschließlich der militärischen Alliierten der USA: Japan, Israel, Südafrika, Australien – aber ohne China, die ASEAN-Staaten und ohne die Unterzeichnerstaaten des Vertrags von Rio), also die beiden im Falle eines allgemeinen militärischen Konflikts kriegsführenden Lager, dann wird deutlich, daß der Westen über einen gewaltigen Vorsprung verfügt, auch wenn man bedenkt, daß das Verhältnis der Wirtschaftskräfte zwischen den OECD-Staaten und den Ländern der RWG trotz der militärischen Überinvestitionen des Ostblocks eine Annäherung erfahren hat. 1980 gaben die feindlichen Mächte der UdSSR (Japan und China eingeschlossen) das Doppelte für Rüstung aus als die UdSSR und ihre Alliierten. Heute dürfte es das Dreifache sein.

Wie kann dieses Verhältnis berechnet werden? Worauf soll es bezogen werden? Kuba? Berlin? Luanda? Falkland? Darüber hinaus gibt es eine Materialüberlegenheit, die in Siegen zum Ausdruck kommt – siehe die Kriege in Indochina und Algerien oder auch der zwischen

Iran und Irak. Es gibt Massenkonfronationen, bei denen sich die Kräfte gegenseitig aufzehren, je nachdem, in welchem Flaschenhals sie ersticken oder in welcher Gegend der Welt sie kentern. 1962 hat die Überlegenheit der sowjetischen Armee in Form von Soldaten und Panzern Chruschtschow keinen Vorteil in der Karibik eingebracht. 1968 hat die völlige Kontrolle des Luft- und Seeraums und die massive Überlegenheit an Feuerwaffen und im Versorgungswesen den Vereinigten Staaten in Vietnam nichts gebracht. Im Gegenteil: Der technologische Rückstand der Vietnamesen wirkte sich sogar zum Vorteil aus. Ohne Unvergleichbares miteinander vergleichen zu wollen, denn weder Material noch Soldaten noch die Grausamkeit der Zerstörung der Kriege in Vietnam und Afghanistan lassen sich vergleichen, ist es der berüchtigten sowjetischen «Dampfwalze» im Laufe von fünf Jahren nicht gelungen (bei ausschließlicher Betrachtung der Zahlen und Fakten), einige tausend afghanische Untergrundkämpfer zu bezwingen, noch gelang es ihr, signifikante Erfolge beim Kampf gegen diese völlig rückständige Gesellschaft zu erringen. Die gewaltige militärische Überlegenheit Frankreichs über Libyen könnte nichts ausrichten, wenn morgen die Region Aouzou im Norden des Tschads «wiedererobert» werden sollte. Der Kampf um Geist und Herz – der in jedem Volkskrieg den Ausschlag gibt und der heute der einzig praktizierbare Krieg ist, der das Kräfteverhältnis in der Welt verändern kann – ist weder durch Gas noch durch Atombomben zu gewinnen. Eine Armee, die einen hervorragenden patriotischen Defensivkampf auf dem eigenen Territorium zu führen vermag, kann in einem repressiven Kolonialkrieg, weit entfernt von den eigenen realen Lebensbedingungen, demoralisiert werden und Schiffbruch erleiden. Die sowjetische Armee, zu schwerfällig und zentralistisch, ist technisch auf einen konventionellen Frontenkrieg eingestellt. Sie ist für eine komplexe moderne Gesellschaft zu wenig anpassungsbereit, ebensowenig um einen Antiguerillakampf außerhalb des Landes zu führen.

Was versteht man unter «Kräften»? Was soll in Beziehung zueinander gesetzt werden? Und wozu? Es ist bereits abenteuerlich, die militärische Kraft eines Landes gleichzusetzen mit der toten Kraft seiner Rüstungsarsenale; die verfügbaren Waffen mit ihren Einsatzmöglichkeiten; diese wiederum mit der Kampfkraft der Truppe und der allgemeinen Mobilisierungsbereitschaft eines Landes; die verfügbaren mit den potentiellen Waffen, die von einer auf Hochtouren produzierenden und wissenschaftlich forschenden Industrie hervorgebracht werden können. Jede Stufe dieser Argumentationskette beinhaltet verhängnisvolle Reduktionen, die schon manchem Aufschneider teuer zu stehen kamen. Aber abgesehen von diesen technischen Fehlberechnungen, kann es zu viel schwerwiegenderen Fehleinschätzungen kommen, wenn allein am militärischen Potential die Kampfkraft eines ganzen sozialpolitischen Systems gemessen wird. Spielen denn Prestige, Faszination und Anziehungskraft keine Rolle? Ist denn das industrielle und geistige Rüstzeug einer Epoche, ihr Alltag, ihre Vorstellungen und Phantasien, kein entscheidender Aspekt der Überlegenheit? Fernsehen, Film, Radio, Musik, Lebensmittel, Presse, Informationen, Träume, Kleidung, Architektur, Dinge des Alltags und der Hauseinrichtung: im Bereich der Vorstellung, der Erfindungen, der Informationen und der unzähligen Innovationnen haben wir einen hundertfachen Vorsprung. Die kulturelle Kraft Amerikas unterläuft die militärischen Mittel des Warschauer Paktes und kreist sie ein: sie findet immer und überall Zugang, auch in der Sowjetunion selbst, wo noch im letzten Dorf in Sibirien der neueste Song des kalifornischen Rocks geträllert wird. Die Kraft der militärischen Waffen ist nur eine unter anderen. Langfristig bringt sie den geringeren Gewinn. Das, was mit «militärischer Stärke» gemeint wird, ist in der Regel nicht mehr als die tote Kraft der Staaten und nicht die lebendige Kraft der Wirtschaft, der sozialen Kreativität und der Kultur. Wenn es um Leben und Tod der Gemeinschaft geht, hat sie das letzte Wort.

Die militärische Stärke eines Landes, ihr realer Wert, wird erst in Kriegszeiten zu einer Austauschware, wenn Waffen und Soldaten entscheiden. Erst dann wird die zur Verfügung stehende und mobilisierbare Stärke meßbar. Natürlich kann ein Land über größere potentielle Kräfte im Vergleich zu einem anderen verfügen und doch verlieren, wenn es ihm nicht gelingt – um mit Clausewitz zu sprechen –, rechtzeitig seine Kohle, seinen Salpeter, seinen Schwefel, seinen Kupfer und seinen Zink abzubauen und in Kanonen und Gewehre zu verarbeiten, und wenn es ihm nicht gelingt, die Bevölkerung physisch und moralisch in gut bewaffnete Bürgersoldaten umzuwandeln. Aber das im Kriegsfall verfügbare Material eines Landes, ob es nun gut oder schlecht darauf vorbereitet ist, darf nicht mit dem Mobilisierungspotential und der Fähigkeit verwechselt werden, die Ressourcen auch in Anwendung zu bringen. Japan mußte dies schmerzvoll nach Pearl Harbor erfahren und Deutschland unter den Nazis mit dem britischen Empire. Patriotische oder revolutionäre Begeisterung kann die Wirkung einer begrenzten militärischen Kraft verdoppeln, wie fehlender Kampfgeist eine ausgezeichnete Kriegsmaschinerie beeinträchtigen, ja sogar völlig unwirksam machen kann. Zwar ist die Stärke einer Panzerdivision meßbar, wenn aber die Überzeugungskraft, die patriotische Begeisterung oder der Opfermut der Soldaten fehlen, kann die Kriegsmaschine nicht wirklich in Gang gesetzt werden. In einer Krise zählen dagegen die sofort einsetzbaren Kräfte und nicht die potentiell mobilisierbaren. Das ist zwar richtig, aber Krisen haben auf die moralische Verfassung eine noch bedrückendere Wirkung als normale Kriege. Das permanente Patrouillieren der Fischereiboote, der Forschungsschiffe und der zivilen Frachter, der sowjetischen Kriegsflotte auf allen Ozeanen der Welt, stellen gewiß eine reale politische Kraft dar, es ermutigt die Freunde, beeindruckt die Zögerer und warnt den Gegner. Überall und immer sichtbar werden so militärische Mittel in den Dienst der Politik gestellt. Auch wenn die sowjetische Marinediplomatie bestimmte Unterstützungs-, Prestige- und Überwachungsaufgaben übernimmt, so hat sie sich in Friedenszeiten noch zu keinen Offensivoperationen hinreißen lassen, anders als die US-Navy (Bombardierung des Chouf, Umkreisung von Nicaragua, unterschiedliche Landungen und Blockaden). Aber auch wenn die sowjetische Marine bislang nur die Seeschiffahrt ihrer Verbündeten schützte, indem sie durch Manöver die gegnerischen Kräfteansammlungen abschreckte, und französische und amerikanische Experimentieranlagen beobachtete, kann davon ausgegangen werden, daß es von der Demonstration zum Einsatz der Kräfte nur ein kleiner Schritt ist. Potentiell bedeutet daher nicht inexistent. Die UdSSR setzt, wie andere Staaten auch, ihre militärische Stärke politisch ein. Das ist der Hauptgrund für die Aufstellung der SS 20. Sie sind eine politische Waffe, ein Mittel zur Abkoppelung und, wenn nötig, auch der Erpressung. Zur Zeit ist die Wirkung der militärischen Mittel auf beiden Seiten unabhängig von ihrer militärischen Kraft. Sie werden bestimmt von der politischen Willensschwäche des anderen. Nur die Ängstlichen lassen sich davon beeindrucken. Diejenigen, die sich von 300 SS 20 unter Druck setzen lassen, hätten bereits bei 30 SS 4 und 70 SS 5 nachgegeben.*

* Die SS 4 wurden im Jahre 1958 stationiert. Reichweite: 1950 km, ECP: 2300 m, 27 t, 150 K.T.; die SS 5 wurden 1961 aufgestellt. Reichweite: 4100 km, ECP: 1000 m, 1000 K.T.

Die UdSSR – ein «Staat unter Waffen» – steigerte ihre Ressourcen durch ständige Mobilisierung, die jedoch Energien kostet; sie ist «ein Volk in Waffen»: Wehrpflicht in fünf Waffengattungen (strategische Raketen, bodenstationierte Waffen, Marine, Luftstreitkräfte, Flugabwehr), der Grenzschutz des KGB und die Sicherheitskräfte des Innenministeriums, militärisch-patriotische Ausbildung der Jugend, Erwachsene bis zum Alter von 50 Jahren werden in die Reservearmee und die zivile Verteidigung eingezogen, das militärische Geheimnis spielt eine zentrale Rolle, die paramilitärischen Organisationen wurden erweitert. Bleiben wir beim Personal: Im Jahre 1945 waren in den sowjetischen Streitkräften 22 Millionen Männer und Frauen aktiv; heute geht man davon aus, daß ca. 20 bis 30 Millionen im Kriegsfall auf den «Appell des Vaterlandes» reagieren würden. Das sind ca. 75 bis 115 Personen pro 1000 Einwohner. In Frankreich dürften es ca. 20 von 1000 Menschen im Falle einer französischen Mobilisierung sein. Auch kann man auf sowjetischer Seite mit einem größeren politischen und moralischen Zusammenhalt rechnen. Organisation und Vorbereitung machen es dem sowjetischen Staat möglich, den größtmöglichen «output» aus den begrenzten Ressourcen zu ziehen (dabei ist unbedeutend, ob «offensiv» oder «defensiv»). Aber diese Möglichkeit der Mobilisierung ändert nichts daran, daß die sowjetische Militärkapazität in Friedenszeiten nur eine potentielle Kraft darstellt, deren Einsatz nicht entscheidend ist. Liegt also die sowjetische Stärke in ihrer Leistungsfähigkeit im Kriegsfall? Läßt sich die amerikanische besser in Friedenszeiten nutzen? Hat die Sowjetunion mehr Interesse an einem Krieg, und ist es allein das nukleare Verbot, das sie daran hindert, gemäß ihren Interessen zu handeln?

Wenn wir einmal davon ausgehen, daß die militärische Überlegenheit auf sowjetischer Seite liegt, was ja nicht stimmt, dann wird sie in einer globalen historischen Auseinandersetzung für den Sieg nicht ausschlaggebend sein. Die einfache Tatsache, daß Englisch zur Weltsprache (technisch, wissenschaftlich, diplomatisch, kulturell, audiovisuell etc ...) der modernen Menschheit – einschließlich der sozialistischen – wurde, ist ein aktueller Machtfaktor für das allgemeine Kräfteverhältnis. Blue Jeans, Pepsi-Cola, Disco, spannende Fernsehunterhaltung – die zehnmal billiger gekauft als selbst produziert werden können – sind der Beweis dafür. Panzer und Raketen sind gut für die Frontalschlacht, sie sind schlecht für die Mehrzweck-Konfrontation. Die nukleare Abschreckung aber verbietet gerade die direkte

Schlacht, sie ist daher unzulänglich für diejenigen, die tote Kräfte akkumulieren. Solange die Abschreckung aber das Verhalten der Staaten bestimmt, verfügt die UdSSR auf allen zentralen Schauplätzen über zuwenig einsetzbare und effektiv nutzbare Kräfte. So wie ein Milliardär sich nichts zu Essen kaufen kann, weil er kein Bargeld besitzt, verfügt die Sowjetunion über ein gut dotiertes Bankkonto für den Tag X, aber sie kann nicht in diesem Moment bar bezahlen. Der Tag X aber wird nicht kommen. Es sei denn durch Unfall oder Unbedachtsamkeit, dann aber gäbe es keinen Sieger und keinen Besiegten: es gäbe niemanden mehr, der das Geld ausgeben könnte. Wozu soll es also gut sein, Europa zu besetzen, wenn es Europa gar nicht mehr gibt und damit auch keine Besatzer.

Die toten Kräfte: Aufstellung und Abrechnung

Die Sprache von Äsop

Das «Gleichgewicht der Kräfte», goldene Regel und Köder zugleich, ist die wichtigste Garantie für den Frieden und die unabdingbare Voraussetzung für den Nichtkrieg. Dieses Prinzip des Gleichgewichts ist evident und problematisch. Evident ist es im umgekehrten Sinn: es kommt eher zum Krieg in einer Situation des Ungleichgewichts als in einer des Gleichgewichts. Problematisch ist diese Behauptung in ihrer Anwendung, weil die Begriffe «Gleichgewicht» und «Kräfte» mehr Schwierigkeiten bringen als Lösungen aufzeigen.

Bevor wir die Einzelheiten der «military balance», des militärischen Gleichgewichts, ansprechen, rufen wir in Erinnerung:

a) Wenn Frieden allein durch das Gleichgewicht der Kräfte gewährleistet werden könnte, hätte der Erste Weltkrieg von 1914 nicht stattgefunden. Duroselle führt mit Recht aus, daß, anders als beim Zweiten Weltkrieg 1939, der ja aus einem starken diplomatischen und politischen Ungleichgewicht heraus entstand (trotz des zahlenmäßig annähernden Gleichgewichts an Soldaten und Waffen zwischen Nazideutschland einerseits, Frankreich und den Alliierten andererseits), die Kriegserklärung 1914 aus einer Situation des diplomatischen und militärischen Gleichgewichts heraus erfolgte.*

Das doppelte Netz der Allianzen der Entente und der zentralen Kaiserreiche war so angelegt, daß keiner ausgeschlossen werden

* Duroselle, Le drame de l'Europe (Das Drama Europas), Imprimerie nationale, Band II, Paris, S. 142.

wollte, denn jeder fürchtete, durch den Verlust eines Alliierten isoliert zu werden. Weil man das Gleichgewicht bewahren wollte, kam es zur Eskalation, die mit den Ereignissen vom Juli 1914 endete. Erste Schlußfolgerung: Die notwendige Voraussetzung ist unzureichend.

b) Die nukleare Abschreckung stellt das Spiel auf den Kopf. Das Gleichgewicht des Schreckens beruht auf dem Gleichgewicht der Schwachen und nicht auf dem der Starken. Die Stabilität der Abschreckung setzt voraus, daß jeder die Geisel von jedem ist. Die gegenseitige Verletzbarkeit – und nicht das Gleichgewicht der Waffenstärke – ist die Sicherheit dafür, daß es nicht zum Einsatz kommt. Im Gegenteil: Das Ungleichgewicht der Kräfte kann zu einem Trumpf in der Hand des Schwächsten werden, weil es die Unsicherheit des Starken vergrößert. Die präventive und negative Abschreckung ist keine Frage des Volumens, sondern eine der Ebenen. Es ist eine Frage der Beziehung von Effizienz und Glaubwürdigkeit des Einsatzes. Wenn das «Gleichgewicht der Kräfte» das Alpha und Omega der modernen Strategie wäre, dann hätte die französische Abschreckung (sie beträgt 2 % des sowjetischen Potentials), die als die des Schwachen gegenüber dem Starken gilt, von vornherein einen falschen Weg eingeschlagen. Entsprechend wäre auch das «Genügsamkeitsprinzip», welches unsere Rüstungskonzepte bestimmt, eine Fehlplanung, das als strategisches einen «Angriff gegen zivile Objekte» und nicht einen «Angriff gegen militärische Objekte» vorsieht. Von diesem Ausgangspunkt kommt auch das Konzept «Gleichgewicht auf unterstem Niveau», das die Grundlage all unserer Abrüstungsvorschläge ist. Solange Frankreich seine «Zweitschlagkapazität» behält, mit der es gegnerische Angriffe erwidern kann (ABM), schafft diese mit ihren 100 Megatonnen ein Gegengewicht zu den mehr als 4000 Megatonnen der Sowjetunion, von denen vorab nicht mit Sicherheit gesagt werden kann, ob sie allein eine eventuelle Eskalation aufhalten können. Um die Effizienzschwelle nicht zu unterschreiten, ist eine permanente Modernisierung des Materials erforderlich. Die Variablen der Widerstandskapazität (Widerstand gegen die Wirkungen eines Angriffs), der Durchdringung (der gegnerischen Verteidigung) und der Zielgenauigkeit müssen laufend verbessert werden. Frankreich hat aber keineswegs die Absicht, mit dem lauten Waffengeklirr der Supermächte zu rivalisieren, die allzu leicht vergessen, daß man nur einmal sterben kann.*

* Es existieren 1,5 Tonnen Explosivstoff pro Einwohner weltweit (wenn man

Zweite Schlußfolgerung: Wir müssen auf der Hut sein, nicht mit geschlossenen Augen ein neues Spiel zu beginnen, bei dem die alten Spielregeln gelten.

c) Die Logik des «Gleichgewichts der Kräfte» gewährleistet nicht die Angleichung an den Schwächeren – wovon diese ausgeht. Der Starke kann sie zu seinen Gunsten nutzen, indem er seine Einflußsphäre erweitert. Im Namen der «gleichen Sicherheit» zählt die UdSSR das gesamte Rüstungsarsenal, das sich im Besitz all ihrer potentiellen Feinde befindet, zusammen (Atlantische Allianz, China, Japan, ANZUS-Staaten) und stellt das Ergebnis dem Warschauer Pakt gegenüber. Diese Argumentation führt dazu, daß die «Dritten Kräfte» bei der Berechnung des Gleichgewichts zwischen den beiden großen Mächten mitgezählt werden. Das widerspricht den Interessen des Schwachen und begünstigt den Starken, der sich auf diese Weise ein Kompensationsrecht verschafft.*

Dritte Schlußfolgerung: Der Wert dieses Prinzips hängt von seiner Anwendung ab, d. h. vom nationalen Interesse jeden Landes.

d) Alles ist eine Frage der Aufteilung, besonders der geographischen, je nachdem, wie man den einen oder anderen Schauplatz und den einen oder anderen Waffentyp wertet. Das «Gleichgewicht der Kräfte» ist auf planetarischer Ebene (zwischen den strategischen Systemen) überflüssig, und bei regionaler Anwendung ist es gefährlich (FNI). Der Versuch, allein für Europa ein nukleares Gleichgewicht zu schaffen, bei dem das globale Gleichgewicht zwischen den beiden Bündnissen ausgeklammert würde, hieße, die zentralen amerikanischen Systeme von den mittleren Nuklearkräften abkoppeln, so als ob Westeuropa nicht durch die ballistischen Interkontinentalraketen, die in Asien, im Osten des Urals (sowjetische ICBM) und auf dem Meer (Arktis oder Indischer Ozean) stationiert sind, zerstört werden könnte. Im Jahre 1963 schätzte man die Anzahl der sowjetischen Sprengköpfe, die Frankreich erreichen können, auf 9000, davon wurden die Raketen mittlerer Reichweite (SS 20, SS 4 und SS 5) abgezogen. Umgekehrt bedeutet eine einseitige Absicherung durch das globale Gleichgewicht ohne Berücksichtigung der regionalen Gegebenheiten, daß die Überlegenheit der Sowjetunion auf

allein die amerikanische und sowjetische Rüstung berechnet). Könnte man nicht mit weniger auskommen?

* Schon 1969, bei SALT 1, bestand die sowjetische Seite darauf, die französischen Nuklearkräfte in die Aufstellung mit einzubeziehen.

dem europäischen Schauplatz im Bereich der konventionellen Waffen und der Mittelstreckenraketen* völlig ausgeklammert wird.

Vierte Schlußfolgerung: Das Konzept «strategisches Gleichgewicht» ist zu ungenau für eine präzise Berechnung, und für eine Gesamteinschätzung ist es zu begrenzt. Es wird erst operationalisierbar, wenn von «Parität», von «globaler Symmetrie» und «partieller Asymmetrie» gesprochen wird.

Parität: Algebra oder Arithmetik?

Die Vereinigten Staaten haben bereits vor zehn Jahren ihre fast dreißigjährige nukleare Überlegenheit verloren. Indem die UdSSR die strategische Parität erreichte, neutralisierte sie die zentralen amerikanischen Systeme und erlangte gleichzeitig auf der taktischen und auf der mittleren Ebene einen gewissen Manövrierspielraum. Sie kompensiert durch Quantität die amerikanische Qualität. Sie ist für das Grobe, während die Vereinigten Staaten die feineren Strukturen übernehmen. Auf der Ebene der zentralen Systeme (Zahlen von 1982) verfügt sie über eine geringere Anzahl an Sprengköpfen (8500 gegenüber 9500), aber über eine größere Anzahl an Raketen (2492 gegenüber 1886). Die Trägerkapazität ihrer Geschosse ist überlegen, ihre Präzision mittelmäßig und die Zuverlässigkeit der Sprengköpfe geringer. Im konventionellen Bereich zeigen die Zahlen einen Vorsprung für die UdSSR. Auf dem europäischen Kontinent – zwischen Atlantik und Ural – sind es im Jahre 1982 1961000 Soldaten für die NATO und 2876000 für den Warschauer Pakt.** Also ein Verhältnis von 1:15. Dieser Abstand ist geringer, wenn man allein den zentral-europäi-

* Sogenannte «Schlachtfeld-Atomwaffen»: von 1–150 km. Taktische Waffen: von 150–1000 km Reichweite. Mittlere Reichweite oder für einen bestimmten Schauplatz: von 1000–5500 km. Strategische oder «zentrale»: ab 5500 km (über den Atlantik hinweg).
ICBM: Intercontinental balistic missiles.
SLBM: Sea launched balistic missiles.
FNI: Forces nucléaires intermédiaires (Atomwaffen mittlerer Reichweite).

** Diese Zahlen sind umstritten. Einige Experten sprechen von 2176000 für Westeuropa und 2617000 für den Warschauer Pakt.

schen Schauplatz berücksichtigt: die NATO mit 921 000 Soldaten, der Warschauer Pakt mit 1 138 000 (987 000 nach sowjetischen Angaben).*

Die Länder des Warschauer Pakts stellen trotz ihrer geringeren Bevölkerungszahl und eines im Osten und Westen gleich ungünstigen Bevölkerungswachstums 4 800 000 Soldaten gegenüber 4 900 000 im Westen (vielleicht sollte China mit einer Gesamtzahl von 4 700 000 Soldaten hinzugerechnet werden). Zudem verfügen die UdSSR und ihre Verbündeten über dreimal so viel Panzer und Kanonen wie die Allianz.**

Die Sowjetunion hat die längsten Grenzverläufe der Welt zu verteidigen bei Ländern, die potentiell oder offiziell ihre Feinde sind (Türkei, Iran, China, Norwegen). Fast ein Drittel der sowjetischen Kräfte ist an der chinesischen Grenze gebunden. Der Vorteil der Vereinigten Staaten besteht seit der strategischen Wende von 1972, die UdSSR vom Westen und vom Osten her einzukreisen, darin, die qualitative Überlegenheit des Westens an Schlachtfeldwaffen durch den chinesischen Masseneffekt und durch die in Japan errichteten Stützpunkte verdoppelt zu haben. Weiterhin ist wichtig, daß die Stärkung des asiatisch-pazifischen Flügels des sowjetischen Kampfpotentials nicht auf Kosten des europäischen erfolgte; aber die Sowjetunion sah sich gezwungen, ihr Potential anzugleichen und im Laufe der letzten Jahre ihre Einsatzkräfte auf dem fernöstlichen Schauplatz erheblich zu vermehren. Ein Viertel ihrer Bodenstreitkräfte sind dort stationiert (der Gesamtbestand soll von 150 000 auf ca. 400 000 Mann im Laufe der letzten zehn Jahre angestiegen sein). Dort patrouillieren ein Drittel ihrer 69 Atom-Unterseeboote und ihrer großen Kriegsschiffe, dort sind auch ein Drittel der SS 20 (zwischen 120 und 140), mehr als 10 000 Panzer und nahezu 2000 Flugzeuge stationiert. So beeindruckend

* In der offiziellen Aufzählung der Allianz stellt die NATO nur einen Teil der westlichen Streitkräfte, weil die Mitgliedsländer nicht den gesamten Umfang ihrer Kräfte der NATO zur Verfügung stellen – oder gar keine wie Spanien und Frankreich. Daneben ist ein Achtel der amerikanischen Streitkräfte in Europa stationiert.

** Wenn man dem sowjetischen Verteidigungsminister glauben kann (1984), «dann liegen die Vereinigten Staaten mit 13 000 strategischen Stützpunkten und 5,5 Millionen Soldaten in den Streitkräften der NATO an erster Stelle gegenüber den 4,9 Millionen im Warschauer Pakt. Dazu kommen 520 Atombomber an Bord von dreizehn amerikanischen Flugzeugträgern, während die Sowjetunion gar keine hat». Es gibt keinen Anlaß, dem Glauben zu schenken, aber man kann davon ausgehen, daß die Sowjets es glauben.

diese Zahlen auch sein mögen, sie können nicht über die Schwäche der sowjetischen Infrastruktur, über die Transportschwierigkeiten und über die logistischen Unzulänglichkeiten Sibiriens hinwegtäuschen, die die operationellen Kapazitäten der UdSSR erheblich relativieren. Die Flotte im Pazifik, durch die der Indische Ozean abgedeckt wird (mit mehr als 30 Großraumschiffen von 1380000 Tonnen), ist die größte der vier Flotten der sowjetischen Marine. Die 7. Amerikanische Flotte (22000 «Marines», 105 Kriegsschiffe, 375 Flugzeuge) scheint dennoch – trotz der regionalen Überlegenheit der Sowjets an Unterseebooten – stärker zu sein. Alle Militärexperten sind im übrigen der Meinung, die sowjetischen Streitkräfte im Fernen Osten seien heute rein defensiver Natur.*

Das strategische und das taktische Gleichgewicht kann nicht allein durch Zahlen berechnet werden. Jedes Lager stellt eigene Berechnungen an und die stimmen natürlich nicht überein.** Jeder nennt «strategisch» die Waffe, die ihn erreichen kann, und «taktisch» oder «intermediär» diejenigen, die nur seinen Alliierten oder seinen Feind treffen kann. Die «vorderen Stationierungsmittel» der Amerikaner sind aus der Sicht der Sowjets strategische Waffen, weil sie den europäischen Teil der Sowjetunion erreichen können. Für die Vereinigten Staaten sind sie es nicht. Man braucht nur die statistischen Zahlenreihen und verschiedenen Kategorien und Waffentypen anders zu verteilen, um das Gegenteil zu beweisen. Die Sowjets bestreiten, daß sie jemals ein Monopol an Trägerraketen mittlerer Reichweite in Europa hatten (FNI), denn die SS 20 seien das «Gegenstück» zu den nichtballistischen Trägerraketen oder den «forward based systems», den in England und der Bundesrepublik stationierten Bombern.*** Kann man aber einen Bomber gegen eine Rakete aufrech-

* Die skandalöse Tragödie der koreanischen Boeing ist aus militärischer Sicht ein Beweis dafür, daß die UdSSR den dortigen Luftraum nicht beherrscht, denn die Verantwortlichen für diesen Vorgang wurden von Moskau kurz danach versetzt.

** Gromyko versicherte 1983, daß mit der Nulloption (weder SS 20 noch Pershings) die UdSSR in Europa über zweimal weniger Trägerraketen und dreimal weniger Nuklearsprengköpfe als die NATO verfüge. Die westlichen Spezialisten waren empört. Aus ihrer Sicht haben die Sowjets augenblicklich mehr als 1000 Mittelstreckenwaffen (über 1000 km) auf Europa gerichtet, während die NATO nur über 300 Systeme oder Flugzeuge dieser Kategorie verfügt.

*** «Forward based systems» sind in Großbritannien (164-F-111) und in der Bundesrepublik (265-F-4) stationiert. Die «Poseidon» der NATO wurden bei SALT 1 abgezogen.

nen? Nein, sagt die NATO. Um so weniger als diese Flugzeuge überholt sind und nur eine reduzierte Reichweite haben. Man muß daher zunächst einmal wissen, was überhaupt gegengerechnet werden soll: die Trägersysteme (Raketen, Unterseeboote, Flugzeuge) oder die Sprengköpfe. Wie soll man zudem Faktoren aufzählen und miteinander vergleichen, die gar nicht homogen sind: Eine erdgestützte ballistische Interkontinentalrakete (ICBM) ist wegen ihrer hohen Präzision eine Erstschlagwaffe, weil sie fest steht, ist sie äußerst verletzbar. Entspricht sie nun einer seegestützten Rakete gleichen Typs (SLBM) oder einer Verteidigungs- bzw. Gegenschlagwaffe, die wegen ihrer geringen Präzision (sie könnte auch als Abwehrwaffe gelten) weniger verletzbar ist, weil schwerer zu orten? Die Amerikaner behaupten nein; die Sowjets berufen sich auf die erhebliche Verbesserung der Trident und sagen ja, nicht ohne Grund. Die Amerikaner verfügen über eine größere Anzahl von SLBM als die Sowjets und haben daher ein Interesse daran, deren relative Bedeutung zu verringern. Man befürchtete sogar, damit eine «Öffnung» geschaffen und die Verletzbarkeit erhöht zu haben, welche durch die mobile MX, die sowohl unverletzbar als auch präzise ist, zu schließen ist.

Die Einschätzung des militärischen Kräfteverhältnisses kann offensichtlich nicht ohne quantitative Angaben erfolgen. Aber die Verhandlungen zwischen den beiden Supermächten haben gezeigt, wie komplex die objektiven Faktoren sind, die für eine Berechnung der Parameter hinzugezogen werden müssen. Aus Gründen der Verifizierbarkeit wurde Grundkriterium der Rüstungskontrollverhandlungen die Trägerrakete und nicht der Sprengkopf. Die Berechnungseinheit erscheint einfach; aber sie ist illusorisch und hatte bei den SALT-1-Verhandlungen (1972) verderbliche Auswirkungen, für die die Europäer noch heute bezahlen. Indem die Anzahl der monobestückten Trägerraketen auf 1660 begrenzt wurde, konnten die Sowjets zu Mirvage übergehen (einer Technik, die die Anzahl der Sprengköpfe auf einer Trägerrakete vervielfacht), während die Amerikaner glaubten, einen endgültigen Vorsprung gewonnen zu haben, den sie durch die Vermehrung ökonomisch-demographischer Ziele auf dem sowjetischen Territorium zu erreichen meinten.

Die Kriterien für eine Reduzierung müssen durch Abhörgeräte und Satelliten überprüfbar sein (durch «nationale und technische Mittel»), aber die Fernaufklärung kann nur physikalische Eigenschaften erfassen (Volumen, Länge, Gewicht des Rückzugsträgers, Anzahl der Waffen). Je geringer die Präzision der quantitativen Kriterien ist, um so leichter können sie sich einer direkten Überprüfung entziehen. Der technologische Fortschritt aber bevorzugt qualitative Faktoren, wie beispielsweise die Zuverlässigkeit, die Präzision, die ECP* oder die elektronische Kodierung etc. Die Quantifizierung der zu vergleichenden Waffenwirkung ist eine algebraische und keine arithmetische Berechnung (mit der man allein schlecht informierte Massen beeindrucken kann).

Die militärische Parität kann nicht mit Zahlen berechnet werden und dies aus verschiedenen Gründen. Erstens, weil ein Waffenbestand nur dynamisch berechnet werden kann. Statistische Daten aber sind nur Momentaufnahmen, flashs, kein Film. Die quantitativen Daten des Gleichgewichts sind nicht nur schwer zu erfassen und müssen zudem in umgekehrter Richtung gelesen werden. Es ist bekannt, daß zwischen 1967 (Rekordjahr) und 1982 der amerikanische Bestand an Nuklearwaffen von 32000 auf 26000 Sprengköpfe zurückging (die Hälfte waren davon taktische Waffen kurzer Reichweite), während die UdSSR in der gleichen Zeit ihrem Bestand 6000 Sprengköpfe hinzufügte. Die amerikanischen Megatonnen wurden strategisch, wegen der auf beiden Seiten vorhandenen Überkapazitäten, reduziert, ein sinnloser Vorgang. Gleichzeitig stieg aber der «Tödlichkeitskoeffizient» auf amerikanischer Seite an: Die Modernisierung der Waffen ist nur durch eine vorübergehende Reduzierung erreichbar. Die Vereinigten Staaten stellen pro Tag acht neue Atomwaffen her und ziehen täglich fünf alte zurück.**

Die UdSSR, die erst später am Wettlauf um die «Mirvisation» teilnahm, der für sie Anfang der siebziger Jahre begann, erweckt nur den Anschein einer sprunghaften Weiterentwicklung, tatsächlich holt sie nur auf. Es ist wahr, daß die sowjetische Rüstung aus diesem Grunde «moderner» ist: Nur 5% der amerikanischen Nuklearsprengköpfe wurden in den letzten fünf Jahren (1978–1983) gebaut gegenüber 77% auf sowjetischer Seite. Und bestimmte amerikanische Trägersysteme wie die B 52 (aus den fünfziger Jahren) sind von den neuen sowje-

* ECP = Ecart ciculaire probable / wahrscheinlicher zirkulärer Abstand. Zirkelstrahlung, deren Mittelpunkt die Zielscheibe ist, die von 50% der abgeschossenen Fernwaffen erreicht wird.

** Nach einer offiziellen amerikanischen Studie, die vom «Rat zur Verteidigung der natürlichen Rohstoffe» am 9. Januar 1984 veröffentlicht wurde.

tischen Abwehrwaffen bereits überholt. Aber «modern» heißt lediglich «gerade entwickelt», und «neu» bedeutet nicht «überlegen».

Der zweite Grund ist, daß sich die Berechnung des Gleichgewichts auf einen bestimmten geopolitischen Kontext beziehen muß: Die konventionelle Unterlegenheit der europäischen Mitglieder der Atlantischen Allianz gegenüber dem sowjetischen Block liegt bereits in ihrer geographischen Lage. Rußland ist die stärkste Macht in Westeuropa, einfach weil sie dort liegt. Diese Überlegenheit verschwindet, sobald man die Allianz in ihren transkontinentalen Gesamtzusammenhang stellt, mit ihrer ganzen Rüstungspalette, einschließlich der taktischen Waffen. Wir dürfen in der Tat nicht vergessen, daß die Verhandlungen zwischen den beiden Supermächten, die allein auf die strategischen Waffen begrenzt sind (die Vereinigten Staaten hatten es seinerzeit abgelehnt, diese auch auf die Waffen unterer Kategorien zu beziehen), es uns zur Gewohnheit werden ließen, die Berechnung des Gleichgewichts allein zwischen den beiden Großmächten vorzunehmen und dabei die taktischen Waffen nicht einzubeziehen.

Der dritte und auch bedeutsamste Grund liegt in der geographischen Lage, die ja den Alliierten in beiden Lagern nicht den gleichen Schutz bietet: Eine rein rechnerische Gegenüberstellung gäbe der Sowjetunion im Rüstungsbereich einen gewissen Vorsprung, weil sie an alle empfindlichen Regionen, insbesondere Westeuropa, unmittelbar angrenzt. Dieses Argument läßt sich zweifellos auch umkehren: Die Sowjets behaupten, für einen feindlichen Angriff viel exponierter zu sein, weil sie an all ihren Grenzen auf dem Landweg zugänglich sind, während die große amerikanische Insel durch zwei Ozeane geschützt ist. Aber dieser Einwand hat im Zeitalter der Atomunterseeboote keine große Bedeutung mehr. Es steht außer Frage, daß die strategisch territoriale – und daher logistische – Kontinuität sich zugunsten der UdSSR auswirkt, während die USA als Inselstaat, um auf den europäischen Schauplatz zu gelangen, ihr Potential (Luft-Boden oder Boden-See) aufteilen und entsprechend berechnen muß. Durch die geographische Lage ist das Territorium der Vereinigten Staaten sicherer als das sowjetische, aber die Verteidigung seiner Alliierten ist schwieriger. Zehn Minuten benötigt eine sowjetische Rakete, um Europa zu erreichen, aber 40 Minuten, um bis in die Vereinigten Staaten zu gelangen. Auf konventioneller Ebene muß Washington mehr für logistische Mittel ausgeben als Moskau, und das geht auf Kosten ihrer Stoßkraft.

Diese Ungleichheiten, die sich aus der Geographie ergeben, spiegeln sich in der unsymmetrischen Zusammensetzung der Rüstungsarsenale wider. Daher erklärt sich auch so mancher propagandistische Trick, mit dem der eine oder andere Baustein aus der strategischen «Triade» herausgegriffen wird. Im Bereich der erdgestützten ICBM verfügt die UdSSR über eine quantitative Überlegenheit: 1400 Raketen mit mehr als 6000 Nuklearsprengköpfen gegenüber 1045 amerikanischen Raketen mit 2145 Sprengköpfen (1983). Aber die Vereinigten Staaten sind bei den seegestützten Raketen weit überlegen (SLBM – 5000 gegenüber 1000 oder 2000 Sprengköpfen) – wie auch bei den luftgestützten Nuklearsprengköpfen; 2570 Nuklearsprengköpfe gegenüber 290 auf Flugzeugen stationierten Raketen.* Die Seestreitkräfte und die kontinentalen Streitkräfte sollen sich entsprechen.

Auf Grund der neuen nuklearen Kapazitäten können die kontinentalen Streitkräfte – was sich wahrscheinlich in ihren Angriffsplänen herauskristallisiert hat – den gesamten Planeten erreichen. Ihre militärische Priorität liegt aber in Europa, wie es jüngst die Stationierung der SS-20-Raketen bewies, wobei das «Wie» aber besser bekannt ist als das «Warum». SALT 1 (1969) hatte das Programm der Mittelstrekkenwaffen ausgeklammert, in diese Bresche stießen erwartungsgemäß sogleich die sowjetischen Programmatiker hinein. Da sie keine neuen Raketensilos mehr bauen durften, verteilten sie ihre Raketen neu, um die genehmigten Höchstgrenzen optimal auszunutzen. Bei der Wahl zwischen Abbau oder Umwandlung ihrer überschüssigen Waffen gingen sie dieser Schwierigkeit aus dem Weg, indem sie an die Stelle der SS 11, die auf Europa gerichtet waren, die SS-19-Raketen mit sechs Sprengköpfen setzten, die ihre Richtung auf die Vereinigten Staaten haben. Sie zogen auch ein Aufbausystem der SS 16 zurück, das von SALT verboten worden war, wodurch die SS 20 entstanden ist. Es bleibt die alte Frage: Ist eine modernisierte Rakete eine neue Rakete? Die bestehenden Kriterien (Größe, Struktur, Art des Brennstoffs) sind derartig umstritten, daß die Sowjets Meister in der Kunst wurden, aus Altem Neues zu machen. Mit der SS 20 hat sich auf dem europäischen Schauplatz nicht alles verändert (man muß auch einen Teil Afrikas und Asiens hinzurechnen, weil sie in der Reichweite dieser Raketen liegen). Die alten SS 4, SS 5 und SS 12 hatten bereits seit

* Diese Zahlen sind aus dem Jahresbericht «Militärisches Gleichgewicht» des Internationalen Instituts für strategische Studien, London.

1959 alle europäischen Hauptstädte zur Zielscheibe; aber die Reichweite der SS-20 (5000 km), ihre Mobilität (auf Schienen oder auf Betonposten, in der Luft in ihre Einzelteile zerlegbar), ihre Präzision (ECP von 300 Metern), ihr fester Brennstoff, ihre Dreifach-Sprengköpfe und schließlich ihre Anzahl (243 im Jahre 1983) geben der UdSSR eine bisher nicht dagewesene technische Kapazität, mit der sie die gesamte europäische Infrastruktur der NATO zerstören kann, ohne ihre eigenen zentralen Systeme in Einsatz zu bringen. Die Stationierung der SS 20 war offensichtlich keine lang erwogene, politische Entscheidung des Politbüros, sondern vielmehr das Ergebnis eines bürokratischen Automatismus des militärindustriellen Komplexes. Michel Tatu stellt überzeugend dar, daß diese «Modernisierung durch Ersetzung» dennoch der sowjetischen Strategie entspricht: Erweiterung der Möglichkeiten in Europa durch Entkoppelung der Schauplatzkräfte von den zentralen Systemen.* Die Option bestände denn darin, Europa in die Knie zu zwingen, ohne notwendigerweise die gegenseitige Zerstörung der Supermächte auszulösen.

Die Sowjetunion verfügt zu einem Zeitpunkt über immer mehr Waffen, wo ihre Anzahl immer unwichtiger wird. Beim Nukleargleichgewicht ist wesentlich die Stabilität, daher kommt der qualitativen Verbesserung eine größere Bedeutung zu als der Vermehrung der Waffensysteme. Auch die quantitativen Höchstgrenzen «sind bei der Rüstungskontrolle nicht mehr entscheidend». Die Abwehrstrategie der siebziger Jahre (Schlesinger-Doktrin, Richtlinie Nr. 59 des amerikanischen Präsidenten Carter) erweitert die Einsatzoptionen und gewährleistet die operationale Anpassungsfähigkeit, wobei aber diese vom amerikanischen Verteidigungsestablishment durch die Rückkehr zur rationalen Wirtschaftlichkeit der Abschreckung bekämpft wird. Eine Erhöhung der Anzahl der SS 20 beispielsweise über einen wahrscheinlichen Sättigungsgrad der NATO-Ziele hinaus, der bei 100 bis zu 300 SS-20-Sprengköpfen liegen soll, bringt militärisch der UdSSR keinen zusätzlichen Vorsprung (weder eine eventuelle Reduktion noch ein Moratorium – womit auch die verschiedenen sowjetischen Vorschläge, das Waffenpotential einzufrieren oder teilweise abzubauen – von Anfang Januar 1980 – erklärt werden können). Es ist ebenso daran zu zweifeln, daß die Überkapa-

* Michel Tatu, La Bataille des euromissiles (Die Schlacht der Mittelstreckenraketen), Fondation des études de Défense nationale, 1984.

zität der Schlagkraft einen politischen Mehrwert bringt, um den Ausgang der Schlacht um die Stationierung zu beeinflussen. Und das, was über die Mittelstreckenraketen gesagt wurde, gilt in noch erheblicherem Maße für die Überrüstungsraketen, die die strategische Rüstung der beiden Großmächte ergänzen: Jenseits der bereits seit langem auf beiden Seiten erreichten Sättigungsschwelle, ist die marginale Verwendbarkeit der Offensivraketen gleich Null. Diese Verminderung stützt die französische Theorie der Abschreckung des Starken durch den Schwachen. Im konventionellen Krieg der Zukunft wird die Quantität nicht mehr die Bedeutung haben, die sie einmal hatte. Kampfkraft und Durchschlagskapazität werden nicht vom Rüstungsbestand abhängen. Die israelische Armee hat 170000 Soldaten (und 450000 im Falle einer totalen Mobilmachung). Im Vergleich zu den gesamten arabischen Kräften (einschließlich Ägyptens) bestand ein numerisches Verhältnis von 1:4. Trotz der militärischen Überlegenheit Israels (ohne die eventuelle Atomreserve zu berücksichtigen), die sich aus der Abschreckung der konventionellen Kapazität ergibt (aus der nichtnuklearen Schlagkraft auf feindliche Städte), bleiben Kompetenz und Motivation von Militärpersonal und Bevölkerung ausschlaggebend.

Die Überlegenheit der UdSSR in der konventionellen Rüstung, insbesondere bei den Bodenstreitkräften auf dem europäischen Schauplatz, ist ernst zu nehmen, eine hysterische Reaktion aber unangemessen. Die berüchtigten 48000 Kampfpanzer und 10000 sowjetischen Flugzeuge – dreimal mehr als die NATO, wobei die Schätzungen zweifellos übertrieben und stellenweise auch widersprüchlich sind – sind auf dem Papier so wirkungsvoll, weil weder Qualität noch Zuverlässigkeit, weder Leistungsfähigkeit noch Ausbildungsniveau des Bedienungspersonals berücksichtigt werden. Wozu dienen denn Aufklärungssatelliten, wenn nicht, um die geringsten Anzeichen für eine feindliche Waffenkonzentration zu beobachten, einem Überraschungseffekt damit zuvorkommend? Was soll eine Nukleartaktik, wenn nicht bei erster Kontaktnahme die gegnerischen Kräfte auseinander getrieben werden? Wozu dient die Luftüberlegenheit der NATO, ein entscheidender taktischer Faktor? Das nukleare Korrektiv der Amerikaner hat zweifellos an Wert verloren. Aber nicht die neuen konventionellen westlichen Technologien, wie es General Buis und andere Experten hervorheben, die «es der Verteidigung ermöglichen, mehr Mittel für die Abwehr einzusetzen» (98 % der Panzerabwehrraketen erreichen ihr Ziel). Die Panikpropaganda ist deshalb so wirksam, weil sie die Gegenwart mit den Kategorien der Vergangenheit zu bewältigen versucht. Dabei nutzt sie optisch das Kriegsgeschehen von gestern, als es weder Atom- noch elektronische Waffen gab. Heute können leichte Waffen schwere Waffen besiegen: Ein Exocet kann – er ist luftgestützt – einen Kreuzer zum Kentern bringen. Genauso werden in dem Alptraum von den «roten Panzerdivisionen», die in Massen den Korridor Bundesrepublik Deutschland-Holland erstürmen, gefolgt von der «Dampfwalze der Infanterie», die achtziger Jahre durch die Brille der vierziger Jahre betrachtet. Der Panzer ist in der sowjetischen Doktrin keine Angriffswaffe, sondern eine Besatzungswaffe: Er wird erst in der zweiten Linie (die Durchdringung der Front wird den Raketen überlassen) eingesetzt. Dabei werden insbesondere die heutigen Panzerabwehrkräfte der NATO falsch eingeschätzt, sowie die Nuklearartillerie kurzer Reichweite (6000 NATO-Sprengköpfe). Es scheint, als wären die elektronische Revolution, die «innovatorischen Technologien» und die breite Palette neuer, hochentwickelter Waffen vergessen worden. Durch sie können die leichten Infanterieeinheiten beim klassischen Angriff mit äußerster Präzision auf der zweiten und dritten Ebene vorgehen und die angreifenden Panzerdivisionen mehrere Kilometer hinter der Front zerstören: Es gibt Pfeilgranaten, die von keiner Abwehr aufgehalten werden können, Kugelgranaten, die aus der Luft abgeworfen werden, Panzerabwehrraketen, die durch Laserstrahlen (Hellfeuer) oder durch Infrarotaufklärer, PGMs (precision guided munitions), gesteuert werden und «dune-buggies»-Hubschrauber. Bodencomputer können die operationalen PCs der Verteidigung zerstreuen und sie vor einem Zerstörungsschlag schützen, indem sie durch nicht zerstörbare Frühwarn- und Leitsysteme unter AWACS-Kontrolle (Airborne warning and control system) geführt werden, dessen Radaranlagen jedes Bodenziel in einem Umkreis von 350 km orten. Zweifellos hat die «Airland Battle Doctrine» noch nicht alle neuen Instrumente, deren Technologie zwar verfügbar, deren industrielle Fertigung aber zu teuer ist, zum Einsatz gebracht. Die konventionelle Abschreckung, die dem Leader der Allianz so sehr am Herzen liegt, ist bisher ein Ziel, aber keine Realität. Bleibt die gewaltige elektronische Überlegenheit, die noch durch das neue Transferabkommen für sensible Militärtechnologien, das mit Japan (ausschließlich zugunsten der USA) unterzeichnet wurde, verstärkt wird. Sie gibt den Vereinigten Staaten keinen Anlaß, sich wegen des konventionellen Ungleichgewichts – ein Begriff, über den so mancher Experte im Pentagon heimlich lächelt – zu beunruhigen. Die sowjetische Rüstung ist zwar quantitativ überlegen, operationell aber ist sie dem amerikanischen Material unterlegen. Wie ist sonst zu verstehen, daß 1982 bei der Auseinandersetzung im Nahen Osten der israelisch-amerikanische Panzer den syrischen MiG T 52 und 82 besiegte, daß neunzehn SAM-Einheiten auf dem Boden zerstört wurden, ohne daß ein einziges israelisches Flugzeug getroffen worden wäre.

Jedem seine Pflichten

Es ist eine militärische Pflicht, die gegnerischen Kräfte zu überschätzen. Die Sünde der Übertreibung kostet ja nur Geld; während die Unterschätzung des Gegners das Leben kosten kann. Die maximale Einschätzung der Bedrohung verringert das Risiko. Die politisch Verantwortlichen sollten das zugeben, sich aber nicht der professionellen Angstmache ihrer Untergebenen unterwerfen. Auch müssen sich die linken Militanten davor hüten, Kriegsszenarien, Programme, Einsatzpläne der Stäbe und strategische Überlegungen durcheinanderzubringen: Die Alarmrufe von Zivilpersonen («begrenzter Atomkrieg») sind auch, oft genug, exzessiv.

«Seien Sie herzlich willkommen in der Welt der strategischen Analysen, in der Waffen entwickelt werden, die unwirksam sind gegenüber Bedrohungen, die überhaupt nicht bestehen», so empfing in den sechziger Jahren der Direktor des «Instituts für Systemanalysen» des Pentagons seine Kollegen.*. Nur ernsthafte Menschen haben Sinn für Humor, und die Bagatellisierung der Bedrohung kann das Risiko erhöhen. Es geht nur darum herauszufinden, wie das Pentagon durch Unterschätzung der eigenen Kräfte und durch Überschätzung der des Gegners seinen Anteil am Haushalt erhöhen kann. Der Wettlauf um die militärische Überlegenheit ist nur möglich, wenn gleichzeitig in der Propaganda der Wettlauf in der Darstellung der eigenen Unterlegenheit stattfindet. Die gegenseitige Überschätzung hat im übrigen

* Andrew Cockburne, La menace, Paris, 1984, S. 326.

perverse wie auch tragikomische Züge, insofern als die inflationäre Überschätzung der Bedrohung den eigenen Defaitismus in sich birgt. Indem das Ausmaß der gegnerischen Kräfte zu sehr hervorgehoben wird, entmutigt man seine eigenen Truppen und seine eigene Einstellung; wenn man es zu wenig tut, stellt sich Leichtsinn ein. Daher auch das Hin und Her in der Propaganda und die Gewissensnot der Propagandisten. Das Bild von einer unfehlbaren, monolithischen, perfekten Militärmaschine muß aufrechterhalten werden; gleichzeitig müssen Bilder und Berichte über Fehlleistungen, über mangelnde Disziplin, Trunksucht, Streitereien, Unbekümmertheit und Mangel an Kampfbereitschaft verarbeitet werden. Cockburne erzählt mit Vergnügen, wie überrascht das Pentagon war, als die Israelis in Syrien im Sommer 1982 das modernste sowjetische Material, das auch noch das wirkungsvollste sein sollte, in wenigen Tagen in Schutt und Asche auflösten. Ein Riesenapparat für Öffentlichkeitsarbeit mußte in Washington in Gang gesetzt werden, damit das Bild von der sowjetischen Militärkraft wieder Glanz erhielt.

Weder einschlafen noch übertreiben ist die Devise. Das westliche Lager, mit den Vereinigten Staaten an der Spitze, ist durch seine wirtschaftlichen, finanziellen und technologischen Reserven, die es jederzeit in Einsatz bringen kann, weit überlegen. Die Quasiverdoppelung des amerikanischen Verteidigungshaushalts in wenigen Jahren (1980–1986) macht dies überdeutlich. 26 Milliarden Dollar sind bereits für die «Strategic Defense Initiative» (SDI) eingeplant, und der Vorsprung der Vereinigten Staaten in der Informatik, der zentrale zivile Nerv des modernen Krieges, ist nicht mehr einzuholen. Für die UdSSR spricht die Kontinuität ihrer Rüstungsanstrengungen, deren Programmierung und stetiges Wachstum in gewisser Weise automatisch ablaufen. Da, wo die Sowjets sich langsam, aber stetig vorantasten – die verschiedenen Raketentypen bauen aufeinander auf –, ist das Verhalten der Amerikaner durch Sprünge und Stöße gekennzeichnet. Sie führen den Rüstungstanz an, so wie sie immer – abgesehen von den Interkontinentalraketen (1957) – den Durchstoß technologischer Erneuerungen veranlaßten: mit vier Jahren Vorsprung bauten sie 1945 die erste Atombombe, 1948 folgte mit sechs Jahren Vorsprung der erste Interkontinentalbomber; dann 1969 mit acht Jahren Vorsprung das erste Unterseeboot mit ballistischen Raketen; die erste Rakete mit mehreren Sprengköpfen hatte neun Jahre Vorsprung. Erst kürzlich wurden die Marschflugkörper mit steuerbaren Sprengköpfen eingeführt (die eine Zielveränderung während des Flugs ermöglichen); heute ist es die Abwehrrakete und morgen die Weltraumrüstung und die orbitalen Stationen. Die Fähigkeit der Sowjets aufzuholen, wurde stets unterschätzt: «Nobody is perfect»: Überlegenheit geht allzuoft mit Überheblichkeit einher. Wie ein Spielleiter die Regeln und die Schnelligkeit des Ablaufs bestimmt, einschließlich der Wahrnehmung dieser bei Zuschauern, Partnern und offensichtlich auch beim Gegner, können die Vereinigten Staaten die Sowjetunion nach Belieben in Atem halten. Diese holt die Verspätung zwar auf, kann aber nicht immer den Einsatz verdoppeln. Trotz des Vorsprungs, den man ihr im Bereich der Satellitenabwehr zuspricht, fordert Moskau – wie seinerzeit bei den strategischen Mittelstreckenraketen – Verhandlungen über den Weltraum (Moratorium oder gegenseitige Kontrolle der Versuche im All).

Die Beeinflussung der Massen findet auch im Westen statt. Für jedermann zugängliche Romane und Medienberichte sind übervoll mit Science-fiction-Strategien (die für Spezialisten enthalten etwas präzisere und realistischere Analysen) – Spannung ist immer gefragt. Die Zeit ist endgültig vorbei, in der die Sowjets davon ausgingen, ihr System sei politisch überlegen und es genüge abzuwarten, bis sich der Lauf der Geschichte zu ihren Gunsten wenden werde. Läßt sich daraus folgende Schlußfolgerung ziehen: Eine Welt ohne Krieg wäre uns lieber, aber da wir das nicht beeinflussen können und unsere ideologische Niederlage feststeht, haben wir nichts mehr zu verlieren. Warum sollten wir daher nicht unser Allzweckprogramm bei der ersten Gelegenheit – einschließlich Atomwaffen – losgehen lassen, oder einen konventionellen Überraschungsangriff oder unsere Einkreisstrategie aus der Peripherie in Gang setzen?

Eine solche militärische und politische Absurdität ist eine Beleidigung des Teils der sowjetischen Intelligenz innerhalb der Oligarchie, die (außer Chruschtschow) lieber Schach als Poker spielt. Unter Hintanstellung jeglicher psychologischer und moralischer Einwände würde sich dies glücklicherweise zu unseren Gunsten auswirken. Dem Westen die Luft zum Atmen abgraben, indem man die Erdölstraßen blockiert? Wenn auch militärisch machbar, wäre diese Operation ökonomisch zu sehr vom Zufall abhängig (alle großen Industrieländer verfügen über einen strategischen Vorrat an Erdöl für mindestens drei Monate) und brächte dem Angreifer eher Nachteile. Sie wäre zu offensiv, um keinen Krieg auszulösen, und zu inoffensiv, um ihn erfolgreich auszulösen. Wenn sich die UdSSR zu einem allseitigen Kräftebeweis entschließen sollte, dann wäre der Mittlere Osten der geeignetste Schauplatz. Und ein Erstschlag auf die zentralen Systeme? Vor allem wären es elektromagnetische Auswirkungen, die den Haupteffekt annullieren würden, und zudem wäre niemand in der Lage, von vornherein den Angriff der seegestützten Zweitschlagraketen aufzufangen. Wie würde ein Überraschungsangriff auf Europa mit konventionellen Waffen wirken? Es besteht kaum Aussicht, daß eine Überrumpelung gelingen würde, und es wäre sehr unwahrscheinlich, daß eine solche Auseinandersetzung nur konventionell geführt würde. Und ein Angriff gegen die europäische Abwehr «out of the blue», ohne Vorwarnung? Welche Zieltaktik auch immer gewählt würde, die Stationierung der Pershings macht diese von vornherein – schon wegen der Zeitverschiebung – aussichtslos. Der Abschuß einer einzigen Geschoßladung (wenn technisch überhaupt möglich), würde bedeuten, die gesamte Erstschlagkraft den zentralen amerikanischen Systemen überlassen. Man könnte, um diese Schwierigkeit auszuschließen, theoretisch eine versetzte Zielplanung in Richtung der Vereinigten Staaten und Europa vorgeben, um gleichzeitig beide Zielkategorien zu erreichen. Dann aber wäre es für Europa kein Überraschungsangriff mehr, denn die Interkontinentalraketen wären bereits drei Minuten vorher geortet worden (hinreichende Vorwarnzeit), bevor jene mit mittlerer Reichweite hätten in Gang gesetzt werden können. Es bliebe also nur noch der unvorhersehbare Megatonnenangriff gegen die Städte vor Ankunft der Panzer: welch ein Gewinn, selbst für einen blinden und totalitären Eroberer, ein Europa in Schutt und Asche.

Falsche Symmetrien

Die Schönheit des Teufels

Die Stärke des sowjetischen «Eisentopfs» wird durch die Anfälligkeit des westlichen Tongeschirrs noch größer, die sich da äußert in pluralen Entscheidungszentren, zeitlich begrenzten Regierungen, Infiltrationen durch den Gegner im Lande selbst und in der Trennung von Ideal und Realität. Der totalitäre Staat bestimmt den Geist seiner Zeit und hat daher die Hände frei; der freien Welt sind die Hände durch das Gesetz, den Zweifel und die Opposition gebunden.

Wir wollen im einzelnen die Gründe für den in Mode gekommenen strategischen Pessimismus des Bollwerks mit dem Namen christliches Abendland untersuchen.

Der Westen verfügt vielleicht über eine größere Kapazität, aber der Osten über mehr Entschlossenheit. Der eine «schwingt sich in höchste Höhen und verflüchtigt sich wie im Traum. Der andere zieht langsam seine Spuren in den Boden und baut sich nach und nach auf wie eine Mauer» (Laloy). Der eine ist mit sich entzweit, wankelmütig und kurzsichtig, der andere weitsichtig und sein Ziel nicht aus den Augen verlierend. Weil Demokratien ihre materiellen Güter leichtsinnig verschwenden, ist dieses Gewicht nicht gleich verteilt. Aus den relativ geringen Ressourcen und einer unvergleichbaren und bisher unbekannten Machtstruktur zieht die sowjetische Führung ihre größtmögliche Leistungsfähigkeit: Daher darf man die strategische Gesamteinschätzung nicht mit der Aufrechnung der Rüstungskapazitäten und nicht mit der Bewertung der ökonomischen Ressourcen verwechseln. Die Leistungen eines Bären und eines Walfisches können wegen ihrer asymmetrischen Machtstruktur nicht so ohne weiteres miteinander verglichen werden, sie sind zudem Ergebnis wie auch Ausdruck konkreter politischer Systeme: Von einem messianischen Eroberungsgedanken beseelt, gibt der sowjetische Staat der Sicherheit Vorrang vor der Prosperität, während die amerikanische Militärkapazität ein Nebenprodukt des ökonomischen Potentials ist. Die Finalität des totalitären Systems ist die Macht, das individuelle Glück ist die der demokratischen Regime. Hier wird die Kanone eingesetzt, um die Butter zu schützen, dort ersetzt sie sie. Unsere Städte sind frei und nicht in die Kriegsmaschinerie eingebunden (d. h. «Stets bereit, das Vaterland zu verteidigen»), daher sind sie auch wenig an Außenpolitik interessiert. Die totalitären Systeme vermischen Innen- mit Außenpolitik, jede wird zum Instrument der anderen. In den französischen Eisenbahnen wird dem Reisenden von Paris nach Marseille keine Propagandabroschüre über die Außenpolitik der eigenen Regierung in russischer und englischer Sprache in die Hand gedrückt wie in den Zügen zwischen Moskau und Leningrad.

Der Kampf der sozialen Systeme wird nicht mit gleichen Waffen geführt. Es ist, als ob die Gesellschaften mit Marktwirtschaft mit einem statt mit zwei Beinen vorankämen. Wenn der Ost-West-Konflikt ein Fußballspiel wäre, hätte der Schiedsrichter seit langem das Aus gepfiffen, und der «internationale Spielverband der Mächte» hätte die kommunistische Mannschaft disqualifiziert.

Es ist daher zu sehen: Hier die transparenten Gesellschaften, in denen Industrie- und politische Spionage offen stattfinden können, in denen in Zeitungen, Zeitschriften und Fachpublikationen frei über Absichten, Realisierungen und interne Kämpfe berichtet wird. Dort sind es undurchsichtige Gesellschaften, in denen sich die Führung so selten sehen läßt, daß man sich manchmal fragt, ob sie überhaupt noch lebt. Meldungen ausländischer Presseagenturen, Telefonate in den Ministerien und selbst Straßenkarten gelten als vertraulich (in Moskau gibt es kein Telefonbuch). Bei uns werden demgegenüber sogar Militärbudgets veröffentlicht, während sie bei ihnen falsch wiedergegeben werden. Die CIA wird vom amerikanischen Kongress und ein wenig auch von der Presse kontrolliert, der KGB ist völlig abgeschottet und wird in seiner Arbeit nicht behelligt. Im Westen sind die Grenzen durchlässig, und selbst ein erklärter Feind des Systems kann das Wort ergreifen, Filme machen und Dokumente veröffentlichen. Er kann überallhin reisen und seinen Einfluß ausüben, wo und soviel er mag. In den totalitären Systemen gibt es ein unantastbares, unüberschaubares, undurchdringliches und geheiligtes Territorium:

Es ist verboten, das Bewußtsein und die Erscheinung des «sozialistischen Raumes» zu verunreinigen und ihnen Gewalt anzutun. Dann aber wird in einem anderen Fall der innere Widerspruch mal als Bestandteil des normalen Klassenkampfes dargestellt, mal ist es Subversion von außen und daher Einmischung in die internen Angelegenheiten. Die demokratischen Regierungen sind kurzatmig, von Wahlergebnissen abhängig und Politiker können keine langfristigen Planungen ins Auge fassen; im Osten sind es robuste Langstreckenläufer, deren souveräne Kontinuität sich durch Unbeweglichkeit und Dauerhaftigkeit der Mannschaft auszeichnet. Gromyko blieb 40 Jahre im Amt, womit gegenüber den Partnern in der Dritten Welt die Glaubwürdigkeit der eingegangenen Verpflichtungen garantiert wird. Bei uns sind es Regierungen, die zwischen Meinungsumfragen und Wahlen und unter der Herrschaft der Öffentlichkeit gezwungen sind, populär zu sein und zu bleiben, und dabei immer gleichzeitig an zwei Fronten kämpfen müssen: innen und außen.

Ein Beispiel für das Spiel mit ungleichen Karten: In Westeuropa wurde fünf Jahre lang gegen die mögliche Stationierung neuer Raketen, deren Anzahl von vornherein feststand, protestiert. Auf der anderen Seite waren sie in aller Ruhe von der sowjetischen Regierung ohne Vorankündigung und ohne Festsetzung der Höchstgrenze aufgestellt worden. Die in Moskau (und Peking) akkreditierten westlichen Diplomaten können sich nicht frei über einen Umkreis von 50 km um die Hauptstädte hinaus bewegen. Reisen ins Landesinnere müssen vorher festgelegt werden und sind von Genehmigungen abhängig. Die westlichen Botschaften in Moskau sind von Milizangehörigen umstellt, die Gehen und Kommen der Diplomaten und die Identität der Besucher kontrollieren. Einem Franzosen in der UdSSR ist es untersagt, bei einem sowjetischen Freund zu wohnen, er darf keinen Anhalter in seinem Wagen mitnehmen und kann (ohne das Protokoll zu informieren) niemanden unmittelbar zum Abendessen einladen, es sei denn, er nimmt Mißgeschicke für sich und seinen jeweiligen Gast in Kauf. Die Diplomaten östlicher Länder können sich in Frankreich frei bewegen, sie können Broschüren verteilen und ihre Filme jedem vorführen, der ihnen in den Weg kommt. Bibliotheken und Filmotheken unserer Kulturzentren werden demgegenüber im Osten in regelrechte Festungen verwandelt, während bei uns niemand überwacht wird, der sich für russische (oder chinesische) Musik und Filme oder für die Sprache interessiert. Sowjetische, vietnamesische, ostdeutsche und andere Kommunisten werden regelmäßig von ihren westlichen Partnern eingeladen, bei Kongressen, in der Presse und im Radio die Positionen ihrer jeweiligen Regierung darzustellen; sie können auch jederzeit mit einer von ihnen gewünschten Persönlichkeit bei uns Kontakt aufnehmen. Es ist nicht bekannt, daß sowjetische oder chinesische Dissidenten ihre westlichen Sympathisanten nach Moskau, Peking oder Ost-Berlin einladen können, damit diese öffentlich oder in den Medien das Wort ergreifen. In Paris, London oder Rom kann man kommunistische Zeitungen erhalten, während an den Kiosken in Moskau, Budapest oder Hanoi keine westlichen Zeitungen zu finden sind, höchstens *L'Humanité* oder *The Daily Worker* und das auch nicht immer. Die Störung ausländischer Sendungen in russischer oder einer anderen Sprache in den sozialistischen Ländern gelten seit 1980 wieder als «normal» (1973 waren sie eingestellt worden), eine Mißachtung des Helsinki-Abkommens. Welche westliche Demokratie würde überhaupt auf den Gedanken kommen, Radio Moskau, Radio Tirana oder Radio Peking zu stören? Diese Tatsachen können nicht widerlegt werden; die Schlußfolgerungen, die daraus gezogen werden, sind einseitig und daher zur Hälfte falsch. In masochistischer Bewunderung des Giganten werden nur die «Größen» des Gegners aufgezählt, und es wird dabei vergessen, mit welchen Zwängen diese einhergehen. Man kann beispielsweise die seit 1972 in Europa betriebene «Politik der Entspannung» nicht für einen Köder halten, der allein den Sowjets Vorteile brachte, ohne zu sehen, daß es auch dem Westen zugute kam. Durch sie gelang es insbesondere, «sich in Osteuropa zu infiltrieren und die Kräfte zu beleben, die das System von innen zerbrechen können» (so die Einschätzung des «Chinesischen Forschungsinstituts für Internationale Beziehungen»). Die Reisen von 8 Millionen Westdeutschen pro Jahr in den Osten und von einer Million Ostdeutschen in die Bundesrepublik sollen der sowjetischen Politik der Abschottung entgegenkommen? Hätte *Solidarnosc* entstehen können, wenn es nicht zehn Jahre lang die stillschweigende Stärkung der kulturellen, kommerziellen und wirtschaftlichen Beziehungen gegeben hätte? Wäre eine solche Entwicklung ohne den Aufenthalt zahlreicher polnischer Intellektueller in Frankreich und anderswo möglich gewesen, ohne die Verhandlungskühnheit eines Nixon, dem Vermittler der Entspannungspolitik, deren Vater im Westen de Gaulle war? Hätte der chinesische Riese so rasch gegen seinen früheren Verbündeten eingenommen werden können? Man kann nicht mehr davon ausgehen, daß das «normale Funktionieren» der westlichen Regime für die Sowjetunion nur Vorteile bringt, ohne zu sehen, daß sich das «normale Funktionieren» der Sowjetunion mindestens genauso positiv für die westlichen Regime auswirkt.*

Beschönigen unsere Sonntagsprediger den Teufel, um ihre Heilswege und ihren Heroismus in ein besseres Licht zu stellen? Oder sind sie blind für die Betrügereien eines Potemkinschen Systems? Unsere Kassandrarufer bemächtigen sich unter umgekehrten Vorzeichen der Propaganda des Regimes und geben der Angst eine theoretische Grundlage. So, als ob es eine autoritäre Planwirtschaft ohne Schwarzmarkt, als ob es Rationierung ohne Korruption, Zentralisierung ohne Verschwendung, ein Stachanowsystem ohne Gleichgültigkeit geben könnte, als gäbe es Licht ohne Schatten. Diejenigen, die das Leben in der Sowjetunion kennengelernt haben, die die Kehrseite der Leistungsschau sahen, wissen aus Erfahrung, daß Überpolitisierung zu politischer Abstinenz führt, daß mit der Verherrlichung des Kollektivs der individuelle Rückzug einhergeht, daß die überzogene Propaganda und die epische Übertreibung den Ekel vor Großbuchstaben hervorruft, daß Heldengeschichten sich zu einer Sammlung komischer Vorkommnisse umkehren, daß das offizielle Pfadfindertum in Wirklichkeit den blanken Zynismus der Jugendlichen bedingt und das Verbot der Auslandsreisen die Faszination des Fremden. Erst die Umständlichkeit der Kontakte mit dem Westen brachte den Dissidenten besondere Beachtung (sie allein haben das Recht frei zu reden). Die krankhafte Absicht, Besuchern etwas vorzumachen, führt zu einem nicht minder pathologischen Mißtrauen auf deren Seite. Der im Grundgesetz verordneten kostenlosen medizinischen Behandlung stehen Bestechungen der Ärzte und der Schwarzhandel mit Krankenhausbetten gegenüber. Die geheime Allgegenwärtigkeit des Staates und die Unwissenheit der Bürger, die äußere Ordnung und die tiefere Unordnung führen zu einer Anfälligkeit des zivilen Bewußtseins. Durch welches Wunder könnte diese elementare Dialektik grenzüberschreitend außer Kraft gesetzt werden? Auch wenn es der UdSSR auf Dauer gelingt, aus der Notwendigkeit eine Tugend zu ma-

* Im Gegensatz zu den Ansichten von Jean-Louis Martres, Les effets induits de la puissance soviétique sur la coalition occidentale, in: *L'Union soviétique dans les relations internationales*, Economica, Paris 1982.

chen, ändert sich nichts an den Ungereimtheiten ihrer Entstehung. Jeder weiß, welche «Vorteile» der Totalitarismus den traditionellen Kriegszielen der russischen Diplomatie bringt: das Abschotten der Länder erlaubt eine Repression der Bevölkerung in Friedenszeiten, die in demokratischen Ländern nur im Krieg möglich wäre; er führt zu einer unkontrollierten Machtkonzentration an der Spitze; zu einem großen Handlungsspielraum der Führung, der sich aus ihrer Immunität ergibt und der jede Kehrtwendung zuläßt; zu einer Infiltrierung des gegnerischen Lagers durch die örtlichen kommunistischen Parteien, wodurch die UdSSR in die Innenpolitik ihrer Gegenspieler hineinwirken kann; zu dem übertriebenen Enthusiasmus einer unerbittlichen Endzielideologie gegenüber den Wechselfällen des Alltags; zur Unwandelbarkeit des gesellschaftlichen Entwurfs bei einer Kontinuität in der Aktion.* Aber neben ebenso vielen Erleichterungen, bringt er der UdSSR auch Hindernisse: Wir wollen das Kosten-Nutzen-Verhältnis dieser umstrittenen Vorzüge einmal untersuchen.

Die Kehrseite der Medaille

– *Kontinuität in der Diplomatie*. Die Kehrseite davon ist die Unbeweglichkeit, der jegliche Vorstellungskraft und Kreativität abgeht, wie es an dem amerikanischen Monopol an Initiativen und konkreten Vorschlägen bei den Rüstungskontrollverhandlungen deutlich wird. Abgesehen davon, daß die genannte Unbeweglichkeit besser geeignet ist für die Vorbereitung eines großen patriotischen Krieges als eines Blitzkrieges**, verliert die UdSSR zudem wertvolle Kräfte, indem sie versucht, diesen Kräfteverlust aufzufangen. Entropie ist das größte Problem und zentrales Charakteristikum der UdSSR. Sie ist Folge und nicht Grund für das hohe Durchschnittsalter der Politbüromitglieder. Es stieg von 50 Jahren unter Stalin auf 60 im Jahre 1973 und auf 70 im Jahre 1982 (das Durchschnittsalter der 158 ersten Sekre-

* Die beste Analyse ist nach wie vor die von Leonard Schapiro. Siehe seinen berühmten Artikel: Totalitarianism in Foreign Policy, in: *The Soviet Union in World Politics*, London, 1980.

** Deutsch im Original (Anm. d. Übers.).

täre der Partei stieg von 53 Jahre 1976 auf 59 Jahre 1983). Den siebzigjährigen im Politbüro seien Flügel gewachsen, sie wären zu Vampiren des Universums geworden, sagen die Leute. Die Führung der Sowjetunion stellt ihre Vorstellungskraft und ihre Innovationsfähigkeit nur unter Beweis, wenn sie ins Ausland reist. Zögernd und starr in der Innenpolitik, ist sie in der internationalen Politik fähig, alles zu tun, um Schwierigkeiten zu ihrem Vorteil umzuwandeln und um jederzeit zurückzuspringen.*

Meinungswandel oder optische Illusion? Seine eigenen Mißerfolge dem Gegner zuschreiben, erspart es einem, selbst in den Spiegel zu schauen. Die Führer im Kreml können sich davonstehlen, indem sie immer wieder in die Lücken des gegnerischen Lagers vorstoßen. Diese entstehen durch die Kurzsichtigkeit der Führung der Gegenseite, durch das Aufkommen regionaler Antagonismen der Vergangenheit und durch die bekannten «Triebkräfte der Ungerechtigkeit» in den «freien menschlichen Gemeinschaften». Diese Triebkräfte entstehen bei den Ausgestoßenen und Entrechteten in den entfernten und übriggebliebenen Kolonien des Imperialismus, aber auch in einem Umkreis wie «Groß-Israel» und selbst in den Reihen der elitären Demokratien (Apartheid).

Der unerbittliche, aber vorsichtige Opportunismus der Sowjets macht sich alle Gelegenheiten zunutze, auch jene, die er nicht sich selbst, sondern anderen verdankt: die Kriege zwischen Indien und Pakistan (1965), zwischen Argentinien und Großbritannien (1982), zwischen Ägypten und dem Westen (1956). Dabei achtet sie geflissentlich darauf, daß sich die Kriege nicht unüberlegt multiplizieren. Die Sowjets fürchten eine Gefährdung der Stabilität ebensosehr wie die Vereinigten Staaten (beide sehen darin eine Gelegenheit für den anderen, die jeweilige Position zu festigen). Sie berechnen ihr eigenes Risiko genau und achten sorgfältig darauf, daß das Wichtigste – die eigene Sicherheit und die Bewahrung des eigenen sozialen Systems – nicht aufs Spiel gesetzt wird. Die Absicherung der fortschrittlichen Kräfte und die Erweiterung des Systems kommen erst an zweiter Stelle.

Immer wieder von westlichen Initiativen überrascht, benötigt die

* Hélène Carrère d'Encausse, Les Données actuelles de la politique islamique d'U.R.S.S. (Aktuelle Informationen über die islamische Politik der UdSSR), in: *Pouvoirs*, Nr. 21, 1982, S. 370ff.

sowjetische Diplomatie viele Jahre um aufzuholen. Sie wurde beispielsweise vom Nahostschauplatz in wenigen Monaten vertrieben, und zehn Jahre und Milliarden Dollar an Militärhilfe an Syrien waren nötig, um dort wieder Fuß zu fassen, wobei ihre Position auch nur die des Hintergrundes ist (keine Truppen im Kampf und auch ohne Sitz bei der Genfer Konferenz). Eher Mitläufer als Aktivist, immer wieder von Eruptionen und unerwarteten Ereignissen in der Dritten Welt beirrt, hält sie sich zurück und erwartet ihre Stunde. Wie ein lauernder Tiger, der bei der ersten Gelegenheit aber losspringen kann.

Sie war nur Zuschauer, als die legale Regierung in Chile gestürzt wurde und ging nicht auf die Bitte von Salvador Allende um wirtschaftliche Hilfe ein; sie verurteilte oder bekämpfte sogar die Guerillabewegungen von 1959 bis 1979 in Lateinamerika; sie entdeckte erst 1978 die Existenz von Nicaragua, mahnte aber die sandinistischen Führer schon 1983, daß es besser sei, sich im Notfall auf die eigenen Kräfte zu besinnen; sie sieht 1985 in El Salvador einen interessanten Raum, nutzbar für Gegenpropaganda und zur rhetorischen Ausschlachtung in der UNO. In Angola wurde die UdSSR, als die Kubaner dort auftauchten, vor vollendete Tatsachen gestellt. Verhandelt wurde zwischen Neto und Castro direkt. Die Sowjetunion stellte ihre Logistik erst nach dem überstürzten Rückzug der kubanischen zivilen Luftfahrt und der Handelsflotte (1975) zur Verfügung. In Äthiopien war dagegen die sowjetische Militärintervention von vornherein geplant und abgestimmt, aber erst, nachdem Fidel Castro Breschnew unter Druck gesetzt hatte, diese politische Entscheidung zu treffen (1977). Es wurde eine Militärintervention, die einer internationalen Gerichtsbarkeit entsprach und insofern auch von der Mehrheit der OAU (Organization of African Unity) gebilligt wurde. Wenn auf den Hilferuf einer international anerkannten Regierung reagiert wird, wenn eine fremde Aggression (Südafrika oder Somalia) zurückgedrängt wird, ohne damit territoriale Ansprüche zu stellen, und wenn die Unverletzbarkeit der vom Kolonialismus ererbten Grenzen sichergestellt wird, dann handelt es sich um Aktionen in Afrika, die auch von Frankreich und anderen Ländern im Prinzip gebilligt werden können. Im Afrika der sechziger und siebziger Jahre verteidigten die Sowjets und die Kubaner zunächst juristisch und politisch berechtigte Anliegen.

– *Strategisch den geeigneten Zeitpunkt erkennen.* Darin ist eher eine ungeheuerliche Beschönigung für eine ganze Serie taktischer Fehlleistungen zu sehen. Nach außen hin reagiert die UdSSR mehr, als daß sie agiert. Nur wenige Ereignisse und kaum Informationen dringen durch. Sie füllt die Leerstellen der Macht und erscheint dort, wohin ihre Gegner keine Aufmerksamkeit lenken. Bis zum Überdruß werden vorgefertigte Reden gehalten, aber so wie bei einem Orchesterleiter, der immer um einen Takt hinterherhinkt, weil er das Tempo nicht richtig setzt. Auch intern ist die Last der verlorenen Zeit ein Charakteristikum kommunistischer Länder, ihres Alltags und ihrer Administration. Man verliert viel zuviel Zeit beim Warten auf den Autobus, auf die Verkäuferin, auf eine Theaterkarte, auf eine Zugangsgenehmigung für Obst, auf die Bedienung, auf das Auto, auf das Benzin etc. Der stellvertretende sowjetische Handelsminister berechnete einmal, daß ein Russe im Durchschnitt sechs Stunden pro Woche verliert, weil er in den Geschäften anstehen muß. Eine Familie soll damit 550 Stunden pro Jahr verbringen.*

Im Büroalltag löst die «Reunionitis», die Krankheit, für alles Sitzungen abzuhalten, begleitet von endlosen Kontrollen und Formalitäten, einen Rekord im Leistungsausfall der durch das zaristische Erbe ohnehin sehr schwerfälligen Staatsmaschinerie aus. Ansteckung aus der Kolonialzeit? Alle kommunistischen Länder sind hinter der Zeit zurück. Die nebensächlichsten Tätigkeiten wie Essen, Kaufen und Fahren nehmen zwei- bis dreimal soviel Zeit in Anspruch wie in einem entwickelten Land. Westlichen Reisenden ist diese plötzliche Verlangsamung des täglichen Lebens in sowjetischen oder sowjetisierten Ländern vertraut; es ist, als sei alles gedämpft, so als wäre man in die Zeit der unterversorgten Provinzen geglitten.

Verhandlungen über ein Handelsabkommen ziehen sich hin und dauern endlos, was angesichts der Dynamik westlicher Entscheidungsfreudigkeit nicht gerade ein Triumph ist. Im Zeitalter der Blitzinformation ist die Tatsache, daß ein Staatschef erst dann offiziell gestorben sein darf, wenn es das Beerdigungskomitee beschlossen hat, sicherlich kein Zeichen für Überlegenheit. In der Zeit der Massenmedien, wo der Zugriff auf Informationskanäle über den Erfolg entscheidet, ist der sowjetische Apparat in Krisensituationen wie ein Dickhäuter, selbst wenn ihm die Verantwortung unmittelbar zukommt. Die Vereinigten Staaten hatten bereits der gesamten Welt

* Piotr Konchachov, in: *Die Prawda* vom 7. Februar 1984, zitiert in: *Herald Tribune* vom 8. Februar 1984.

mehrmals die Bilder von der Zerstörung der koreanischen Boeing durch sowjetische Flugzeugjäger (1. September 1983) vorgeführt (mit Karten, Filmen, Zeugenaussagen und Interviews), als erst eine Woche später der sowjetische Staatschef seine Version der Ereignisse der Weltöffentlichkeit bekanntgab, nachdem bereits eine ganze Reihe widersprüchlicher und unlogischer Erklärungen anonym von TASS abgegeben worden waren. Es mag an der bis ins kleinste durchorganisierten Hierarchie, an der Größe des Territoriums, an der Langsamkeit der Vermittlung, an den kollektiven Entscheidungsgremien, an der mangelhaften Koordinierung der Verwaltungen liegen: jedenfalls wird offensichtlich jegliche Initiative vom bürokratischen Apparat neutralisiert. Der Osten kann zwar die Gesetze und Mittel der öffentlichen Kommunikation nicht mehr völlig ignorieren, es muß aber bezweifelt werden, ob er Sie sich (jemals) dienstbar machen kann. Um sie nach außen hin einsetzen zu können, müssen sie zunächst im Inneren freier gehandhabt werden. In diesem wesentlichen Bereich scheinen sich Expansionismus und Totalitarismus gegenseitig auszuschließen. Militärische Beobachter haben festgestellt, daß sowjetische Offiziere nicht fähig sind, auf Unvorhergesehenes zu reagieren und vor Ort nach Bedarf Entscheidungen zu treffen: Der Dogmatismus der Lehre und die übertriebene Vertikalität des Systems sind Schwächen, die immer wieder in den sowjetischen Streitkräften beklagt werden. Sie spiegeln auf militärischer Ebene die Unfähigkeit des Systems und der Menschen zu improvisieren.

Bei uns kann ein Teufel zwar hinkend sein, aber niemals einfältig. Unserer Theologie widerspricht es, wenn zwischen Mitteln und Zielen des Systems eine gravierende Ungleichheit besteht. Man mag darauf entgegnen, daß die sichtbaren «Fehlfunktionen» Zeichen für besondere Schläue seien. «Das sowjetische System gibt sich damit zufrieden, seine technischen Methoden, die bereits aufs Beste eingefahren sind, zu vervollkommnen. Deshalb muß sie nichts verändern, das heißt, sie braucht keine Zeit und Energie zu verlieren und braucht auch nicht die Risiken einzugehen, die mit jeder Veränderung verbunden sind.»* Das System kann also durchaus mit seinen internen Problemen leben. Sie sollen zwar unter Kontrolle sein, aber nicht gelöst werden. Demnach stellt Veränderung keinen sowjetischen Wert dar, denn das oberste Ziel besteht darin, «die grundlegende Stabilität

* Annie Kriegel, in: *Pouvoirs*, Nr. 6, S. 125.

des Systems beizubehalten, die in allen Bereichen immer wieder das gleiche produziert, abgesehen von denen der Macht» *.

Wir haben bereits gesehen, daß es keine chinesische Mauer gibt zwischen dem inneren Wirtschaftswachstum, der Wettbewerbsfähigkeit also, und der für den Militärhaushalt bereitzustellenden Summe, selbst wenn die Verringerung der Militärausgaben nur eine sehr bescheidene Auswirkung auf die Wirtschaft hätte.** Ein stagnierendes System produziert langfristig keine Expansionskraft, sondern nur Niederlagen und Rückgänge. Die Eroberungsmaschinerie ist schlecht dazu geeignet, die Zeit festzuhalten, denn weder das Universum noch die Veränderung der äußeren und inneren Bedingungen des internationalen Wettlaufs bleiben stehen. Die Revolution der Informatik wirkt sich beispielsweise nachteilig auf zentralisierte Entscheidungskontrollen aus. Die Mikroinformatik wird dazu führen, daß die Sowjetunion Informationen auch an die Peripherie zu geben hat. Entsprechend wird sich daher ihre Abhängigkeit von Computerprogrammen (Software) vergrößern. Die unabwendbare Öffnung durch diesen neuen technischen und kulturellen Bereich birgt eine ernsthafte Herausforderung, wenn nicht sogar eine «Krise des Regimes» in sich. Ist die Schwerfälligkeit der heutigen Informationskanäle, die Verspätung in der Reaktion auf diese Herausforderung, unabhängig von der Tatsache, daß eine industrielle Investition von der Konzeption bis zu ihrer Realisierung in der Sowjetunion durchschnittlich das Doppelte der im Westen benötigten Zeit, nämlich acht Jahre, beträgt? Die immer schwerer kontrollierbare Verteilung von Informationen (Reisen, Satelliten, Video, Kontakte) innerhalb dieses Weltsystems, aber auch außerhalb, verändert bereits die Bereitschaft, imperiale Verhaltensweisen weiterhin zu akzeptieren. Es besteht ein historischer Unterschied zwischen dem Kampf gegen die Basmachi in Turkestan in den zwanziger Jahren, der so gut wie gar nicht vom Westen wahrgenommen wurde, und dem Afghanistankrieg, der von den westlichen Medien, aber auch von der UdSSR selbst (durch Abhören ausländischer Radiostationen), fortlaufend beobachtet wurde.***

* Ebenda, S. 126.

** Siehe dazu die Stellungnahme von M. Henry Rowen, Präsident des CIA, vor dem Wirtschaftsausschuß des Kongresses (1. Dezember 1982).

*** Die Sowjetunion ließ aus Pflicht oder Freundlichkeit (oder beides) den französischen Journalisten Jacques Abouchar, den sie bei den Untergrundkämpfern gefaßt hatten (November 1984), nach einigen Wochen, ohne ihn zu foltern, zu

– *Eiserne Kohäsion, Disziplin und Einheit der sozialistischen Gemeinschaft*. Kohäsion schwächt und Disziplin schränkt ein. Der Beweis: das westliche Lager hatte sehr viel mehr Erfolg bei der Desintegration des sozialistischen Blocks von innen als umgekehrt, in Jugoslawien, China, Albanien, Rumänien – ohne dabei von den alliierten Ländern an der Peripherie (Ägypten, Sudan, Somalia, Indonesien, Guinea etc.) zu sprechen. Und das nicht ohne Grund: Die UdSSR macht aus einem Interessenwiderspruch ein Schisma, einen *Casus belli*. Der von Togliatti erträumte Polyzentrismus zerbrach an der Starrheit. Der sowjetische Block ist nach außen ebensowenig leistungsfähig, wie nach innen begeisterungsfähig. Sein Blockgebaren und seine langsame Manövrierfähigkeit machen ihn unfähig für den improvisierten Bewegungskrieg, für schnelles Vorstoßen und für Diversionskampagnen. Was über Napoleon gesagt wird, gilt auch für den Kreml: «Er scheiterte, als er berechenbar wurde.» Zweifellos gab es Fortschritte in der Kunst der Überraschung und der Tarnung, wie es die Terminplanung der Afghanistan-Intervention (Weihnachten), das Sand-in-die-Augen-streuen der Tschechen (1968) und die polnische Desinformation (1981) beweisen. * Nichtsdestoweniger sind dem Kreml von Natur aus Vorstöße, Hintertüren und «historische Kompromisse» zuwider.

Die polnische Krise hätte einem intelligenteren (weniger totalitären) Weltsystem Gelegenheit zu einem lokalen «Arrangement» gebo-

erpressen und ohne ihn zu falschen Aussagen zu zwingen, wieder frei. Man erinnerte sich in Frankreich sehr wohl daran, daß unsere Fallschirmspringerkommandos in Algerien die Anweisung hatten, umgehend jeden, auch unbewaffneten, «Weißen» oder «Fremden» sofort zu töten, wenn er bei der FLN entdeckt wurde. Fühlte sich Frankreich in Algerien sicherer in seinem Tun als die UdSSR in Afghanistan?

* Die offene und massive Intervention in Afghanistan (vielmehr die Veränderung in der Präsenz sowjetischer Militärs vor Ort mit dem 24. Dezember 1979) überraschte doch nur diejenigen im Westen, die diesem Land nicht die geringste Aufmerksamkeit geschenkt hatten, was – außer in Großbritannien – bei den meisten der Fall war. Die eigentliche und einzige Überraschung, die die Administrationen und Experten noch aus ihren Träumen herausriß, war der polnische Vorstoß im Dezember 1981. Alle Krisenszenarios gingen von der Hypothese einer sowjetischen Invasion oder der Auflösung des Warschauer Pakts aus. Völlig unerwartet wurde eine dritte Version eingeführt: die Intervention von innen, die Krisenbewältigung bei einer sozialen Institution, der polnischen Armee. Damit hat niemand im Westen gerechnet. Darauf folgte die Wut der Blinden auf die Einäugigen, die beim Spiel mogeln.

ten, insoweit als durch eine wirkliche Finnlandisierung der Aufständischen (innere Autonomie, äußere Abhängigkeit) ihre strategischen Interessen (Verbleiben innerhalb des Paktes und Schutz der Kommunikationswege und Reiserouten mit der DDR) nicht angetastet worden wären. Das sowjetische System ist unfähig, politische Probleme politisch, kulturelle Probleme kulturell, gewerkschaftliche Probleme gewerkschaftlich zu lösen. Daher ist es gezwungen, den Widerstand innerer Dissidenten gewaltsam zu brechen, anstatt langfristig, wie im atlantischen System, Nutzen aus ihnen zu ziehen. Obwohl es ihm gelang, seit 1956 seine Interventionstechnik zu verbessern, wird es dennoch immer wieder von seinen Krisen eingeholt, anstatt durch sie stärker zu werden. Das sowjetische System ist Opfer seiner «totalitären» Zusammensetzung: Wenn ein Teilbereich durch Reformen verändert wird, dann ist auch alles andere in Gefahr. Es gibt keine lokale Lösung. Daher sind auch die Manövrierspielräume entsprechend eng. Schon die kleinste Reform birgt in sich eine Revolution.

So ist die sowjetische Machtbesessenheit Gefangene einer territorialen und notariellen Konzeption der vererbten Diplomatie des 19. Jahrhunderts, die durch die Irreversibilität der Eroberungen des Sozialismus noch gesteigert wird. In diesen Faktoren könnte der Beweis für eine längere und größere Überlebensdauer liegen. Dies wird den an Kurzlebigkeit, an schnelle Abläufe und an von Einzelereignissen geprägte Vorgänge gewöhnten westlichen Menschen irritieren, der darin vielleicht nicht mehr als naive Anmaßung sieht. Dennoch wird der Zeitfaktor zum entscheidenden Prüfstein einer bisher unbekannten Situation. Die marxistisch-leninistischen Realisierungen bedürfen längere als die bisher üblichen Überprüfungszeiten, denn für die historische Formation sozialer Institutionen, die für die Beurteilung des sowjetischen Herrschaftssystems herangezogen werden müssen, sind auch 40 Jahre des Bestehens kein ausreichender Beweis. Wie ist es aber, wenn an der Tagesaktualität orientierte Journalisten eine langfristig angelegte Planung ganz einfach für tot erklären, so wie damals, als de Gaulle die Einheit der europäischen Kontinente durch Entspannung und Zusammenarbeit anstrebte? Nur weil drei Jahre später Prag von russischen Panzern besetzt wurde, galt diese als gescheitert. Was für abgeschlossen erklärt wurde, kommt wieder: Bei der Restauration von 1815 war erklärt worden, die Phase der liberalen Bourgeoisie sei überholt, oder im Juni 1871 wurde das Kapitel des europäischen Sozialismus für beendet gehalten. Diese Ungeduld ist eines Diplomaten unwürdig, es sei denn, man bringt Tendenzen und Wenden durcheinander und macht keinen Unterschied mehr zwischen dem Zeitraum von einer Woche und einem Jahrhundert. Solange die Geschichte ihr Urteil noch nicht gesprochen hat, bringt diese altertümliche Konzeption der Welt, in der mit dem geschriebenen Wort Kult betrieben wird und in der Grenzen wie Tabus behandelt werden, viele Nachteile mit sich. Die sowjetische Diplomatie, formalistisch wie keine andere, verschwendet viel Zeit und Energie mit veralteten Verfahren, deren Selbstgefälligkeit nur von ihr selbst nicht wahrgenommen wird. Ein Überläufer des MID schreibt in seinen Memoiren: «Auf sowjetischer Seite wurde die Bedeutsamkeit eines Besuchers nach der Anzahl der mit seiner Unterschrift versehenen Briefe gemessen.»*

Diese beschwörende Religiosität in der Handhabung von Geschriebenem, diese zwanghafte Besessenheit im Umgang mit Konventionen, gemeinsamen Erklärungen, Konsultationsprotokollen, abgestimmten Amtsmitteilungen, vorher festgelegten Reden, Vorträgen, Artikeln und Vertragsinhalten stammen aus dem vorigen Jahrhundert und scheinen auch das unsrige festschreiben zu sollen, bei dem die Ereignisse so schnell aufeinander folgen und die Abläufe derart labil sind, daß ein Michel Strogoff mit seinem Latein am Ende wäre. Es wurde immer wieder betont, welcher diplomatischen Ausdauer es bedurfte, als dann endlich nach zwanzig Jahren feierlich der Friedensvertrag von Helsinki unterzeichnet wurde. Dieser war durch bedeutungslose Konzessionen an die europäischen Grenzen nach dem Zweiten Weltkrieg zustande gekommen (die Unantastbarkeit der Grenzen bedeutet im Sinne der Sowjets in diesem Fall eine Unbeweglichkeit der Regime). Die Durchsetzungsfähigkeit der UdSSR brachte diesen bemerkenswerten Erfolg in der Westpolitik, aber gleichzeitig brachte er kaum wahrgenommene, aber strategisch nicht weniger bedeutsame Mißerfolge in der Ostpolitik.

Wenn nicht zugelassen wird, daß China wegen einer Parzelle im Ussuri einen vor 100 Jahren ungerecht ausgehandelten Vertrag in Frage stellt, nur weil ein einmal von Rußland eroberter Boden *ipso facto* «geheiligt» ist, kann sich keine strategische Weisheit offenbaren. Die Vereinigten Staaten verstanden es, rechtzeitig Okinawa in Japan

* Nicolas Polianski, MID (zwölf Jahre im diplomatischen Dienst des Kreml), Paris, 1984, S. 38.

aufzugeben: Im Jahre 1950 gab es dort ein proamerikanisches Establishment und eine antiamerikanische Bevölkerung. 1985 hat das japanische Volk, aber auch seine politischen Führer, große Sympathien für die Vereinigten Staaten (die Demonstrationen gegen das alle zehn Jahre zu erneuernde japanisch-amerikanische Verteidigungsabkommen nehmen an Ausmaß immer mehr ab). Die gleichen japanischen Sozialisten, die in den sechziger Jahren Massendemonstrationen gegen Eisenhower organisierten, stehen heute vor der Tür der amerikanischen Botschaft. Der japanische Premierminister kann sogar in aller Öffentlichkeit den militärischen Teil der Vereinbarungen der japanisch-amerikanischen Allianz eingestehen, ohne daß dadurch ein Proteststurm ausgelöst würde.*

Die japanische Verfassung verbietet den Beitritt zu einem kollektiven Sicherheitssystem. Das aber hindert Japan nicht daran, sich als «voll berechtigtes Mitglied des westlichen Lagers» und als offiziöser Kandidat für die NATO zu verstehen. Warum? Zum Teil, weil die UdSSR seit 30 Jahren jegliche Verhandlung über die «Territorien im Norden» (Sachalin und Südkurilen) im Namen der sakrosankten Grenzen ablehnt. Offensichtlich, weil «die Rückgabe der Kurilen dazu führen würde, daß nach und nach auch die restlichen Territorien zurückgegeben werden müssen». Russen und Japaner haben im Laufe des letzten Jahrhunderts zehnmal gegeneinander gekämpft; dieser Antagonismus ist nicht erst gestern entstanden. Dadurch wurde es leichter, die zweite Wirtschaftsmacht der Welt, die, militärisch gesehen, bereits das Tabu des Ein-Prozent-Haushalts überschritten hat, vertrauensvoll auf die gegnerische Seite zu drängen.

Der Westen ist bereits dabei, in das neoimperiale Zeitalter aufzubrechen; er ist mobil, interaktiv, allgegenwärtig und anpassungsfähig. Der Osten bleibt bei den formalistischen und aufwendigen Bündnissystemen des archäoimperialen Zeitalters. Unsere Stärke besteht in unserem Pluralismus und in unserer Fähigkeit, Umkehrungen vorzunehmen, die Sowjetunion scheint demgegenüber die Last ihres Monolithismus hinter sich her zu ziehen. Wenn bei uns noch die Aussicht

* Erklärung von Nakasone vom 21. Februar 1984. Noch im Jahre 1981 hatte das Wort «Allianz» als Beschreibung der japanisch-amerikanischen Beziehung innerhalb der japanischen Regierung eine Kontroverse ausgelöst, die erst durch den Rücktritt des damaligen Außenministers beigelegt werden konnte.

besteht, neue Wege zu gehen, sollten wir diese überprüfen, durch Annäherung an sie.

– *Die Kehrseite davon – Durchstoßfähigkeit.* Der Westen ist im Osten zehnmal mehr präsent als umgekehrt. Die Abhängigkeit der UdSSR von uns ist immer größer geworden und unsere von ihnen immer kleiner. Wenn es zwischen Ost und West eine Osmose gibt, dann nur in einer Richtung. Für die Jugend in Moskau ist New York oder Paris die Metropole. Sie fixiert uns mit Augen und Ohren, auch wenn wir in eine andere Richtung schauen. Der Gulag läßt die Gemüter im Westen nicht mehr in Ruhe, während unsere Auslagen, unsere Stars, unser Papst, unsere Zeitschriften und unsere Travellerschecks den Osten zum Träumen bringen. Während wir noch glauben, daß diese barbarischen Eroberer auf uns einstürmen werden, ist die stalinistische Ära der Isolierung und der Undurchlässigkeit längst beendet. Die UdSSR ist kein Archipel mehr. Die Berliner Mauer ist durchlässig für Kassetten und Radiosendungen, und in Estland und in Tallinn wird das finnische Fernsehen empfangen. Wer bestraft wen? Wer schließt wen aus? * Der Westen hat nicht nur finanzielle Aktiva in Osteuropa: Seine Möglichkeiten politisch, wirtschaftlich und wissenschaftlich Druck auszuüben und abzuschrecken sind so groß, daß der von der Sowjetunion und ihren europäischen Verbündeten zu bezahlende Preis für dieses «schlechte Betragen» gleichbleibend steigt. Die Invasion von Grenada und morgen vielleicht von Nicaragua und übermorgen der Philippinen wird weniger kosten als die Intervention in Afghanistan oder das Stoppen der polnischen Entwicklung durch die polnische Armee.

Wenn man bei uns Krasucki oder Edmond Maire ** hinter Schloß und Riegel brächte, so würde das einer antikommunistischen französischen Diktatur weniger Repressalien auf internationaler Ebene einbringen (Unterbrechung der Kreditgeschäfte und des wissenschaftlichen Austausches, Besuchsstopp, technologische Embargos etc.) als die Verbannung von Walesa der polnischen kommunistischen

* Zu beachten ist dabei auch: Die Terminverschiebung *sine die* bei der Ratifizierung der SALT-2-Verträge durch die Vereinigten Staaten, der Boykott der Olympischen Spiele von Moskau, der Stopp der wissenschaftlichen Beziehungen und der Abbruch der regelmäßigen Konsultationen zwischen französischen und sowjetischen Stabschefs, die Unterbrechung der französisch-sowjetischen Gipfelgespräche (nach 1981), die Anfechtung der Protokolle etc.

** Vorsitzende der französischen Gewerkschaften CGT und CFDT (Anm. d. Übers.).

Diktatur. Ein einziger Mensch ist heute in der Lage, den KGB in die Knie zu zwingen, ja sogar die Beziehungen der UdSSR mit den Ländern, auf die sie angewiesen ist, zu gefährden.*

Das Wissen der Welt um die Arrestierung von Sacharow in Gorki (1985) zeigt den unaufhaltsamen Vormarsch der Kommunikation. Noch vor 30 Jahren wäre das undenkbar gewesen. Die Dissymmetrie der Sanktionen, Beleidigungen und Aversionen wirkt sich zu unseren Gunsten aus, wie auch das Netz der westlichen kommunistischen Parteien immer weniger mit dem von IBM und ATT rivalisieren wird. Die Geiseln haben seit 30 Jahren das Lager gewechselt. Überläufer und Doppelagenten auch. Der KGB ist hermetischer als der CIA, und Ausfälle scheint es nur in einer Richtung zu geben. Wer kennt schon einen westlichen Agenten, Wissenschaftler, Ingenieur, der «in den Osten überlief», seitdem in den siebziger Jahren der sowjetische Mythos zusammenbrach? Das «one way ticket» ist nicht mehr das, wofür es einmal gehalten wurde.

– *Fremdenfeindlichkeit und Festungscharakter?* Zahlreich sind die vorbeugenden Maßnahmen: Kontaktverbot mit Ausländern, Kontrolle der Ausreisen und der Mischehen, Überwachung der Botschaften, automatische Unterbrechung von Ferngesprächen mit dem Ausland (seit der Olympiade von 1980) etc. Aber diese für die Öffentlichkeitsarbeit verhängnisvolle Wachsamkeit hemmt und schützt in gleicher Weise. Die weltweite Information findet ohne die Sowjetunion statt und damit auch gegen sie. Die Tonbildschau der Menschen des am weitesten entwickelten Viertels der Welt, die die Meinung von zwei Dritteln der Weltbevölkerung steuert (via AP, UPI, Reuter und AFP, via Satelliten, Visnews und Worldnet), will keine Konfrontation, sondern ist ein nationales Selbstgespräch mit sich abschwächendem Echo, das zwischen Los Angeles und New York die Schlagzeilen weltweit bestimmt.

Der Osten setzt den Westen in Erregung, aber der Westen ist der Nerv der Welt, auch für den Süden. Die Vereinigten Staaten zeichnen selbst ihr öffentliches Bild und in einem großen Maße auch das der UdSSR. Die UdSSR ihrerseits wird von dieser Äußerlichkeit bedrängt, und so kämpft sie bis hinein in das eigene Lager gegen dieses Bild, das der Feind von ihr zeichnet. Glaubwürdigkeit kann nicht er-

* Sacharow erzwang (1981) durch Hungerstreik das Ausreisevisum für seine Schwiegertochter.

zwungen werden. Das Einflußmonopol – gerechte Belohnung für die Freiheit der Meinungsäußerung – und ökonomische und politische Überlegenheit haben dazu geführt, daß die Information über die sowjetische Realität dem – inneren oder äußeren – Feinde zukommt, so daß es dem System bis heute nicht gelungen ist, die «Gulag»-Lawine zu stoppen. Gefangene ihres rhetorischen Paradieses, ist die UdSSR unfähig, den Propagandisten der Hölle die wenigstens mittelmäßige Realität ihres Fegefeuers entgegenzustellen. Die UdSSR zieht aus den Zwängen einer geschlossenen Gesellschaft auf internationaler Ebene nicht weniger Nachteile als interne Vorteile. Der UdSSR, so heißt es, mache es nichts aus, keinen Einfluß auf die westliche Öffentlichkeit zu haben, denn es sei ihr bisher nur daran gelegen, bei Staatsmännern und hochgestellten Persönlichkeiten Hof zu machen. Eine kostspielige Unbekümmertheit, denn im Westen ist gerade die kybernetische Regulierung der Staatsapparate durch die öffentliche Meinung ein neues Phänomen.

Bis zur Mitte des 20. Jahrhunderts wurde die Macht eines Staates an seiner Fähigkeit bemessen, anderen Staaten seinen Willen aufzuzwingen. Die militärische Strategie bildete die letzte Instanz und kulminierte in einem Krieg, der vorher durch Drohungen angekündigt wurde. Die Macht eines modernen Staates besteht in der heutigen Zeit darin, den eigenen Willen in andere Staaten hineinzutragen, indem in einer fremden Bevölkerung jeder Widerstand und sogar jeder Unterschied im Keim erstickt wird. In Friedenszeiten geschieht dies fortlaufend, ohne Gewaltanwendung und ohne Zwang. Als Kommunikationsphänomen wird dieser Vorgang erforscht – und weiter erörtert im «Télécom», der Verarbeitung und Speicherung von Informationsdaten (die Wissenschaft von der Kommunikation und den Medien wird daher zur politischen Wissenschaft par excellence). Die Sowjetunion will die Welt, aber keinen Krieg? Zu spät. Sie hat zuwenig Computerprogramme und Bilder. Dieser Platz ist schon «besetzt». Und der Westen braucht den Krieg nicht, um diesen Platz einzunehmen. Er ist durchaus in der Lage, den Krieg auch zu verhindern (Abschreckung).

Sowjetische Quellen haben heute in der Berichterstattung, es sei denn, sie stammen aus Dissidentenkreisen, sowohl im Westen als in gewisser Weise auch in Osteuropa selbst (ausgenommen Bulgarien) keine Glaubwürdigkeit und keine Autorität. Ein amerikanischer Bericht, von einer Institution oder einem Massenmedium, wird bei uns heute nicht mehr als eine mögliche Version der Realität gesehen und entsprechend auch nicht mehr als solche identifiziert. Die Information gilt als identisch mit den Tatsachen: AP, UPI, USIA sind gleichbedeutend mit international anerkannter Realität; TASS, Kreml und KPF haben eine Form der Information, die einem Wackelpudding vergleichbar ist. Unsere Verwaltungen sind davon überzeugt, daß die öffentliche Meinung im Westen für Moskau ein Schlachtfeld von besonderer Bedeutung ist. Dieser Propagandakrieg, wenn man einmal die Bundesrepublik außer acht läßt (die weniger verletzbar und auch gar nicht so einfältig ist, wie sie immer wieder dargestellt wird), findet nur noch in *unseren* Köpfen statt. Nicht, daß die UdSSR kein Interesse mehr daran hat: sie investiert viel, aber erntet wenig. Selbst auf dem Schlachtfeld des Rundfunks, ihrer einzig wirklichen Stärke, sind – auch wenn Radio Moskau dreimal mehr finanzielle Mittel zu seiner Verfügung hat –, die Einschaltquoten von *The Voice of America* dreimal höher.*

Die Vereinigten Staaten zahlen 750 Millionen Dollar (offizielle Zahl von 1984) für Propagandazwecke im Ausland. Es gibt auf sowjetischer Seite keine entsprechende Einrichtung wie die USIA (was die Qualität der Konferenzen, das Beziehungsnetz und die Bandbreite der nationalen Kontakte betrifft) und die *Selection of Reader's Digest* (100 Millionen Leser in der ganzen Welt, davon 5 Millionen in Frankreich, 17 Sprachen, 40 Editionen, 23 Redaktionen), kann man das mit *Das sowjetische Leben* vergleichen? Haben denn unsere Zeitungen und Zeitschriften etwa ein Abonnement bei TASS? Läßt sich das Wochenblatt *Sowjetische Informationen* mit *Express, Le Point, Paris-Match*, *La Vie françaises* – vergleichen? Lesen unsere Politiker, Geschäftsleute und Journalisten jeden Morgen die europäische Ausgabe der *Izvetzia*? Hat man je erlebt, daß einer unserer Meinungsmacher, einer unserer Verfasser von Leitartikeln oder der Ressortchefs

* *The Voice of America*		*Radio Moskau*
105	Sender	225
970	Sendungen pro Woche	1673
42	Sprachen	82
153,2 Mio $	Budget	700 Mio $
2701	Mitarbeiter	9500

Diese amerikanischen Statistiken lassen erkennen, daß *The Voice of America* im Durchschnitt 100 Millionen Zuhörer hat, während nur 33 Millionen den russischen Konkurrenten einschalten.

für Internationales, nachdem er sich mit der amerikanischen Botschaft beraten hat, einen sowjetischen Botschaftsrat anruft, um die andere Seite zu hören? Sogar in den wenigen Ländern, in denen eine starke kommunistische Partei existiert, die *a priori* begünstigt wird – was heute jedoch weder für Italien noch für Spanien gilt –, wurden die Kommunikationsmittel erheblich dezimiert (Ausgaben, Zeitschriften, Publikationen), einerseits bedingt durch eine Marginalisierung durch das jeweilige nationale Fernsehen, aber auch durch eigene Fehler.*

Die verschiedenen Friedensbewegungen taten ihr übriges. Aber man kann nicht ernsthaft das Aufkommen des deutschen Nationalpazifismus sowjetischen Manipulationen zuschreiben. Diese kurzfristige Gelegenheit, im Trüben zu fischen, kann langfristig nicht den Diskredit einer Friedensbewegung auffangen, die nur schwer den Kitsch** der fünfziger Jahre, das biologische Alter ihrer Kämpfer und die große Mühe überlebt, mit der die Aktiven des «Club Amour et Paix» (Klub der Friedensliebe) heute versuchen, überhaupt noch ein paar hundert Unterschriften für einen öffentlichen Friedensappell zu sammeln (und das auch nur durch bezahlte Werbung – ein Vorgang, der noch vor zwanzig Jahren als unvorstellbare Demütigung empfunden worden wäre). Der Einfluß von Washington auf die französische Öffentlichkeit ist um so stärker, als er permanent stattfindet und immer offiziös bleibt und sich selbst nie als fremd, als parteipolitisch oder meinungsangehörig zu erkennen gibt. Der Wind bläst schon von alleine in die richtige Richtung. Diejenigen, die dabei nicht mitmachen wollen, werden sofort ins Getto verbannt oder für «Einflußagenten» gehalten: Ihr Name verschwindet einfach aus den Zeitungen, Rundfunk- und Fernsehanstalten und von den Einladungslisten, sie werden nicht mehr geführt auf diesem grauen Markt der Karrieren (ein Journalist, den kein Unternehmen mehr haben will, muß sein Handwerk aufgeben).

Der amerikanische Einfluß wird von beiden Seiten gewollt und gewünscht. Es erscheint bei einer Demokratie, in der die Information zur zentralen Industrie und zur politischen Kraft wurde, nur stimmig,

* In Frankreich lag in den vierziger und fünfziger Jahren die Auflage der kommunistischen Tageszeitungen in Paris und in der Provinz bei einer Million Exemplaren. Innerhalb von 30 Jahren ist der Verkauf von *L'Humanité* von 600000 auf 60000 Exemplare zurückgegangen.

** Deutsch im Original (Anm. d. Übers.).

daß sie Grundlage und Hauptfaktor der Weltinformationen wurde: Ideen und Bilder, die die Welt bestimmen, sind die der Machtapparate. Aber der Westen verdankt dem in dieser Form bisher unbekannten Totalitarismus vieles: denn zwischen der sowjetischen Macht und seinem Einfluß besteht überhaupt keine Beziehung mehr. Arbeits- und Reisebedingungen und sozialer Bewegungsfreiraum, die durch die sowjetischen Behörden den westlichen Korrespondenten in Moskau auferlegt werden, führen unausweichlich dazu, daß diese in wenigen Wochen zu definitiven Sowjetgegnern werden. Äußerst selten kehrt ein europäischer, asiatischer oder afrikanischer Korrespondent aus Washington zurück, ohne begeistert zu sein. Ein Journalist in Moskau gilt als suspekt, denn er ist ohne direkten Informationszugang auf Spekulationen angewiesen, die sich an der Größe der Titel in der *Prawda* orientieren und an dem Protokoll der Politbüros, welches einmal im Jahr im Mausoleum veröffentlicht wird. Bei uns gilt der Journalist nicht als Störenfried oder Spion, sondern als Fragesteller, der am politischen Spiel beteiligt ist, als Freund oder Vertrauter der einen oder anderen Führungspersönlichkeit bzw. ihres Umfeldes.

Im Zeitalter der Politik mit Zuschauern, nicht Zuhörern, in der ein Bild mehr wert ist als eine lange Rede, in der der kurze Eindruck zählt und nicht die Argumentation, gelingt es der kommunistischen Welt nicht, ein Lächeln, ein Gesicht oder etwas Unerwartetes in das öffentliche Bewußtsein zu bringen (es sei denn, man hält die fünf Sekunden Sendezeit, die der alljährlichen Novemberparade zugestanden werden, für ein solches Ereignis). Während Disneyland die Neugierigen der ganzen Welt zu seinen Besuchern zählt, löst das Lenin-Mausoleum bei den Kindern der Welt keine Träume aus. Das Grab von Mao in Peking ist «wegen Umbauarbeiten» geschlossen. Amerika hingegen, unser kollektives Über-Ich, läßt die ganze Welt an seinen Phobien teilhaben. Während sowjetische oder chinesische Propagandaplakate nicht einmal mehr in den Buchhandlungen in Taschkent oder Minsk, in Peking oder Sian, Abnehmer finden, reißt man sich dort aber um die bebilderten Pan-Am-Kalender. Die Portraits von Belmondo sind beliebter als die der Politbüromitglieder. Vor den amerikanischen oder französischen Kulturzentren in Warschau und in Budapest stehen die Menschen Schlange. Drängelt man sich in Paris vor der Globus-Bücherei? Welcher Comic strip, Thriller oder Zeichentrickfilm, welche neue Musik, welches Foto von einem Mannequin löst denn bei uns eine Reaktion aus? Der Kommunismus ist nicht einmal mehr exotisch. Das haben wir hinter uns. Die europäische Jugend ist so viel wie nie zuvor unterwegs, aber sie fährt nach Kalifornien.

Ein Beispiel: Die Menschenrechte

Natürlich können Zahlen den kafkaesken Alltag nicht wiedergeben, nicht die Bedrängnis von Körper und Seele, die großen und die kleinen Lügen, die unerwarteten Ausschlüsse, die ins Unendliche verschobenen Ausreisevisa, die Trennung von Familien wegen fehlender Aufenthaltsgenehmigungen, die Apartheit der Liebe (Russen können keinen Ausländer ehelichen und umgekehrt), die wegen Wohnungsmangel nicht stattfindenden Scheidungen, die Demütigungen des Papierkriegs, die Wartezeiten und die Hinterhältigkeiten, das Zufallsprinzip und das Abrakadabra, die Verschlossenheit der Kolchosen, kurzum: der Alltag eines für uns erschreckenden Systems (aber jene, die nichts anderes kennen, sehen, daß sich ihre Lebensbedingungen im Laufe der Jahre verbessern).

Indem Statistiken geheimgehalten werden, indem Gefängnisse unzugänglich sind, indem Prozesse quasi hinter verschlossenen Türen geführt werden, indem politische Gefangene geleugnet werden, fördert die UdSSR die gängigen Übertreibungen des «Antisowjetismus». Weil Informationen systematisch verweigert werden, kann im Westen ständig jeder ohne jedwede Recherche irgend etwas behaupten, ohne daß ihm widersprochen würde. Wie viele politische und religiöse Gefangene gibt es im Land des Gulags überhaupt? Millionen, sagt der Mann auf der Straße, weil er es in seiner Zeitung gelesen hat. Der französische Ideologe behauptet, es seien Hunderte Millionen, weil er weiß, daß präzise Angaben die Macht seiner Behauptung mindern und daß Tatsachen sowieso niemanden interessieren. Der CIA antwortet auf die gleiche Frage seit zwanzig Jahren mit zehntausend. Amnesty International schätzte im Jahre 1975 das gleiche. Man bezog sich damals auf Aussagen aus dem Jahre 1957 eines sowjetischen Beamten, dem stellvertretenden Hauptankläger der UdSSR. Er hatte in einem Gespräch mit dem amerikanischen Juristen Harold J. Berman geäußert, daß die Anzahl der Gefangenen im Jahre

1953 bei 3 Millionen läge. 2 Millionen waren zwischen 1953 und 1957 begnadigt worden und zwei Drittel der Arbeitslager wurden aufgelöst. «Ungefähr 1% des letzten Drittels waren politische Gefangene».*

Kouznetsov, seinerseits inhaftiert, schätzte im Jahre 1972 die Anzahl der politischen Gefangenen auf 2000, und Sacharow sprach Ende 1974 von «2000 bis 10000». Zehn Jahre später, 1984, geht eine sehr gut recherchierte Studie, die jeden Monat von der zuständigen Abteilung bei Radio-Free-Europe auf den neuesten Stand gebracht wird, von 863 identifizierbaren und lokalisierbaren Personen aus, die sich in den fünfzehn Republiken befinden sollen, davon seien 202 in den elf psychiatrischen Krankenhäusern untergebracht. **

Diese Zahlen müssen nach oben hin berichtigt werden. Ein hoher sowjetischer Beamter bestätigte einer französischen Persönlichkeit Ende 1984: «Wir haben zur Zeit, wenn man Ihre Kriterien im weitesten Sinne zur Anwendung bringt, 2310 Gefangene, die Sie als politisch bezeichnen würden.» Alles spricht dafür, daß dies die Größenordnung der politischen und religiösen Repression in der UdSSR heute ist. Offensichtlich können auch die Klagen über das «Parasitentum» gegen die politischen oder religiösen Dissidenten verwendet werden (individuell kann man seine Religion praktizieren, religiöse Gruppen oder «Gebetsgruppen» werden nicht gern gesehen), denn Dienstentlassungen, Schikanen und De-facto-Marginalisierungen der Ausreisewilligen drängen den einen oder anderen in die Kriminalität ab. Es ist eine bedauernswürdige Realität, aber sie hat nichts zu tun mit dem kollektiven Mythos, von dem die «professionellen Sowjethetzer» beseelt sind. «Wenn man alles gegeneinander abwägt, kommt man zu dem Ergebnis, daß durch Offenheit genauere Berechnungen möglich wären, denn wenn man einen Teil versteckt, wird viel unterstellt», schrieb Custine im Jahre 1835.

* Siehe die Broschüre: Les Prisonniers pour délit d'opinion en U.R.S.S. (Gefangene wegen Verstößen gegen die Weltanschauung in der UdSSR), Amnesty International, 1975.

** Sovjet political prisoners today: types of punishment and places of detention, Radio Liberty Reserch 410/84 (24. Oktober 1984). Außerdem: Peter Reddaway, Dissent in the Sovjet Union, in: *Problems of Communism,* November/Dezember 1983.

Das Schweigen und der offizielle Zynismus (der sogar Tatsachen einfach leugnet, denn nicht einmal im Nachhinein erkennt der sowjetische Staat an, daß beispielsweise 64 Franzosen in den Jahren 1953 bis 1957 aus der Gefangenschaft nach Hause entlassen wurden) führen zu einem Bumerang-Effekt: «eine Million Tote ist nicht mehr als eine statistische Größe, während ein einzelner Tod eine Tragödie ist.» In den Massenmedien werden Individuen dargestellt. Nur so wird Interesse ausgelöst. Dort muß die Geschichte eines Einzelnen erzählt und nicht die Gesamtsituation analysiert werden. Wenn Gefühle an die Stelle von Problematisierungen treten, wenn Konkretes statt Abstraktes dargestellt wird, wenn die Großaufnahme die Ferneinstellung ersetzt, dann wird die Repression durchschaubar und die dramatische Umsetzung am überzeugendsten. Es wurde weder ein Film gedreht, noch gab es eine Großveranstaltung für die 100 Millionen Opfer von Kolyma. Im Zeitalter der Massenmedien sind die Menschen teilnahmsvoll und skurpellos zugleich, sie sind leicht zu beeindrucken und oft genug blind, sie mögen kein Understatement, sondern lechzen nach Übertreibung. Auf dem Bildschirm zahlt sich die Verbannung einer wichtigen Einzelperson besser aus als der alltägliche Massenmord.

Im Schattentheater der Menschenrechte sind alle Kulissen und Szenenfolgen zugelassen. Es zählt der Ausschnitt, das Drehbuch ist zweitrangig. Amnesty International ist zwar die bekannteste Menschenrechtsorganisation im Westen, aber kaum jemand setzt sich mit ihren gründlich recherchierten Jahresberichten auseinander. Und das hat seinen Grund: Es gibt keinen klaren und eindeutigen Zusammenhang zwischen dem Ausmaß der Menschenrechtsverletzungen (Afrika erhält hier den ersten Preis) in den 127 untersuchten Ländern und der Art des politischen Regimes. Die einzige erkennbare und durchgängige Korrelation ist ökonomischer Art (abgesehen von Südafrika). Die Weltkarte der Menschenrechtsverletzung stimmt weitgehend mit der des Hungers überein. Jeder Fernsehabend bietet uns jedoch, im Westen wie im Osten, ein beruhigendes «casting», bei dem Hauptdarsteller und Komparsen ständig ihre Rollen wechseln. Pech eben für jene, die nicht zum ideologischen Spielball gezählt werden können! Man hört auch in Frankreich auf seiten der Kommunisten Stimmen, die die Repression in der Türkei, einem gegnerischen Grenzland der UdSSR, kompromittierend für die NATO halten. Aber wer erwähnt schon Guatemala, wo Zehntausende ermordet, gefoltert und lebendig verbrannt wurden? Welche strategische Rolle sollte dieses Land spielen?*

In Kuba waren 1961, kurz nach den Ereignissen in der Schweinebucht, nahezu 100000 Personen in Gefängnissen zusammengepfercht, und viele wurden exekutiert. Wenn es heute nach Angaben von Amnesty nicht mehr als 240 politische Häftlinge (viele von ihnen sind «ehemalige Kriegsverbrecher» noch unter Batista), keine Hinweise für Folterungen gibt und auch die Todesstrafe abgeschafft wurde – eine eher seltene Erscheinung in Lateinamerika –, dann ist das für die Pariser Berichterstatter** die Basis, den «tropischen Gulag» zu ignorieren.

China macht im Westen aus Gründen der Inversion in der Allianz einen guten Eindruck: 10000 öffentliche Exekutionen im Jahre 1983. Im gleichen Jahr weist Amnesty darauf hin, daß in der UdSSR acht Personen wegen Wirtschaftsverbrechen exekutiert und mindestens 24 Menschen zum Tode verurteilt wurden. In den Vereinigten Staaten gab es 1984 726000 Gefangene (sie unterstehen staatlichen, föderalen oder kommunalen Behörden), davon wurden 1283 zum Tode verurteilt; 21 wurden 1984 exekutiert.

* Eine wenig verbreitete Meldung aus dem Jahre 1984: «Buenos Aires, 19. November (AFP) – Die Anzahl der verschwundenen Personen in Lateinamerika liegt bei 109000», so schätzte in Buenos Aires die FDEFAM (Föderation der Familien von Häftlingen und verschwundenen Personen in Lateinamerika).
«Die meisten Menschen verschwanden in Guatemala, insgesamt wurden 35000 Personen seit 1966 nicht mehr gesehen», erklärten Sprecher der FEDEFAM gegenüber AFP, während in Haiti 30000 Fälle und ungefähr die gleiche Anzahl in Argentinien gezählt wurden.
Nach den gleichen Quellen beläuft sich diese Zahl in El Salvador auf 6000, auf 3000 in Peru, in Paraguay und Chile auf 2000, in Mexiko auf 514, in Brasilien auf 144, in Bolivien auf 140, in Honduras auf 109, in der Dominikanischen Republik auf 60 und schließlich in Uruguay auf 24. Weitere 124 Personen müssen hinzugezählt werden. Sie verschwanden als uruguayische Staatsangehörige in Argentinien.
Die FEDEFAM veröffentlichte diese Zahlen bei ihrem fünften Kongreß in der argentinischen Hauptstadt. Sein Thema: «Wer sind die verschwundenen Gefangenen?» Jeden Tag verschwinden fünf Personen und zwanzig werden ermordet, ohne dabei diejenigen mitzuzählen, die nach Aussagen der FEDEFAM im direkten Kampf ums Leben kommen.

** Über die Menschenrechte in Kuba siehe den gut dokumentierten Bericht von Professor Edy Kaufmann, Universität Jerusalem und Los Angeles, den dieser bei der interamerikanischen Kommission für Menschenrechte (1985) abgab.

Düsterer als die augenblickliche Repression der Dissidenten ist die der Juden in der UdSSR. Sie ist der bittere Beweis für eine nationale und soziale Kontinuität. Das sowjetische System hat zwar den Antisemitismus der Väter abgeschwächt, ihn aber nicht beseitigt (das Protokoll der «Weisen von Zion» ist ein gefälschtes Dokument der zaristischen Polizei). Unter dem Banner des Antizionismus wird er weitergetragen. Als Nationalität wird die jüdische Gemeinde anerkannt, nicht aber als Nation. Sie verfügt über kein Territorium (die «autonome jüdische Region» vom Birobidjan, die 1936 entstand und heute wenige tausend Einwohner zählt, ist eine Fiktion). Die jüdische Gemeinde wird auf 2500000 Personen geschätzt, ist auf das ganze Land verteilt und besonders in Moskau und Leningrad beheimatet. Mehr als 300000 haben einen Ausreiseantrag gestellt, davon wurden 20000 bis 25000 abgelehnt.*

Zahllose Familien wurden und werden auseinandergerissen, ein «Numerus clausus» verbietet ihnen den Zugang zu Universitäten und anderen Institutionen. Einschüchterungen jeglicher Art stehen auf der Tagesordnung. Die jüdische Kultur, der Unterricht in Hebräisch, die jiddische Literatur werden unterdrückt, und die Anzahl der jährlichen Ausreisevisa sank 1984 auf weniger als tausend.**

Die Einbußen auf internationaler Ebene als Folge dieser unrechtmäßigen politischen Diskriminierungen beschränken sich nicht allein auf die öffentliche Meinung. Innenpolitisch kann die kulturelle Repression, die fortwährende Flucht von Intellektuellen, Gelehrten und Wissenschaftlern außerhalb des Landes oder in die gesellschaftliche Marginalität nicht durch Fürsprache der arabischen Welt aufgefangen werden. Auch in diesem Bereich weist die totalitäre Buchführung rote Zahlen aus.

* Zahlen des CRIF (Paris 1984).

** Ungefähr 250000 Ausreisen nach Israel (und den Vereinigten Staaten) wurden im Jahrzehnt der Entspannung genehmigt, als stillschweigende Gegenleistung für die amerikanisch-sowjetischen Handelsabkommen und die «Arms Control» zwischen 1970 und 1980. Westliche Bemühungen, diesem subtilen Handel amtlichen Charakter zu geben, im Rahmen einer Parlamentsanfrage, scheinen auf sowjetischer Seite das Gegenteil zu bewirken.

Der blockierte Block

Eine große Premiere?

Zuerst zur Mythologie, dann zu den Fakten – denn letzteres kann man erst durch ersteres erkennen.

Der (afghanische) Konflikt beweist, soweit dies noch notwendig war, daß der Kommunismus, vor allem der sowjetische, weil er mit dem alten Traum des Zaren behaftet ist, sein Ziel, die Beherrschung der Welt, nicht aufgegeben, sondern noch auf das Universum ausgedehnt hat. Er kann nur fortbestehen, wenn er total ist. Der Friede liegt für den Kreml allein in einem sowjetischen Frieden auf dem ganzen Globus.* Oder auch: Das einzige Mittel sicherzustellen, daß niemand mehr aus dem Gefängnis flieht, besteht darin, die ganze Welt zu einem Gefängnis zu machen. Oder (um Metaphern zu vermeiden): Die einzige Möglichkeit, sich selbst und die menschliche Gattung davon zu überzeugen, daß das sozialistische System das beste aller Systeme ist, besteht darin, daß kein anderes System mehr existiert. Die planetarische Unersättlichkeit des kommunistischen Imperialismus hat hier ihre Begründung.

Das Reich der Erde ist eine religiöse Idee und keine historische. Es ist kaum erstaunlich, daß diese Vorstellung gerade in jenem Land zur legendären Kraft wurde, in dem die Wähler der Präsidenten wie nirgendwo sonst von biblischen Gedanken durchdrungen sind und in dem es nur eine wenig entwickelte historische Kultur gibt: in den Vereinigten Staaten von Amerika. Das Ende der Welt – das nukleare «Armagaddon» – wurde zum Thema von Kolloquien auf höchster Ebene, und «The day after» löste ein Erdbeben auf den Bildschirmen

* Patrice Franceschi, Krieg in Afghanistan. Ein Tischgespräch, 1984, S. 23.

aus. Das Reich des Bösen verdankt der Apokalypse, dem Kreuzzug für die Freiheit, der Erbsünde seine großen Zuschauerzahlen (es hat seine Entsprechung im mittelalterlichen Traum von einer universellen Monarchie und vom Königreich Gottes auf der Erde). Die Suggestionskraft dieser Phantastereien entsteht durch ihre Ungenauigkeit: Niemand kann sie falsifizieren, weil präzise Untersuchungen der Fakten als kleinlich zurückgewiesen werden.

Schon seit der Steinzeit ist das Universum nie etwas anderes als ein Puzzle verschiedener Herrschaftsansprüche gewesen. Seit es Weltreiche gibt, konnte noch niemals eines die Ökumene allein regieren, sondern es kämpften immer mehrere gegeneinander. Aus der Sicht der Romanen hatte Rom den Gipfel seines Ruhmes erreicht, als es von den Hunnen in China, den Kouchantèn in Indien und den Sassaniden in Persien überholt wurde. Die Weltreligionen streiten sich noch heute um bestimmte Gegenden des Universums, aber auch die Ideologien verfügen über ihren Ambitionen entsprechende Mittel. Allein der Weise sah in jeder Aktion eine Gegenreaktion, in jeder Expansion den Widerstand, in jeder Kraft eine Gegenkraft so, wie der Panslawismus zum Pangermanismus führen muß und umgekehrt, wie jedes nationale Erwachen einen entgegengesetzten Nationalismus hervorbringt. Wir erwarten heute eine «Premiere»: Es ist die des «globalen Weltreichs der Menschheit». Doch gleichzeitig gibt es wie nie zuvor so viele souveräne Staaten und so viele lebendige Kulturen; und gerade der lethargischste unter den Kandidaten soll diese sagenhafte Rolle übernehmen, obwohl seine Wirtschaft rückständig und seine politische Führungsschicht nur wenig mit einem kollektiven Konquistador vergleichbar ist.

Seit Babylon ist das Universum enger geworden, aber das Raum-Zahl-Verhältnis wird dem Kosten-Nutzen-Verhältnis des zukünftigen *imperium mundi* keinen Vorteil bringen. Das, was durch die ballistische Rakete an Geschwindigkeit gewonnen werden kann, wird durch übermäßige Geburtensteigerung wieder verloren. Überalterung und Rückgang der Geburtenrate kennzeichnen zwar die russische Nation und die Industrieländer der Nordhemisphäre, dennoch werden in Usbekistan, in Nordafrika und im Nahen Osten alle Rekorde der Bevölkerungsexplosion geschlagen. Auch wenn China seine Geburtenentwicklung als dramatisch ansieht und die Ein-Kind-Ehe zum Gesetz erhob, hat das Jahr 1983 weitere 80 Millionen potentielle «Sklaven», deren Anzahl seit Lenin um ein Vierfaches anstieg, hervorgebracht.

Mit seinen 3,5 Milliarden zählt die Dritte Welt heute so viele Einwohner wie vor zwanzig Jahren die gesamte Menschheit.

Kriegszustand

Bleisoldaten auf der Weltkarte zu verschieben, gehört zu den Phantastereien von Kaffeehausgesprächen, bei denen die Strategen Rachefeldzüge auf einem menschenleeren Kriegsschauplatz führen, auf dem es keine Völker, Mentalitäten, Nationalitäten gibt – der von jeglichem Leben gereinigt ist und wo es keinen Widerstand gibt. «Was wäre, wenn sich die Russen in Mexiko oder Kanada niederlassen würden...?» «In einem Bericht des Pentagons heißt es, daß sich die amerikanischen Streitkräfte nur dann einer sowjetischen Militärbesetzung des Irans widersetzen könnten, wenn Moskau diese historische Gelegenheit nutzen würde, das Gleichgewicht in der Welt wiederherzustellen»* Aber vielleicht würden sich die Iraner widersetzen. Und wenn man davon ausginge, daß es in Mexiko, Kanada, Frankreich auch Mexikaner, Kanadier und Franzosen gibt, die in Freiheit leben wollen? Und wenn die Eroberer selbst nicht alle aus Marmor sind? Julius Tomin, exilierter tschechischer Philosoph, der die Invasion vom August 1968 miterlebte, ist überzeugt, daß «eine Besetzung Westeuropas die Sowjets von innen zerstören würde»**. Militärs sind Zivilpersonen in Uniform, und die Sowjets von 1985 ähneln nur geringfügig den fanatisierten, haßerfüllten und vom tausendjährigen Reich träumenden Massen. Der einzige kollektive Traum in der Sowjetunion ist kleinbürgerlicher Art: Jeder für sich möchte ein bescheidenes Leben führen. Aber dieses Volk hat weder Wahlrecht noch Meinungsfreiheit. Und selbst, wenn es diese wie durch ein Wunder erlangte, bliebe es weiterhin einem despotischen Staat unterworfen, der über seinen Körper und seine Seele verfügt und ihn Tag für Tag auf den Krieg vorbereitet.

Die Militarisierung der sowjetischen Gesellschaft wird durch Stati-

* Cornelius Castoriadis, Devant la guerre (Vor dem Krieg), Paris.

** Zeugenaussage in: Alternatives non-violentes (Gewaltfreie Alternativen), Nr. 46, S. 59.

stiken und durch die in den Straßen allgegenwärtigen Uniformen jedweder Waffengattung und Farbe deutlich. 1,8 % der Bevölkerung gehören dem Militär an (gegenüber 0,9 % in Frankreich und in den Vereinigten Staaten); es gibt 1,5 Millionen Berufssoldaten; das Einberufungsalter wurde auf 18 Jahre herabgesetzt; in den Kindergärten, bei den jungen Pionieren und Komsomolsen (14–28 Jahre) finden Militärspiele statt; 23 Monate sind insgesamt gesetzlich als Reservedienst vorgeschrieben, jeder Sowjetbürger unter 50 Jahren hat ihn zu leisten; 14 % der aktiven Bevölkerung und 50 % der wissenschaftlichen Intelligenz sind mit Verteidigungsaufgaben beschäftigt; im Fernsehen und in den Medien wird militärisch-patriotische Begeisterung verordnet – überall gibt es Denkmäler, Friedhöfe und Gedenksteine für die Toten; die Handelsmarine und die zivile Luftfahrt bereitet auf operationelle Aufgaben vor; die Schwerindustrie hat Vorrang bei Kapitalinvestitionen (Mechanik und Stahlindustrie); 103 Millionen Menschen (38 % der Bevölkerung) sind Mitglieder der «Gesellschaft für freiwillige Zusammenarbeit mit den Streitkräften»; 30 Millionen sind potentielle Teilnehmer an der Zivilverteidigung; die Tageszeitung *Roter Stern* hat eine Auflage von 2,6 Millionen und die *Prawda* hat eine Auflage von 10,7 Millionen; militärische Broschüren und Publikationen, die bei uns als Fachzeitschriften gelten, sind sehr beliebt; alle Jungvermählten besuchen beim Verlassen des Standesamtes das Grab des «unbekannten Soldaten»; man ist zwanghaft, ja fast lächerlich im Umgang mit militärischen Geheimnissen.

Tatsache ist aber, daß der Krieg panisches Entsetzen auslöst; die immer wieder beschworene Erinnerung an dieses Trauma verstärkt die krankhafte Angst vor dem vergossenen Blut (nur wenige Familien hatten keine Opfer zu beklagen); Leitmotiv aller offiziellen Deklarationen sind «Frieden» und «Freundschaft»; es wird bewußt der Eindruck erweckt, als lebe man unter ständiger Belagerung, das führt zu einer Art Chauvinismus, der unter dem Motto «das Vaterland ist in Gefahr» seinen Ausdruck findet, keine Rede ist vom «Lebensraum» (die Zukunft der Menschheit hängt eher von Jules Verne ab als von Iwan dem Schrecklichen); die Meinung des Durchschnittsmenschen, wenn nicht sogar der Öffentlichkeit überhaupt, ist geprägt vom Konsumwillen und von dem Streben nach familiärem Glück; die Liebe zum «heiligen Rußland», einzige aktive Kraft, läßt die Angst vor der Invasion hochkommen, nicht aber die Lust auf Eroberungen; das stoische Leiden signalisiert die unglaubliche Fähigkeit, Schläge im Namen von «Mütterchen Vaterland» einzustecken; die Helden in den Sagen sprechen von Stalingrad und weniger von Kabul; die zunehmende Popularität von Stalin (dessen Portrait in Taxen und an LKW-Armaturen befestigt ist), ist eher ein inneres Symbol der Ordnung, der Integrität und Disziplin als das des Eroberers; die Jugend will nichts mehr von Krieg und den ehemaligen Kämpfern hören; und «last but not least» spricht sich die offizielle strategische Doktrin für eine Rundumoffensive auf der Grundlage einer defensiven Grundhaltung aus (weder begrenzter Atomkrieg noch Erstschlag).

Kriegspsychose und Friedenshunger: die UdSSR ist ein militarisierter Staat, aber er ist nicht militaristisch. Es gibt eine Kampfideologie, aber sie ist nicht kriegstreiberisch. Das innere System benötigt einen äußeren Feind, aber es muß ihn nicht besiegen. Kämpfen ist die Lebensgrundlage des Systems, Siegen wäre fatal. Das Ende der Bedrohung wäre der Beginn des eigenen Endes. Und die Überbewaffnung seiner Vorposten? Das nationale Interesse an kleinen Militäreinheiten – die das große Fremde zur Geisel machen wollen – stimmt mit dem egoistischen Interesse der zentralen Bastion überein: die Schwelle zur eventuellen Intervention zurückschrauben.*

Es liegt im Interesse des Kommunismus als Regierungssystem, ein Heer aufzustellen, das kommunistische Produktionssystem wird dadurch aber ausgepumpt. Dem Kapitalismus bringen der Krieg und seine Vorbereitungen politische Nachteile, aber ökonomische Vorteile: durch Militärprogramme kommt die Industriemaschine wieder in Gang und aus den Krisen heraus (Profitsteigerung, Abbau der Arbeitslosigkeit, Ausnutzung der gesamten industriellen Kapazitäten etc.). Die amerikanischen Firmen bekennen freimütig, daß sie wegen der lukrativen Forschungs- und Produktionsprogramme den Krieg im Weltraum betreiben.

Der Kriegszustand brachte zu allen Zeiten dem Staat mehr Macht. Wie Orwell es richtig beschreibt, ist die Konfrontation mit einem Feind – der Krieg um des Krieges willen – für den totalitären Staat unabdingbar. Im Unterschied zum Jakobinertum, das mit dem Krieg

* So sieht die amerikanische Führung die kleine sowjetische Brigade (eine Panzereinheit, drei motorisierte Bataillone), die in Kuba seit Anfang 1962 (vor der Oktoberkrise) stationiert ist: ein Zeichen der Abschreckung, aber kein Zeichen für äußere Interventionskraft. Die Stationierung amerikanischer Streitkräfte in der Bundesrepublik beruht auf der gleichen Logik.

entstand und mit ihm wieder verschwand (der Liberalismus wird durch Krieg sofort außer Gefecht gesetzt), überlebt der Kommunismus: er ist eine bedrückende, kalte und verspätete Verlängerung des Krieges im Frieden. Die jakobinische Diktatur ist republikanisch und außergewöhnlich. Ausgelöst durch das «Herannahen ausländischer Feinde» dauert sie genau so lange, wie es für das öffentliche Wohl von Nutzen ist. Sie bleibt dabei dem Willen des Volkes unterworfen. Unsere Terroristen von 1793 waren Diener der Nation. Und es war der Nationalkonvent, der zuerst Fleurus und dann Robespierre absetzte: «Die provisorische Regierung Frankreichs ist so lange revolutionär, bis es Frieden gibt.»

Man muß wissen, wann eine Revolution zu beenden ist. Der Leninismus weiß sehr wohl, wie man sie auslöst und unter Kontrolle behält, aber vom Krieg in den Frieden überzugehen, besitzt er keine große Kunstfertigkeit. Weil kein Krieg bekannt ist, nicht einmal ein Bürgerkrieg, der nicht in den Frieden «degeneriert», ist die Kraft des sowjetischen Systems seine größte Schwäche: sie ist gut für den Kriegsdienst, aber unfähig zur Entmobilisierung. Der Kommunismus gewinnt Kriege, aber verliert den Frieden (China hat das verstanden und läßt rechtzeitig vom Kommunismus ab, um eines Tages mit Japan konkurrieren zu können). Die Chancen des Sozialismus nehmen weltweit zu, in dem Maße, in dem regionale Konflikte wahrscheinlicher werden und umgekehrt. Pham Van-Dong, 1981: «Ja, wir haben die Vereinigten Staaten geschlagen. Aber nun haben wir schwere Probleme. Es gibt nicht genug zu essen. Wir sind ein armes und unterentwickeltes Land. Es ist leicht, einen Krieg zu führen, aber ein Land zu regieren, ist sehr schwer.»*

In der Tat, der Krieg ist der große Vereinfacher des Geistes, der Gesellschaft und des Lebens; die «Diktatur des Proletariats» trägt in dieser Situation zur Vereinfachung bei. Aber die Vorteile des Systems werden bei der ersten Waffenruhe zum Hindernis. Der Verzicht wird zur Entbehrung, das Übermenschliche zum Unmenschlichen. Und die Mobilisierung läßt die Energien erstarren. Es ist verständlich, daß das moralische Prestige dieser Regime und der Menschen, die sie vertreten, während oder kurz nach dem Krieg seinen Höchststand erreicht und in Friedenszeiten wieder absinkt. Léon Blum war einer der ersten Sozialisten, der in den zwanziger Jahren «den militaristischen

* Spanley Karnow, Vietnam 1983, New York, 1983.

Krebs bei der Entstehung des Bolschewismus» anprangerte. Er schrieb im Jahre 1944: «In diesem Kampf hat Sowjetrußland die Weltöffentlichkeit in Erstaunen versetzt und ihre Bewunderung ausgelöst. Wer den Bolschewismus für die Ursache der Perversion und der Degradierung des menschlichen Individuums hält, ist aufgerufen, seine Aussagen in aller Offenheit zu widerrufen...» Es ist auch verständlich, daß für die westliche Jugend, die ja den Krieg, den Tod und auch den Nationalsozialismus nicht am eigenen Leibe erlebt hat, diese Aussagen unverständlich sind.

«Militärisch» ist nicht gleichbedeutend mit «Armee»; die Armee ist bereits in der Partei die «Abteilung der Avantgarde», die sich ebenso wie diese als militärische Organisation versteht, so denkt und sich so organisiert hat. Clausewitz ist in Lenin und Mao enthalten, nicht umgekehrt. Weder der militärisch-industrielle Komplex noch die Pracht der militärischen Aufmärsche bei Nationalfeiertagen noch die glanzvolle Aufmachung der Marschälle und Generäle lassen die «Stratokratie» erahnen.*

Es war die Partei, die beschloß, das Militär zum Modell zu erheben und an ihm die politische und ökonomische Sprachregelung auszurichten: «Mobilisierung, Front, Kampf, Sieg, Sabotage etc». Auch in China war die Revolution von einer militärischen Bewegung getragen worden, aus der sich Armee und Partei gegenseitig und fast mit den gleichen Personen herausgebildet hatten. «Die Militarisierung der Partei, die das Ergebnis der Form der Machtübernahme ist, kann an den Führungsmethoden, am Vokabular und an der Rolle, die die Armee in der Nation spielt, abgelesen werden.»**

Es erstaunt daher niemanden, daß die «Entmaoisierung» durch Entmilitarisierung erfolgte (die Führer tragen jetzt Anzug mit Weste) und daß der Kern des Widerstands gegen den «neuen Kurs» sich innerhalb der Armee befindet. In der UdSSR hat sich mit der Entstalinisierung die Stellung der Armee als «Partei in Uniform» nicht verändert. Sie bleibt der nationale Mittelpunkt eines multinationalen Staates (in dem 40 % der Bevölkerung nicht Russisch als Muttersprache hat). Aber der absolute Vorrang der Partei vor der Armee im Zentral-

* Eine militärische Parade wurde nach 25 Jahren zum erstenmal wieder in China bei der Nationalfeier zum 35jährigen Bestehen (Oktober 1984) durchgeführt.

** Jacques Guillermaz, Histoire du P. C. chinois (Geschichte der chinesischen KP), Paris, S. 434.

komitee (8 % der Sitze haben Militärs inne, was sich auch seit 1952 nicht verändert hat), im Politbüro (eins von zwölf Mitgliedern) und im Verteidigungsrat, der vom Generalsekretär geleitet wird (ein Fünftel der Sitze werden nur vom Militär eingenommen); der Vorrang, der der industriellen Modernisierung eingeräumt wird, die Ratlosigkeit angesichts der polnischen Entwicklung 1981; die brutale und leichtfertige Zurückbeorderung von Marschall Ogarkov im Jahre 1984, der sich zu einer starken und ziemlich ungewöhnlichen Persönlichkeit entwickelt hatte; die zentrale Rolle der politischen Führung in der Militäradministration; die Zwangsmitgliedschaft in der Partei für Offiziere, all das sind Zeichen dafür, daß die «Diktatur der Marschälle» nicht schon morgen zu erwarten ist. Die Armee ist das Lieblingskind des Regimes. Und ohne Zweifel wird es immer eine Armee in der Sowjetunion geben, denn dieser Staat könnte zwar ohne eine einheitliche Partei existieren, nicht aber ohne Armee. Aber dennoch, auch wenn die historische Legitimierung der Partei zur Zeit so gut wie keine Basis hat, es gibt offiziell ja keine antagonistische Klasse mehr, und die Modernisierung des Landes auch ohne die Partei erfolgen könnte, so bleibt ihr Monopol bestehen. Der Apparat schafft sich seine Funktion.

Das Aushöhlen von Rechten, Gebrauchsanweisung

Kein vernünftiger Mensch glaubt, daß die UdSSR den Krieg will. Alles spricht nach den Worten von François Mitterrand dafür, «daß sie versucht, im Frieden all das zu erreichen, was sie durch den Krieg nicht bekommen kann. Weil sie zu gut weiß, welchen Preis er kostet, kann sie Krieg nicht wollen». Wir gehen noch weiter und untersuchen die ungünstigste Hypothese, denn eine kluge Strategie muß immer vom schlimmsten Fall ausgehen. Die von Grund auf und fortwährend expansionistische Natur des sowjetischen Regimes ist bekannt. Ebenfalls kann davon ausgegangen werden, daß das interne ökonomische Scheitern nicht etwa den Imperialismus des Systems behindert, sondern ihn fördert, wie auch die nachlassende Faszination der kommunistischen Verführung nicht zu einem Rückzug auf die hoffnungslosen internen Schwierigkeiten führt, sondern zu einer Art «Flucht nach vorne in alle Richtungen». Es bleibt nur noch die Frage, ob die

UdSSR eine ideologisch entsprechende Politik durchführen kann, ob sie über die notwendigen Mittel verfügt, ihre Phantasien zu realisieren. Für einen Staatsmann besteht das Problem nicht darin, ob die UdSSR aufrichtig ist oder nicht, wenn sie beteuert, weder den Krieg noch die Weltbeherrschung anzustreben, sondern darin, herauszufinden, ob sie sich dementsprechend verhält. Um darauf eine Antwort zu finden, muß man zunächst die Allgemeinplätze der Ideologen beiseite stellen. Man müßte empirisch Stück für Stück, Kontinent für Kontinent, Land für Land untersuchen, nicht etwa, welche Absichten bestehen, sondern welche realen Möglichkeiten! Eine analytische Leistung, die rein politischer Art ist und für die die französische Denkweise besonders gut geeignet ist. Die Protokolle der geheimen Verhandlungen zwischen de Gaulle und den amerikanischen Vertretern zwischen 1958 und 1964 zeigen überdeutlich, wie es Bernard Ledwige, Historiker und englischer Diplomat (und wie es andere Historiker im Jahre 2004 beweisen werden, wenn die Protokolle der diplomatischen Verhandlungen von François Mitterrand veröffentlicht werden können), nachwies, daß der Realismus nicht immer angelsächsischer Natur ist. «Kennedy hat unentwegt generalisiert, während de Gaulle den Einzelfall sah. Als Kennedy zum Beispiel ‹die afrikanischen Probleme› hervorhob, antwortete de Gaulle: ‹Es gibt verschiedene Afrikas.› Man könnte es die Anti-Domino-Theorie nennen.»*

Diese «Politik der Differenzierung» erlaubte (und erlaubt) dem französischen Präsidenten eine klarere Sicht für die internationalen Realitäten als seinen amerikanischen Partnern, abgesehen von Eisenhower. Sie neigen dazu, sich von einem einzigen Gesichtspunkt leiten zu lassen. So zum Beispiel der von Dulles über die internationale kommunistische Konspiration oder diese Domino-Theorie von Kennedy, die auf eine Fülle von Problemen angewendet wurde. De Gaulle erscheint demgegenüber als Pragmatiker, der jedes Problem für sich betrachtet, es von den anderen abgrenzt und je nach Situation unterschiedliche Lösungen einbringt. Er wurde oft zum umsichtigen Berater der Amerikaner.

Der sowjetische Imperialismus hat praktisch zwei mögliche Expansionsfelder: Europa und die Dritte Welt. Es gibt verschiedene Europas und verschiedene Dritte Welten. Weil man aber nicht alles auf

* Bernard Ledwige, De Gaulle et les Américains (De Gaulle und die Amerikaner), Gespräche mit Dulles, Kennedy, Eisenhower, Rusk, 1958–1964, Paris, 1984.

einmal sagen kann, sind wir gezwungen, diese beiden strategisch untrennbaren Sphären nacheinander in Erinnerung zu rufen.

Sowjetisierung in Zeiten weltweiten Friedens – wobei zunächst zwei mit von der Partie sind und die dann im Alleingang endet – bedeutet zunächst eine Begegnung. Integration setzt voraus, daß man sich bei den Bewohnern einbürgert, was durch die gemeinsame Identifizierung mit dem historischen Modell des Sozialismus möglich werden kann. Diese autochthone Gruppe wird dann zwar nicht ferngesteuert, sondern fernprogrammiert. Frei in ihrer ursprünglichen Initiative, ist sie in der Folge gebunden. Indem sie um Hilfe bittet, verpflichtet die Sowjetunion ihrerseits zu (späteren) Reaktionen, so wie ein kleiner Motor den großen in Gang setzt (so wie die kommunistischen Machthaber im afghanischen Protektorat versuchen, die traditionelle Führung des Landes durch Geld zu bestechen und sie durch das Ausspielen der Konflikte unter den einzelnen Stämmen für sich zu gewinnen).

Die innere Anpassungsfähigkeit der fortgeschrittensten Teile der gebildeten Schicht der Sowjetunion bewirkt die «proletarische Solidarität». Damit der «große Bruder» seine «internationalistische Pflicht» erfüllt, braucht er ebenfalls vor Ort Familienmitglieder, die den Mythos mittragen. Er benötigte die «Revolution vom April 1977», ein einfacher jakobinischer Coup, der Afghanen, den die Sowjets (wie zahlreiche Zeugen berichteten) nicht initiierten. Sie sind erst im nachhinein gekommen, um – wie üblich – die Lage zu retten und das Feld zu besetzen, ohne bewußt ein Risiko eingegangen zu sein. Ein weiterhin befreundetes und neutrales Afghanistan, das des Königs Sahir und des Prinzen Daoud, hätte sie nicht gestört. Die UdSSR ist also gefährlicher für ihre Verbündeten und Freunde, als sie es für ihre Feinde oder für Drittländer ist. Seit 1977 hat sie alle militärischen Operationen ausschließlich gegen Freunde und Verbündete geführt (auf deren Appell hin natürlich). Handelssanktionen wurden gegen Jugoslawien und Albanien, aber nicht gegen westliche Partner ausgesprochen. Untreue wird bitter bestraft. Die guineischen, ägyptischen, somalischen und anderen Ausrutscher brachten dem «großen Bruder» zu Bewußtsein, daß ohne eine stark verwurzelte «Klassenpartei» keine dauernde Präsenz möglich sei. Daher auch die heutigen, äußerst aleatorischen Bemühungen in Äthiopien, Angola und Mosambik und die fast ausweglosen in Polen. Die politische, finanzielle, psychologische Abhängigkeit der kommunistischen Parteien von den sozialistischen Staaten, der UdSSR an erster Stelle, ist uns sehr vertraut. Die Abhängigkeit des sowjetischen Staates von den Parteien an der Peripherie ist eher strategischer Art, der Dialektik folgend: das Äußere kann nur durch die Verbindung mit dem Inneren funktionieren. Alle weiteren Erklärungsversuche, dem Polizeimuster folgend, es läge an einer fremden Subversion oder an einer inneren Konspiration (aktive Minderheiten), sind daher unrichtig. Expansionismus kann es ohne politischen Militantismus und ohne Militarismus nicht geben.* Die Sowjetunion, oder der Block, stellt die Soldaten; die internationale kommunistische Bewegung (oder die nationalen Befreiungsbewegungen) die politischen Kämpfer.

Die inneren Organisationsstrukturen verschwinden im Westen und auch in der Dritten Welt: hier das Zusammenbrechen der «internationalen kommunistischen Bewegung», dort das Ende der historischen Phase der «Nationalen Befreiung». Als expansionistische Kraft liegt die Zukunft der UdSSR bereits hinter ihr.

Wir vereinfachen: Im Bereich des entwickelten Kapitalismus (OECD) hat das kommunistische Messer noch eine staatliche «Klinge», aber wegen fehlender lokaler Revolution hat es keinen «Griff» mehr. In den unterentwickelten Regionen, außerhalb des Glacis («Blockfreie»), dort, wo noch eine Basis zu finden wäre, gibt es keine «Klinge» mehr: revolutionäre Situationen und Kräfte können zwar entstehen (morgen in den Philippinen, in Peru, in Ägypten, in Guatemala etc.), aber ein marxistisch-leninistisches Regime hätte wenig Chancen, weil eine dauernde operationale militärische Abstützung durch die Sowjets fehlt. Dadurch wird die Expansion außer Kraft gesetzt.

Das Establishment in den Verwaltungen und Medien im Westen läßt das politisch militante Element völlig außer acht, hält es für obskur und gibt ihm nur lokale Bedeutung bei. Besonders jene Beamten und Wissenschaftler, die selbst nie politisch aktiv gewesen sind, nicht einmal bei örtlichen Angelegenheiten, neigen dazu, allein den staatlichen Aspekt der Dinge wahrzunehmen. Eine revolutionäre Bewegung mit langsamen und wenig spektakulären Entwicklungen ist für

* *Mutatis mutandis*, im Falle eines internen Staatsstreichs, Prag 1948, führte das Zusammenwirken der Staatspolizei und der Aktionskomitees der «Nationalen Front» auf der Straße zum Erfolg, denn keine sowjetische Truppe war zu jener Zeit in der Tschechoslowakei stationiert.

jene exotisch. Westliche Journalisten schreiben ihre Berichte und reisen mit der nächsten Maschine wieder ab, sie können keine tiefergehenden Erfahrungen machen; Diplomaten stehen allein mit anderen Diplomaten in Beziehung – Terroristen, Autonome oder sonstwie Motivierte werden vom Auswärtigen Amt gemieden.*

Erst wenn die sowjetische Supermacht offen interveniert, fällt uns auf, daß ein bestimmtes Land zu einem internationalen «Krisenherd» geworden ist. Der bewaffnete Kampf gegen die Kolonialmacht in Angola begann 1961 in Luanda mit den Führern der MPLA, die bereits 1956 gegründet worden war. Für die Vertreter der MPLA interessierten sich nur unsere Grenzbeamten, um sie, wenn möglich, abzuschieben. Unsere Zeitungen und Verwaltungen behandelten sie mit arroganter Mißachtung. Angola tauchte auf der Landkarte erst im November 1975 auf, als in letzter Minute ein kubanisches Militärkontingent dort auftauchte, um eine südafrikanische und zairische Invasion zu verhindern. Wer erinnert sich daran, daß Fidel Castro und Che Guevara schon seit 1961 Augustino Neto und seine Genossen unterstützen?

Im Westen etwas Neues

Wir wollen unsere Eroberungsreise in Europa beginnen: Das «kleine amerikanische Kap» ist für Ogrouski die fetteste und die naheliegendste Beute. Hier findet die zentrale Auseinandersetzung statt, hier liegt das Hauptziel der politischen, diplomatischen und militärischen Bemühungen der UdSSR, hier konzentrieren sich ökonomische Interessen, Außenhandelsinteressen, hier befindet sich der Hauptgegner und zugleich der wichtigste historische Partner, Deutschland, mit den ältesten kommunistischen Genossen, ganz zu schweigen von der konventionellen Überlegenheit (seit 1946) im militärischen Be-

* In Peking blätterte ich in einer Sammlung älterer Publikationen von «Who's Who in China, Biographies of chinese leaders», die von *The China Weekly Revue* in Shanghai herausgegeben wird. Unter mehreren tausend politischen Persönlichkeiten fand ich keine Spur von Mao Tse-tung, Tschu-En-lai, Tschu Teh, Lin Piao und anderen. Daran sieht man, daß nicht allein in der europäischen Kultur von heute Pressewirksamkeit blind macht.

reich (die Westmächte entschieden seinerzeit, daß sie sich mit dem Vorrang der Atombombe damit abfinden könnten). Während das kleine Herzogtum Kiew seit dem sechzehnten Jahrhundert in *alle* Richtungen immer weiter expandierte, hat sich das russische Weltreich seit Beginn des Jahrhunderts in *unsere* Richtung am meisten ausgedehnt. Was sagt der historische Atlas dazu? Wenn man einmal die Landkarte des russischen Imperiums von 1914 auf die der Sowjetunion von 1945 legt, stellt man fest, daß in dem Abkommen von 1939 und nach dem Sieg von 1946 die vorherigen Grenzen nicht wiedererlangt wurden. 1914 gehörten das Großherzogtum Polen und Finnland zum russischen Weltreich. Im Osten (Alaska wurde 1871 an die Vereinigten Staaten verkauft) ist die Insel Sachalin seit 1875 russisch, wobei aber die südliche Hälfte seit dem Sieg von 1905 zu Japan gehört. Im Süden und im Osten hat Sowjetrußland drei international anerkannte Einflußzonen seit Anfang des Jahrhunderts verloren: Nordpersien (1907–1917), das Stalin bei der Teheran-Konferenz nicht zurückgewinnen konnte; das chinesische Turkistan (1871–1912) und die Mandschurei (Fort Arthur, das 1898 an Rußland für eine begrenzte Zeit überlassen wurde, kehrte 1954 zu China zurück).

Aber neben dieser Verlustseite gibt es die der Expansion. Dennoch: Nicht erst, nachdem es kommunistisch geworden war, verschlang Rußland Land im Westen wie im Süden. Die meisten der durch den Krieg von 1941 bis 1945 eroberten Gebiete waren bereits lange vor der Oktoberrevolte einmal oder gar mehrmals vom russischen Weltreich besetzt, annektiert oder unterworfen worden.

Durch die geniale Mystifizierung des Panslawismus, die Anfang des 19. Jahrhunderts von den Russen ausging, war es Danilewski 1869 möglich, die Karte der «panslawischen Union» bereits in den Grenzen der UdSSR zu zeichnen, «mit dem einzigen Unterschied, daß Stalin einen Schritt weiter ging, indem er Königsberg annektierte».

Die Teilung Polens begann also nicht erst 1939, genausowenig wie die Zurückdrängung des ottomanischen Weltreiches und die Eroberung der chinesisch beeinflußten östlichen Gebiete, das Vordringen in den Kaukasus und nach Zentralasien. Georgien war innerhalb von zwei Jahrhunderten drei Jahre lang unabhängig (1918 bis 1921), es wurde Rußland 1783 angeschlossen und 1801 annektiert. Der unter-

* Hans Kohn, Le Panslavisme, son histoire et son idéologie (Der Panslawismus, seine Geschichte und seine Ideologie), Paris, 1963, S. 165.

schiedliche Status rechtfertigt nicht die «Russifizierung» einer tausendjährigen Nation, und die Wiederholung macht ein Vergehen nicht weniger angreifbar. Dieser historische Landhunger kann nicht dem Marxismus-Leninismus zugeschrieben werden, genausowenig wie der Monopolkapitalismus für die Ermordung der Schwarzen in Alabama verantwortlich ist. Zbigniew Brezinski zeigte an Hand von Archivdokumenten, daß die Kriegsziele des zaristischen Imperiums von 1914 genau denen entsprachen, die Stalin 1945 teilweise realisieren konnte (Integration Polnisch-Galiziens, Nordbukowiniens, des Gebietes südlich der Karpaten und eines Teils von Ostpreußen), es gelang ihm aber nicht, Konstantinopel und die Détroits zu annektieren.*

Die im Süden «verlorenen Gebiete» waren von Stalin im Westen wiedergewonnen worden, und zwar weit über die ukrainischen Gebiete in den Karpaten, die der Tschechoslowakei entzogen worden waren, hinaus. Danilewski hielt damals Polen für schuldig, «seine slawische Seele verloren zu haben». Er klammerte es daher aus der panslawischen Union aus. Aber der Stalinismus ist etwas anderes als eine Variante des Panslawismus. Die Rumänen gehören einer anderen historischen und kulturellen Familie an, ebenso die Preußen. Es wäre sonst so, als ob der neue Zar sich anmaßte, das Erbe von Habsburg und Hohenzollern anzutreten. Das sozialistische Evangelium mußte zwangsläufig über die Grenzen des alten Rußlands hinauskommen. Das Entstehen von Satellitenstaaten in Europa an Stelle einfacher Pufferstaaten hatte 1924 bereits asiatische Vorläufer, die aber nur wenig bekannt waren. So die Einrichtung einer Volksrepublik in der 1920 von der Roten Armee besetzten Mongolei, deren weite Steppengebiete leichter zu brandschatzen waren als die Kultur und die Geschichte der Christenheit. Diese zweite Eroberungswelle ist rein kommunistischer Art. Dem zaristischen Weltreich war noch nicht diese neue Form der Kolonisierung vertraut, bei der formal das internationale Recht beachtet wird, bei der die Glacis-Staaten weiter ihre eigenen Münzen prägen, Steuern einnehmen, Soldaten rekrutieren und Botschafter akkreditieren. Ergebnis dieses Satellitenstatus ist dennoch die Aushöhlung der Souveränität.

Wenn man sich die sprunghafte Entwicklung der sowjetischen Positionen in Europa seit 1939 ansieht, läßt sich eine dritte Welle – die dann Frankfurt, Den Haag und Paris überrollen würde – nicht von der

* Siehe: «The Future of Yalta», in: *Foreign Affaires*, (1984/85).

Hand weisen. Wenn man auf dieser hypothetischen Linie weiterfahren würde, dann sähe man: «ein infiltriertes, domestiziertes, vergiftetes Europa, finnlandisiert, betäubt, gelähmt, neutralisiert, sowjetisiert».

Wenn wir einmal davon ausgehen, daß ein gemeinschaftliches, demokratisches, wirtschaftlich miteinander verbundenes, gut informiertes und sozial stabilisiertes Europa morgen widerstandslos unter den Zugriff der UdSSR fallen würde, dann würde es bedeuten, daß kein Realitätsprinzip mehr existieren würde. Napoleon sagte Europa voraus, daß es eines Tages republikanisch oder kosakisch sein würde. Der Westen Europas hat sich entschieden, der Kosak hindert den Osten daran, sich zu entscheiden. Um herauszufinden, welches der beiden Europas das andere verdrängt, müssen wir zunächst die Frage beantworten: Wie entsteht eine Volksdemokratie? Durch Überraschungstaktik und Gegenangriff.

Bei den europäischen Satelliten sind von dieser Formel Abweichungen festzustellen. 1945 wußten die zukünftigen Satellitenstaaten nicht, was auf sie zukommen würde, auch niemand im Westen. Wenn man es gewußt hätte, hätten die Alliierten und die Menschen vor Ort völlig anders reagiert (keine Entmobilisierung). Hinzu kommt: Wenn man sich von einer faschistischen Diktatur befreit, der Besetzung durch die Nazis, dann sieht man die Befreier in einem grundsätzlich positiven Licht.

Die Rote Armee hat nicht von heute auf morgen auf Grund einer kleinen regionalen Krise im Jahre 1945 fünf freie und demokratische Länder in ihre Gunst gezogen, sondern auf Grund eines reiflich überlegten Planes. Seit 1917 steht die europäische Revolution oder Subversion auf dem Programm der Bolschewiken, nicht aber die militärische Besetzung. Von ihren Verbündeten unerwartet angegriffen, leistete die UdSSR zunächst Widerstand, baute dann ihre Kräfte wieder auf und gelangte im Gegenangriff bis Berlin. Im Zuge dieser Gegenoffensive steckte sie nach und nach ihr Glacis ab. Auf diese Weise führte sie einen Rachefeldzug für ihre 20 Millionen Toten und wandelte eine klassische Strafexpedition in einen religiösen Annexionskrieg um. «Dieser Krieg ist anders als die vergangenen», sagte Stalin 1945 (er vergaß das Europa der Feudalherren und die islamischen Eroberungen im Orient), «wer auch immer ein Land besetzt, der zwingt ihm gleichzeitig sein eigenes soziales Regime auf, wo auch immer seine Armee hingelangt.» Zweifellos würde sich die UdSSR

Die Bücher kosten nur noch
ein Fünftel ihres früheren Preises …

morgen bei ähnlicher Gelegenheit wieder so verhalten. Aber würde sie es heute wagen, die feierlich mit ganz Europa vereinbarten Grenzen zu bedrohen? Welcher Staatschef oder welche Weltmacht wäre so tollkühn, das eigene Haus in Brand zu stecken, indem er die andere Militärmacht der Welt angreift? Welche Kolonialdiktatur, welcher Pinochet oder welcher Pétain könnte uns morgen die kommunistischen Widerstandskämpfer mit den Augen eines Paul Eluard oder eines Picasso zu sehen geben?

Aber wie dem auch sei, die Volksdemokratie braucht für ihr Entstehen noch eine weitere Voraussetzung: die Unterstützung und die Begeisterung eines großen Teils der zukünftig sowjetisierten Bürger. Der sowjetische Zugriff auf Zentraleuropa und den Balkan in den Jahren 1945 und 1948 wäre sonst unmöglich gewesen.

Für Osteuropa wurde das Gesetz des Stärkeren von vornherein von Churchill und Roosevelt bei der Teheran-Konferenz (1943) akzeptiert und juristisch praktiziert. Es wurde vereinbart, daß für den Fall, daß Deutschland sich neu organisiert, jeder Anspruch auf einen Sanitärkordon habe. Während des Krieges gegen die Nazis war die UdSSR der Alliierte, gegenüber dem man beruhigt sein konnte, weil er so lange gezögert hatte, die zweite Front zu eröffnen; bei dem man aber auch lange gefürchtet hatte, daß er einen separaten Frieden mit dem gemeinsamen Feind abschließen würde, und um dessen Intervention und Wohlwollen man sich intensiv bemüht hatte (gegen Japan insbesondere). Der Aufstieg des Landes hatte unter Stalin seinen Höchststand erreicht und die Heldentaten der Stalingradkämpfer begeisterten die Zeitgenossen. Churchill schreibt in seinen Memoiren: «Der Kommunismus zeigt kanonengrollend sein Gesicht hinter der sowjetischen Front. Rußland wurde zur Erlöserin, sie brachte den Kommunismus als ihr Evangelium.»

Die Teilung Europas war, noch bevor die Würfel fielen, Gegenstand eines schriftlichen und mit Zahlen versehenen Abkommens zwischen Churchill und Stalin im Oktober 1944 in Moskau: 90 % von Rumänien für die UdSSR; 75 % von Bulgarien und 50 % von Ungarn; 50 : 50 in Jugoslawien und 90 % für Großbritannien von Griechenland. Dieses «Gentleman's Agreement» zwischen zwei «schlauen Füchsen», die seit langem Rivalen waren, ging den feierlichen Fensterreden von Jalta voraus (freie Wahlen in Polen, Bildung von demokratischen Regierungen in den übrigen Ländern). Die Grenze zwischen der Bundesrepublik und der DDR verläuft im

Westen der Elbe zwischen Lübeck und Eisenach. Sie beruht auf einem britischen Vorschlag an den sowjetischen Alliierten, der ohne Einwand von den Vereinigten Staaten in London am 15. Januar 1944, also eineinhalb Jahre vor Kriegsende und ein Jahr vor Jalta, angenommen worden war.

Die Sowjetunion hat 1945 das nichtkommunistische Europa nicht überfallen; sie hat vielmehr die Völker von der verhaßten Besatzungsmacht «befreit» (Tschechoslowakei, Polen); sie vertrieb Kollaborationsregierungen, die sich gegen die UdSSR der feindlichen Kriegsachse angeschlossen hatten (Ungarn unter Horthy, Rumänien unter Antonescu) oder die selbst Gegner der Alliierten (Bulgarien unter Baghrianow) waren. Überall – außer in Deutschland – bedeutete die sowjetische Präsenz das Ende des Nazi-Alptraums, den Beginn einer neuen Welt, das Überleben.*

Weil es bis dahin nichts Vergleichbares gegeben hatte, kam es zur Euphorie der Nachkriegszeit (außer in Rumänien, dort war die KP nur eine Splitterpartei und die Wahlen von 1946 wurden gefälscht), zu dieser außergewöhnlichen Mobilisierungskraft der Kommunisten. Drei Jahre nach der Entdeckung des Massengrabes von Katyn und acht Jahre nach der Auflösung und physischen Eliminierung der KPP durch Stalin erhält die prokommunistische Mehrheit der polnischen Regierung 1946 in einem Wahlgang gegen den Bauernführer Mikolajcyk 63 % der Stimmen. Der Druck der sowjetischen Truppen kann kaum die große Anerkennung der vom Krieg zerstörten Länder für die ortsansässigen Kommunisten erklären, während gleichzeitig in den bürgerlichen Parteien Demoralisierung und Desorganisation ihren Höchststand erreicht hatten. In der Tschechoslowakei hatte die kommunistische Partei 1945 500000 und 1947 1300000 Mitglieder. Dort waren überhaupt keine sowjetischen Truppen stationiert, dennoch siegte die Partei bei völlig demokratischen Wahlen im Jahre 1946 mit mehr als 40 % der Stimmen. Die kommunistische Presse konnte,

* Siehe Lilli Marcou, «Une enfance stalinienne» (Eine stalinistische Kindheit), 1982: «Jede Armee ist immer auch eine Besatzungsmacht und bringt Gewalt und Tod, aber im August 1944 war sie für mich – und sie bleibt es auch – eine Lebenskraft, trotz allem was seitdem passiert ist (Berlin 1953, Budapest 1956, Prag 1968, Kabul 1979), werde ich niemals das Gefühl vergessen, das ich als achtjähriges Mädchen hatte, als endlich diese Armee vor den Toren der Stadt und in unserem Garten stand.» (Zahlreiche Kambodschaner erlebten die Ankunft der vietnamesischen Truppen in Pnom Penh 1979 mit ähnlichen Gefühlen.)

ohne sich lächerlich zu machen, mutmaßen, daß die Partei bei den Wahlen im Mai 1948 51 % der Stimmen erringen wird. Sie hatte quasi die Gesamtheit, zumindest aber den kämpferischen Teil der Arbeiterklasse hinter sich.* Wir fügen hinzu: die Union der Bauern, der Verband der Schriftsteller, der Jugendverband, der Verband der ehemaligen Partisanen und die Anziehungskraft der Begriffe «Fortschritt», «Glück», «Gerechtigkeit».

Der tschechische Schriftsteller Milan Kundera (der Grund genug hätte, russenfeindlich zu sein) schreibt: «Im Jahre 1939 fiel die deutsche Armee in Böhmen ein und der tschechische Staat existierte nicht mehr. 1945 kam die russische Armee – und das Land bezeichnete sich wieder als unabhängige Republik. Die Leute waren von Rußland begeistert, weil sie die Deutschen davongejagt hatten, und weil die tschechischen Kommunisten sich als die treuen Helfer der Russen sahen, brachten sie ihnen große Sympathie entgegen. Als im Februar 1948 die Kommunisten die Macht an sich rissen, geschah dies nicht mit Gewalt und Blutvergießen, sondern unter Jubelrufen der halben Bevölkerung. Es war der dynamischste, der intelligenteste und der bessere Teil.»**

Wenn morgen in einem Stab oberster militärischer Rangordnung eine neue Operation «Barbarossa» gegen den Ostblock entwickelt werden würde und wenn sich die NATO zur «großen Allianz» mit der Sowjetunion entschlösse, um den Wünschen des Politbüros entgegenzukommen, dann wäre die «totale Expansion» für uns die größte Bedrohung. Die notwendige Solidarität mit Osteuropa hat nichts mit berechnendem Eigennutz zu tun, aber mit dem Bedürfnis, die historische Identität Europas wiederherzustellen.

Innerhalb von 40 Jahren kam es zu einem völligen Umsturz der politischen und moralischen Kräfte in Europa (auch in Osteuropa). Wir wollen uns hier weder über die ökonomischen (die dritte industrielle Revolution, die Priorität des Dienstleistungssektors) noch über die soziologischen (das Verschwinden der Grundpfeiler der Arbeiterbewegung: Kohle, Schwerindustrie, Stahl, Automobil) noch über die demographischen (ausländische Arbeitnehmer) oder über

* Francis Fetjo, Histoire des démocraties populaires (Geschichte der Volksdemokratien), Paris, S. 197.

** Milan Kundera, Das Buch vom Lachen und vom Vergessen, Frankfurt/Main, 1980.

die ideologischen Gründe (Entwertung der Arbeit als Selbstverwirklichungsmöglichkeit) auslassen. Ebenso hat die «Arbeiterbewegung» in den entwickelten kapitalistischen Ländern an Bedeutung verloren. Nur das Ergebnis ist hier von Wichtigkeit. Es gab drei oder vier kommunistische Parteien, die in Europa zählten: die spanische KP wurde abgewürgt und scheint jetzt endgültig aufzugeben; die italienische KP lebt nur noch aus ihrer Geschichte; die portugiesische KP überlebte zwar das Fiasko von 1975, hat aber keine Perspektive und keinen Verbündeten in Aussicht; die französische KP bietet ein bisher nicht erlebtes Schauspiel kollektiven Selbstmords. Die Sowjetunion hat ihren historischen Auftrag verfehlt – das «Proletariat daran zu hindern, sich in die bürgerliche Gesellschaft einzugliedern und sich ihren sozialen und politischen Rahmenbedingungen anzupassen». Diese Integration fand im Widerspruch zu so zahlreichen Vorhersagen nicht allein in der Euphorie des Wachstums statt, sondern die ökonomische Krise verleiht ihr sogar noch regressivere Züge: Chauvinismus, Entpolitisierung, Aufsplitterung in einzelne Berufsgruppen, zwanghaftes Festhalten an einmal erkämpften Errungenschaften etc. Die Sowjetunion wird mitten in der kapitalistischen Krise zum kollektiven Negativbild. Selbst die Kommunisten lehnen in ihrer Mehrheit die alte Partei des Sozialismus ab und können sich mit ihr nicht mehr identifizieren.

Wir wollen einmal in der zweiten Zukunft träumen. Allein die Zeit nach der Befreiung hätte in Frankreich zu dem klassischen Szenario führen können: Nach dem Rückzug der alliierten Truppen Chaos und Tränen in den Ruinen des Staates. Dann eine «Arbeiter- und Bauernregierung», eine «Bündnisregierung» oder eine «Regierung des nationalen Wiederaufbaus», die sich aus dem «patriotischen Aufstand» hätte entwickeln können und die sich an den üblen Komplotts des Großkapitals und den ausländischen imperialistischen Kräften gerieben hätte. Um in dieser Auseinandersetzung einem gewaltsamen Umsturz zuvorzukommen und auf Grund eines zuvor mit der Sowjetunion unterzeichneten Abkommens, hätte sie um die brüderliche Hilfe der sozialistischen Gemeinschaft gebeten. «Wir werden das französische Volk nicht im Stich lassen», ruft ein alter Arbeiter in einem Betrieb in Proletarski mit Tränen in den Augen dem Korrespondenten von *L'Humanité* entgegen. Die Sowjetunion und ihre Verbündeten wären gezwungen, die schwierige Entscheidung zu treffen, auf die «wiederholten Appelle» der Partei und des französischen

Staates, die den Errungenschaften der Oktoberrevolution von 1944 treu sind, einzugehen. Die interne Situation würde sich unter der Führung der patriotischen Front normalisieren, und die westlichen Staaten erhielten kurz darauf die Versicherung, daß sich das begrenzte Militärkontingent der Bruderländer sofort zurückziehen würde, wenn es keine ausländische Einmischung mehr in die internen Angelegenheiten Frankreichs gäbe. Eine internationale Konferenz würde geplant und ein Sonderbeauftragter der Vereinten Nationen führe zwischen Washington, Paris und Moskau hin und her.

Weil aber Frankreich nicht unmittelbar an den Osten angrenzt, wäre ein Staatsstreich in Paris unwahrscheinlich, aber nicht unmöglich gewesen. 1949 erklärte Thorez* angesichts der sowjetischen Armee, die die Interessen der Völker verteidige: «Die Haltung der Arbeiter des französischen Volkes wäre die gleiche wie die der Arbeiter in Polen, Rumänien oder Jugoslawien.»**

In Frankreich hat General de Gaulle, indem er den Rechtsstaat wieder einführte, eine solche Verführung im Keim erstickt. Sie hätte in unserer alten Republik auch keine Chancen gehabt, es sei denn, Maurice Thorez hätte am 17. Juni 1940 in Moskau über den Rundfunk zum nationalen Widerstand gegen die Besatzung aufgerufen.

Wenn aber – und alles spricht dafür – die Abschreckung weiterhin erfolgreich eingesetzt werden kann, über welche Ansteckungskapazitäten verfügen dann in Westeuropa noch die absteigenden und bald marginalen kommunistischen Parteien?

Der Süden: Abschied von den Waffen

Eine Strategie kann – wie jeder weiß – sowohl expansiv als auch defensiv sein, genauso wie ein Staat gleichzeitig aggressiv und konservativ sein kann. Mangels Besserem baut der Osten seine Position in Europa aus, ohne dabei sein Ziel aufzugeben, die europäischen Mitgliedsländer der Allianz durch militärische Einschüchterung und politische Erpressung zu neutralisieren. Gleichzeitig richtet er sein Augenmerk auf Regionen, die außerhalb der Zone der offiziellen Ko-

* Generalsekretär der KPF (Anm. d. Übers.)

** Rede vor dem Zentralkomitee am 23. Februar 1949.

existenz liegen, die Länder im Süden. Im Windschatten eines betrügerischen *Status quo* im Zentrum führt er seine direkte und indirekte, seine aggressive, aber zeitweise auch anbiedernde Expansion in den Außengebieten fort, gerade in «jenen Regionen, von denen unser Überleben abhängt».

Die Dritte Welt wird hier nicht als eine politische Gesamtheit verstanden, sondern als eine rein geographische, natürliche Begrenzung. Die «Strategie der Umkreisung von den Randzonen aus», die im Osten mit dem Stereotyp «die Übereinstimmung der sozialistischen Weltgemeinschaft mit den nationalen Befreiungsbewegungen» umschrieben wird, ist im Verfall begriffen, weil die Zeit der großen Befreiungskriege westlichen Stils gerade zu Ende gegangen ist. Die Entkolonisierung – sie begann 1945 und endete 1975 mit der Eroberung von Saigon – ist gleichzeitig das Ende der Interessengemeinschaft zwischen den jungen Nationen in Armut und Not und dem «großen sowjetischen Hintermann». Wenn es stimmt, daß eine Bewältigung der Krise im Norden mit einem Neubeginn im Süden verbunden ist (zunächst in den reicheren Ländern, vor allem den neuen Industrieländern), und wenn diese Abhängigkeit wieder einen weltweiten «new deal» auf die Tagesordnung setzen würde, dann würde die Nachfrage nach europäischen Industriegütern erneut ansteigen. Dann wäre die sowjetische Welt außen vor, denn diese neue Entwicklung würde zwischen dem *Westen* und dem *Süden* stattfinden. Es gibt in Zukunft keine Übereinstimmung mehr – sie schwindet immer mehr – zwischen dem politisch-militärischen Angebot des Ostens und den wirtschaftlich-finanziellen Bedürfnissen einer befreiten, aber mittellosen Dritten Welt. Solange diese Länder in blutigen Kämpfen oder am grünen Tisch den alten Imperialmächten gegenübertraten, die sich schlecht mit der neuen politischen Unabhängigkeit abfinden konnten, war die UdSSR aufs Beste geeignet, als Sicherheitslieferant auf diese Bedürfnisse einzugehen, und zwar mit ihren militärischen und ideologischen Mitteln. Weil aber die Dritte Welt jetzt in die vorderste Reihe der Weltkrise gerückt ist, weil eine funktionierende Landwirtschaft, Zahlungsfähigkeit, industrielle Leistungsfähigkeit und finanzielles Überleben gefordert werden, wurden die ehemaligen Feinde im Westen zu ihren objektiven Alliierten. Die UdSSR ist nicht in der FAO, nicht im Internationalen Währungsfonds und nicht in der Weltbank vertreten. Sie verteilt ihre Entwicklungshilfe in sowjetischer Währung, davon werden weniger als 1 % durch multinationale Kanäle geleitet (das sind 0,6 % der Nettobeträge der internationalen öffentlichen Entwicklungshilfe im Jahre 1980).* Sowjetische Rubel aber können nirgendwo eingetauscht werden. Gestern noch unerläßlich, ist die UdSSR heute überflüssig, ja störend. Die Sorge der Afrikaner in den sechziger Jahren: «Wie können wir die UdSSR für unser Anliegen gewinnen?» wird zwanzig Jahre später zu der Frage: «Wie werden wir sie wieder los?»

Die UdSSR wurde zum Opfer der eigenen Erfolge bei der Entkolonisierung, und sie zahlt heute den politischen Preis dafür, daß sie hauptsächlich militärische Hilfe leistete. In dem Maße, in dem nach und nach die ökonomische Vormachtstellung die politische Vormachtstellung durch die Anforderungen des Südens überholt, wird die UdSSR auf dem Weltmarkt zunehmend ein direkter Konkurrent der Dritten Welt, da sie ja selbst Rohstoffe exportiert und Kredite, Technologien und landwirtschaftliche Produkte benötigt. Entsprechend kommt sie zusammen mit dem Westen auf die Anklagebank (so z. B. bei der IV. UNO-Konferenz für Handel und Entwicklung in Nairobi 1976, als die Wende einsetzte).

Gestern Scheitern im Westen – heute im Osten. Die Mißerfolge gebieten der kommunistischen Strategie im Eis des bewaffneten Friedens Einhalt. Ob Arbeiter, ob Bourgeoisie, Europa – will nichts mehr vom Kommunismus wissen. Er kann auch in der Dritten Welt nichts mehr ausrichten, die sich nach Gott und der Weltbank sehnt. Die Abkehr des kapitalistischen Westens vom sowjetischen Modell erlebte zwei Höhepunkte: in den fünziger und in den zwanziger Jahren. Jedesmal versuchte die UdSSR diese Entwicklung durch eine Wendung nach Osten aufzufangen. Der Volkskongreß des Ostens, der im September 1920 in Baku stattfand, sollte das fehlende Polen und das nicht erschienene Deutschland durch die großen Fische im Netz der kolonialen und halbkolonialen Welt, die Türkei unter Atatürk, Indien unter Roy und China unter Tschiang Kai-schek, ersetzen. Der Sultan von Galiev und sein Traum von einem Weltreich symbolisierte in dieser Zeit den nationalen Kommunismus mit asiatischem Ausmaß. Die Mißerfolge führten zum «Sozialismus in einem einzigen Land». Stalins Tod 1953 brachte ein kurzes Wiederaufleben der Bewegung,

* Nach Schätzungen des Entwicklungskomitees der OECD beträgt die sowjetische Entwicklungshilfe 0,15 % des nationalen Bruttosozialprodukts gegenüber 0,35 % im Westen.

welches in der Konferenz von Bandoeng zum Ausdruck kam. Dann erfolgte der Auftritt Chruschtschows bei den Vereinten Nationen, dann die «natürliche Allianz zwischen den blockfreien und den sozialistischen Staaten», welche sich nur als ein «rhetorisches Abfallprodukt» erwies, bis hin zur Isolierung des sowjetischen Blocks in der UNO im Zuge der afghanischen Affäre (116 gegen 20 Stimmen im Jahre 1983). Eine unglaubliche Umkehrung der vermeintlich «automatischen Mehrheiten». Die Erweiterung des Handels und der diplomatischen Beziehungen kaschieren das Scheitern des Ausgangsplans: bestand dieser vorgestern noch in der proletarischen Revolution, so sollte er jetzt zum Anschluß der «neutralen» Länder an das sozialistische Lager zu einer weiten «Friedenszone» führen. Immer wenn die Strategie nicht gelingt, werden Botschaften eingerichtet und Angelrechte beantragt. Die Afrikapolitik der UdSSR hat nichts mit Lenin zu tun, wohl aber mit Proteinen. Um dies zu verstehen ist es sinnvoller, die politischen Regime der Länder der warmen Meere zu untersuchen als die Ergebnisse des letzten Parteitags der sowjetischen KP. Die Interessen der sowjetischen Großmacht werden denen der Ideologie untergeordnet. So wie die westlichen Staaten in den dreißiger Jahren mit dem Schwinden der revolutionären Bedrohung im eigenen Land den sowjetischen Staat nach und nach anerkannten und «Beziehungen gegenseitigen Interesses» knüpften, so normalisierte in den sechziger und siebziger Jahren die prowestliche Dritte Welt die Beziehungen mit der UdSSR, als sie zwar konventionelle Spionage, aber keine sozialistische Subversion, den KGB, aber nicht mehr die Komintern zu fürchten hatte. Die Anzahl der sowjetischen Vertretungen in den 120 souveränen Staaten des Südens stieg von 21 im Jahre 1953 auf 111 im Jahre 1980. Von diesen 120 unabhängigen Staaten verzichteten nur elf kleinere noch auf diplomatische Beziehungen und auf Handelsaustausch.*

Während dieser Zeit war es der UdSSR durch eine rein ökonomische und unpolitische Vorgehensweise, die eindeutig von gegenseitigen Interessen bestimmt war (Maschinen und Ausrüstung gegen Rohstoffe wie Weizen, Zucker, Aluminium, Kaffee, Zinn), möglich, ihre Beziehungen auch zu den großen lateinamerikanischen Staaten zu normalisieren (Kolumbien 1968, Peru 1969 etc.).

* Südostasien: Taiwan; Afrika, südlich der Sahara: Malawi und Swaziland; im Pazifik: Kiribati, Nauru, Tuvalu; in Lateinamerika: Antigua, Belize, Dominikanische Republik, Haiti, Saint Vincent.

Durch Handel und Entkolonialisierung festigte die UdSSR ihre Position in der Dritten Welt: «In der Atmosphäre der Mitte der sechziger Jahre waren schon 61 der 85 unabhängigen Staaten ihre Partner. Aber der erhebliche Rückgang der zur Unabhängigkeit gelangenden Länder gab keinen Anlaß mehr, weiterhin eine so schnelle Zunahme zu erhoffen.» * Die Unmöglichkeit einer Progression – die durch Militärhilfe gewonnenen Länder fühlten sich ihr nur verbunden, wenn eine Wirtschaftshilfe nachfolgte – führte die UdSSR in die Gefahr, die eroberten Positionen wieder zu verlieren (Algerien, Irak, Mosambik, Angola), ohne sie anderswo wiederzugewinnen (die Anzahl der noch zu befreienden Länder war begrenzt).

50 % des sowjetischen Außenhandels erfolgt mit den Ländern der RWG; die UdSSR ist ökonomisch weitgehend autark, aber ihre Austauschkapazitäten sind begrenzt und sie verfügt über so gut wie keine Kreditkapazitäten mehr. Der Außenhandel stellt nur einen kleinen Teil des sowjetischen Bruttosozialprodukts, und die Handelsaustauschstruktur erschwert die Situation noch. Es werden Industrieprodukte, in geringem Umfang auch Lebensmittel, exportiert sowie Mineralbrennstoffe (mehr als 50 % der Exporte 1981). Algerien und die UdSSR sind auf dem Weltmarkt für Gas beispielsweise direkte Konkurrenten. Die Oststaaten sind durch Schulden und durch Technologiekäufe von den OECD-Ländern abhängig und benötigen konvertierbare Devisen. Sie können sich nicht wie bisher mit einfachen Kompensationsabkommen mit den Entwicklungsländern begnügen. Gleichzeitig befindet sich der Handel mit dem Westen in einer Phase der Neuorientierung, womit sich die relative Schwächung der Handelsbeziehungen auf Grund fehlender globaler ökonomischer Komplementarität erklärt. Zwischen 1970 und 1975 sank zum Beispiel der sowjetische Anteil an den algerischen Importen von 6 auf 1 %. 1979 betrugen der Warenaustausch mit den RWG-Ländern 2,8 % der Exporte und 5,3 % Importe aus der Dritten Welt.

Die UdSSR hat die diplomatische Isolierung der fünfziger Jahre durchbrochen, indem sie ein Kettenglied nach dem anderen aus der amerikanischen Umklammerung riß (Pakt von Bagdad, CENTO, OTASE). Es gelang ihr langfristig jedoch nicht, ihren späteren Übergang zu einer Offensivstrategie zu halten, die allein durch

* Documentation française, *Le Courrier des pays de l'Est* (Neues aus den östlichen Staaten), Nr. 265, September 1982, S. 5.

Unterstützung aus dem «zweiten Glied» (Bankkredite, Industrieinvestitionen, Technologietransfers, Spenden etc.) möglich gewesen wäre. Sie war sogar seit 1973 gezwungen, die Zahl der Länder zu reduzieren, die von ihr Entwicklungshilfe erhielten (das sowjetische Entwicklungskonzept beinhaltet auch Preissubventionen und Handelskredite).*

Wenn Vorstöße, Durchbrüche, vorübergehende «come backs» zwar gelangen, so ist dennoch der Abstand nicht mehr aufzuholen. Es ist der UdSSR nicht möglich, die am meisten benachteiligten Länder ihres Systems, die gleichzeitig ihre Hauptstützpunkte sind, die Länder mit progressiven sozialistischen Regimen, aus ihrer Isolierung zu lösen: Jemen, Vietnam, Laos, Kuba, Mosambik, Angola, Benin, Obervolta, Madagaskar etc. Die UdSSR kann diese Länder schützen, sie jedoch nicht zu größerem Reichtum führen, sie kann sie bewaffnen, aber nicht strukturell verändern, noch kann sie die Wachstumsschwerpunkte der einzelnen Kontinente beeinflussen (Elfenbeinküste oder Nigeria, Malaysia oder Singapur). Sie verfügt zwar über diplomatische Instrumente, aber über kein Gewicht in der Welt.

Der Übergang von den «nationalen Befreiungen» zu den ethnischen, religiösen und regionalen Kriegen bedeutet weiterhin eine Einbuße der sowjetischen Hilfe und ihres missionarischen Auftrages. So bleibt ihr nichts anderes als Waffenlieferungen, letztes Mittel, womit zugleich – mangels anderer – militärische Optionen vorgegeben werden.

Wenn historischer Einfluß von der Menge der gelieferten Waffen abhinge, dann müßte die UdSSR – sie stellte in den letzten Jahren 1 % der ausländischen Wirtschaftshilfe an Afrika und Dreiviertel der Waffenlieferungen – eine 75 %ige Vormachtstellung haben.

Auch wenn die UdSSR jetzt mit fast allen afrikanischen Staaten diplomatische Beziehungen unterhält (ausgenommen Elfenbeinküste und Malawi), auch wenn sie mit 29 Staaten «Verträge der wirtschaftlichen Zusammenarbeit» unterzeichnete und sie zahlreiche Kulturabkommen abschloß, so bestehen nur mit vier Ländern (An-

* Diese konzentrierte sich nach westlichen Schätzungen (1982) auf Angehörige des eigenen Lagers: Kuba (4 Milliarden Dollar), Vietnam (1 Milliarde Dollar), Mongolei (500 Mio. Dollar), Afghanistan (286 Mio. Dollar), Laos (100 Mio.), Kambodscha (82 Mio.).

gola, Mosambik, Äthiopien und Kongo) Verträge der «Freundschaft und Zusammenarbeit», die strategische Gegenleistungen beinhalten (Ankerrechte, Landeerlaubnis, Beobachtungsposten).*

Die drei ersten gehören nicht zur «Gemeinschaft» (so wie Kuba, Laos, die Mongolei und Vietnam) und sind noch weniger Teil des «sozialistischen Weltsystems» (das Nord-Korea, Jugoslawien und China umfaßt), sondern gelten als Länder mit «sozialistischer Orientierung» und haben daher in der RWG nur Beobachterstatus. Ihre Gemeinsamkeit besteht allein darin, daß sie militärische Auseinandersetzungen mit Ländern des westlichen Lagers haben oder hatten. Der Freundschaftsvertrag mit dem Kongo, der weder von innen noch von außen ernsthaft bedroht ist, enthält keine Militärklausel. Auch ist es kein Zufall, daß dieses frankophone Land sich nicht in gleicher Weise wie seine «Bruderländer» diplomatisch angleicht.**

Madagaskar, die Seychellen und Benin haben, weil sie nicht *stricto sensu* zur Familie zählen, keinen Anspruch auf die gleichen politisch-militärischen Garantien. Das sowjetische Lager – auch die DDR und Kuba – messen der Ausbildung junger Afrikaner große Bedeutung bei. Die 86000 ausländischen Studenten in der UdSSR (TASS 1982) kommen aus 146 meist afrikanischen Ländern. Dies ist zweifellos eine verdienstvolle Bemühung (die Lumumba-Universität sieht auf dem Prospekt sehr schön aus), aber die Ergebnisse enttäuschen: Kälte, Militärdisziplin, Heimweh, Indoktrination, Fremdheit der Sprache, Feindseligkeit der Russen auf der Straße (sie nennen die Lumumba-Universität «Zoo»), Schikanen bei der Ausreise machen aus dem Moskauaufenthalt in den meisten Fällen eine Enttäuschung.

Auch die Nichtanerkennung der sowjetischen Universitätsdiplome in zahlreichen Herkunftsländern der Studenten und ihr geringer Wert im Vergleich zu den französischen Universitätsabschlüssen erschwert die Rekrutierung von Interessenten. Selbst die Erweiterung der Stipendienprogramme kann die Konzentration der Wirtschaftshilfe bei den Alliierten und eine tendenzielle Distanzierung in Afrika nicht auffangen.

Der Westen wird immer dort bestraft, wo er entweder aus Gleich-

* Ägypten (1971) und Somalia (1974) kündigten die Verträge auf.

** Was z. B. durch seine Stimmabgaben bei der UNO, insbesondere bei Afghanistan, deutlich wurde.

gültigkeit oder aus Unterlassung sündigte: wie in Afghanistan (vor 1979), Angola (vor 1975), im Süd-Jemen (vor 1969). So ist es kein Zufall, daß der südafrikanische ANC, die Chilenen und die Iraner die moskautreuesten Kommunisten sind. Es ist kein Geheimnis, daß die ausländischen Vertretungen der europäischen Demokratien – besonders die französischen – große Schwierigkeiten haben, wenn sie versuchen, die unabtrennbaren, aber administrativ und intellektuell abgeteilten Bereiche wie die industrielle Infrastruktur, die Handelspolitik, die kulturelle Präsenz, die Informations- und Geheimdienste sowie die soziologischen Analysen, die klassische Diplomatie und die militärische Einschätzung zu integrieren. Noch folgenschwerer ist die Kurzsichtigkeit, Nachwirkung der Ergebenheit, bei den Partnern – gleiche unter gleichen – der Allianz. Die Folge, das sowjetische Vordringen überall: Ägypten 1955, Kuba 1960, Indien 1965, Syrien 1973, Äthiopien 1977, Nicaragua 1980. Immer wenn ein Land, das der westlichen Einflußsphäre angehört (Äthiopien unterhielt zwar schon seit dem letzten Jahrhundert Beziehungen mit dem zaristischen Rußland) zum Schauplatz einer Revolution wird oder/und von außen angegriffen wird, ist seine erste Reaktion: Es bittet um Hilfe und Unterstützung bei seinem traditionellen Beschützer oder Alliierten. Wenn die Hilfe abgelehnt wird (wie Frankreich gegenüber Kuba 1960) oder wenn die Warenlieferungen eingestellt werden (wie die USA gegenüber Nasser, als dieser 1955 den Assuanstaudamm bauen ließ), dann wendet sich der Bedrohte, weil er keine andere Wahl mehr hat (via Prag oder Berlin), an die Sowjetunion, um die erbetenen Waffen und die dazugehörigen Militärexperten zu erhalten. Danach verbannt der Westen (USA oder NATO) den Rebellen, der zur «Basis der sowjetischen Subversion» erklärt wird, aus der zivilisierten Menschheit und erklärt ihm – in aller Öffentlichkeit oder stillschweigend – den Krieg. Selbst wenn sich durch geschickte Doppeldeutigkeiten die Erdölgesellschaften in diesen Konstellationen weiter bereichern und die sogenannte Subversion finanzieren.*

Den aus der Gemeinschaft Ausgestoßenen bleibt angesichts zuneh-

* Libyen verdient ca. 10 Milliarden Dollar pro Jahr durch den Verkauf seines Erdöls, das von amerikanischen Firmen und Mitarbeitern gewonnen und verkauft wird; Angola trägt die Stationierungskosten des kubanischen Militärs durch Gewinne aus der Gulf Oil in Cabinda.

mender äußerer Bedrohung nichts anderes übrig, als engere Beziehungen zur UdSSR zu knüpfen. Eine weit verbreitete Flucht nach vorne, die zur Weltkrise führen kann (Kuba 1962) oder regionale Krisen ausgelöst hat (Zentralamerika, Südliches Afrika, Südostasien). Die UdSSR kann unter diesen Voraussetzungen strategische Zurückhaltung mit taktischer Kühnheit in Einklang bringen. Ihre Gegner kommen ihr zu Hilfe. Wer hat die Militarisierung der Suez-Krise 1956 ausgelöst, Ägypten oder die westliche Allianz? Die indisch-pakistanische Krise? Den amerikanisch-kubanischen Konflikt?

Diese parasitäre Strategie des listigen Löcherstopfens macht aus dem «sozialistischen System» ein «Gegensystem» (wie die kommunistischen Parteien, die in den westlichen Ländern «Gegengesellschaften» sind), das wie ein Wilderer vorstößt. Der Stellvertreter betreibt die Pfuscherei mit übertriebenem Fleiß, um dem Provisorium Anerkennung zu verschaffen. Er breitet sich immer weiter aus, indem er vom Militärischen zum Politischen übergeht, von der nationalen Verteidigung zum Innenministerium, von der Kadetten- zur Kaderschule, um so das Gebiet abzugrenzen und die Ausgänge zu verschließen. Die USA scheinen weniger kompetent zu sein, ähnliche Prozesse auszulösen. Die von ihnen eingesetzten Mittel sind nicht so voluntaristisch, sie sind verfeinert, erreichen aber dennoch besser ihr Ziel, wenn auch kurzfristig die UdSSR in ihrer Grobheit wirkungsvoller erscheint. Jeder Staat hat als erstes das Recht und die Pflicht auf physisches Überleben und erst dann eines auf ökonomische Entwicklung. In dieser Perspektive besteht eine natürliche Harmonie zwischen dem Standardmodell einer belagerten Festung und dem Begehren nach einer nationalen Revolution.

Der Parteistaat und der Kampf gegen Andersartigkeit stellen der Führung eine maximale Lebensdauer in Aussicht. Auch wenn die sowjetische Version von der «ewigen Macht» unwiderstehlich ist, ja sogar anziehend wirkt, entscheidet man sich in der Dritten Welt nicht für die Sowjetunion wegen ihrer Vorzüge, sondern immer weil es keine andere Möglichkeit gibt, als letztes Mittel sozusagen, immer dann, wenn die USA (Indien, Äthiopien) oder einer ihrer Alliierten (Ägypten, Kuba, Nicaragua) nicht präsent sind. Die Amerikaner werden für das geliebt, was sie bringen, die Sowjets für das, was sie verhindern. Die Aussage von Sylvain Levy über Asien in den zwanziger Jahren gilt heute für Afrika und Lateinamerika: «Man sieht in den

Sowjets den Befreier, der die Herrscher, unter denen man so lange gelitten hatte, besiegte und demütigte. Aber wenn ein westliches Land – auch verspätet – nur Andeutungen macht, dann distanzieren sich die vermeintlichen Satelliten oder wenden sich einfach ab.»

Auch wenn sich die UdSSR – wie zur Zeit in Äthiopien und Mosambik – mit Hilfe einer konformen örtlichen Partei intern stark engagiert, kann sie langfristig ihre neugewonnenen Anhänger nicht an dem unvorteilhaften – ja sogar destabilisierenden – Vergleich hindern. Dieser zeigt einen großen Unterschied in der Hilfeleistung bei Katastrophen, in der Anzahl an Entwicklungshelfern, Ingenieuren und Ärzten. Auch kann sie das Prinzip der «Irreversibilität der sozialistischen Eroberungen» nicht auf Länder ausdehnen, mit denen sie keine gemeinsame Grenze hat. Der offizielle Marxismus-Leninismus der Länder mit «sozialistischer Orientierung» scheint der Willkür einer Naturkatastrophe, einer Palastrevolution oder einem Anflug von Unentschlossenheit den Industriedemokratien ausgeliefert zu sein. Dann reicht es bereits aus, daß die Tatkraft des meinungsbildenden Establishments ein wenig nachläßt. Die Schwierigkeit für die UdSSR liegt in der Tatsache, daß auch die besten Kriege eines Tages zu Ende gehen und daß man MiG-Flugzeuge nicht essen kann.*

Mangel in den Städten, Not auf dem Land: Geringe Arbeitsproduktivität, Verschwendung und niedrige Investitionsleistung, zerrüttete Kommunikationsstrukturen und heruntergekommene Bausubstanzen, Pleiten der Handelsunternehmen für Konsumgüter. In der Dritten Welt übersteigen die wirtschaftlichen Kosten für das «militärische und polizeiliche Modell» die Gewinne und die politischen Vorteile, die es bringt (soziale Kontrolle, Garantien für die Dauerhaftigkeit der politischen Führung). Die Stärkung des Staates vermag den Untergang dieser Gesellschaften jedoch nicht aufzuhalten, der Marxismus-Leninismus schadet mehr an der ökonomischen und sozialen Basis, als daß er oben durch Bürokratie und Oligarchie wieder wettmachen kann.

Die Führer der neuen afrikanischen und asiatischen Staaten be-

* Die amerikanische Nahrungsmittelhilfe für Mosambik während der Hungersnot 1983 betrug das Vierfache der Hilfeleistungen aus der UdSSR. Das gleiche geschah ein Jahr später auch in Ägypten, wo die UdSSR hier die meisten der vom Westen gelieferten Lebensmittel weitertransportierte.

nutzen den Marxismus-Leninismus als Mittel zur Emanzipation und zum Aufbau – in China zum Wiederaufbau – eines Staates, er ist mehr ein Notbehelf als eine Doktrin und nach Gebrauch wegzuwerfen. Der Marxismus wurde zum Opfer seiner Erfolge und rutschte ab in die Rückständigkeit des Modernismus. Die feudale Natur des «realen Sozialismus» konnte offensichtlich mit den alten agrarischen Herrschaftsverhältnissen noch in Einklang gebracht werden, in der Leibeigenschaft und «östlicher Despotismus» ein geeignetes Auffangbecken bildeten. Aber in China beispielsweise beinhalten die vier «Modernisierungen» eine «Amerikanisierung» der Gesellschaft, die schon weiter fortgeschritten war, während eine «Sowjetisierung» des Parteistaats durch protestierende Gruppen im Innern und durch unterschiedliche regionale Interessen von vornherein abgeschwächt wurde. Außer im kaiserlichen Äthiopien, wo der Bauernaufstand nicht zu einem nationalen Befreiungskrieg führte – es erinnerte mehr an 1789 als an 1917 – wurden die marxistischen Erfahrungen der Dritten Welt durch den Entkolonialisierungsprozeß, durch äußere Aggressionen oder durch Bürgerkriege ausgelöst und leiteten über zu nationalen Entwicklungen (einschließlich Kuba, das sich spät von der spanischen Krone gelöst hatte und unter den lateinamerikanischen Kolonien am meisten gedemütigt worden war).

Mehr noch als der Hunger nach Gerechtigkeit wurde der nach menschlicher Würde zum Grundpfeiler der sowjetischen Vorstöße. Der Marxismus hat sich auf diese Weise in der praktischen Geschichte durchgesetzt, was er theoretisch niemals erreicht hätte: dies bleibt ein Rätsel! Aber was ihn die Szene betreten ließ, wird ihn in Zukunft auch wieder abtreten lassen.

Der sowjetische Einfluß besteht heute nur noch dort, wo es die letzten kolonialen Auswüchse gibt, dort wo ausländische, westliche Unterdrücker das Sagen haben. Südafrika besetzt illegal Namibia (aus der Sicht des internationalen Rechts) und überfällt seine Nachbarländer: die Sowjetunion ist präsent (SWAPO, ANC, Angola, Frontstaaten). Israel besetzt illegal die arabischen Gebiete auf der Westbank und im Gazastreifen: die Sowjetunion ist präsent (PLO, Irak, Syrien). Die israelische Nation ist eine romantische Wiedergeburt vergangener Traditionen, aber die Unterdrückung in den besetzten Gebieten ist eine abschreckende Neuauflage. Diese Konstellation ist auf die Vergangenheit, nicht auf die Zukunft gerichtet. Es sind

Überbleibsel des Vergangenen, Rückstände, aber keine Anzeichen für etwas Neues.

Was ist daher normaler, als daß eine Macht des 19. Jahrhunderts den Versuch unternimmt, diese Realitäten in ihrem Sinne einzusetzen?

Der kalte Frieden

Ein bisher unbekanntes Ungeheuer

Es ist reine Glaubenssache, daß der «große Oktober eine neue Ära der Menschheit eröffnet hat». Die Anhänger dieser Auffassung werden immer seltener. Die letzten predigen im Westen, daß die kommunistische Lehre heute nur noch von den Antikommunisten wörtlich genommen wird. Es ist wie bei den ausgelöschten Sternen, deren Strahlen uns nur noch aus einer Entfernung von mehreren Lichtjahren erreichen. Wir wurden vom sowjetischen System wegen seines spekulativen Neuheitswertes geblendet. Unsere «Sowjetosophie» hat uns davon überzeugt, der Kommunismus sei von Natur aus ein anderes System als alle bisher bekannten. Wir glaubten, daß die sowjetische Führung ganz mit dieser platonischen Idee übereinstimme und daß wir es in der UdSSR mit einer Entelechie* zu tun haben, die weder in der Vergangenheit noch in der Zukunft eine Parallele hat und unausweichlich übernatürlicher Art ist.

Diejenigen unter den westlichen Staatsmännern, die die Augen vor dem völlig neuen totalitären Phänomen verschlossen hielten und den Versuch unternahmen, den Minotaurus für sich zu gewinnen, haben sich umsonst bemüht. Realpolitik** wäre hier Zeichen völliger Naivität: «Der Staatsmann, der heute in der Absicht, die Phrasendrescherei zu entlarven, mit machiavellistischer Nüchternheit das sowjetische Phänomen untersucht, ist sich nicht klar darüber, daß er allein durch diesen Versuch, die Wirklichkeit zu erfassen, allergrößte Gefahr

* Entelechie = nach Aristoteles eine Gestaltungskraft, die zur Vollendung strebt (Anm. d. Übers.)

** (Deutsch im Original, Anm. d. Übers.)

läuft, an der Nase herumgeführt zu werden.»* Indem Kissinger den Feiglingen das weiche Kissen der Entspannung bot und de Gaulle das ewige Rußland durch die Rauchwolken eines kurzlebigen Regimes betrachtete, wurden beide zu Boy-Scouts, die von denen manipuliert wurden, die sie glaubten zu manipulieren. Beide haben nicht erkannt, daß die Ideologie – eine Metaweisheit ohne empirischen Inhalt und ohne bestimmbare Grenzen – die UdSSR auf die Ebene einer Art Metageschichte stellt, die dem Westen nur Pflichten auferlegt und dem Osten nur Rechte zugesteht. Das Regime ist also keine verlängerte Autokratie, sondern eine «Logokratie», denn das letzte Ziel der transzendentalen Partei geht weit über das der russischen Nation und Bevölkerung hinaus. Die taktischen Machenschaften eines Staates, der nicht mehr ist als jeder andere, dürfen uns nicht den Blick für den kosmologischen Entwurf eines transzendenten Herrschaftsapparates verstellen, dessen Ideologie kein moralisches und auf die Zukunft gerichtetes Ideal verfolgt, sondern sich selbst für ein Entwicklungsgesetz in voller Blüte hält. Jeder glaubt, in der UdSSR gäbe es keine Tyrannei im klassischen Sinne, weil jeder so tut, als sei die Demokratie bereits verwirklicht, und ebenso keinen zynischen Selbstbetrug, weil auch die Politiker nicht mehr in der Lage sind, Richtiges vom Falschen zu unterscheiden. Die Ideologie, dieses zeitgenössische Mißgeschick der Gnostik, erfaßt die Menschheit an ihrem dunkelsten Punkt. Die Sowjetunion ist nicht mehr als eine Erscheinung, ein Trugbild, das das Wesentliche eines Regimes verschleiert, das auf den «Leerstellen des Sozialismus und dem Nichts der Ideologie aufgebaut ist». «Diese Leere und dieses Nichts wurden aktiv und zogen die ganze Erde an sich heran.»**

Dieses Possenspiel mit philosophischem Gehabe wurde zum Dogma hochstilisiert. Das terrorisierende Mysterium fordert die Pseudowissenschaftler auf, sich von Custine, Marx, Alexandre Dumas, Leroy Beaulieu, Pierre Pascal und vielen anderen Kennern des zaristischen Rußlands zu distanzieren, was beim nichtorientierten Leser den falschen Eindruck entstehen läßt, es gäbe zwischen dem Rußland von gestern und dem von heute irgendeine Form der Kontinuität. Die Frage stellt sich, ob nicht die am meisten Getäuschten gerade diejenigen sind, die meinen, durch besondere Schläue die

* Alain Besançon: Présent soviétique et passé russe (Sowjetische Gegenwart und russische Vergangenheit), Paris, 1980, S. 16.

** Ebenda, S. 17.

Täuschung auflösen zu können. Es besteht immer die Gefahr, eine Person, eine Institution oder ein Regime mit der Vorstellung, die man sich von ihnen macht, zu verwechseln, besonders wenn man bedenkt, daß es sich bei den Personen um solche handelt, die unter dem Zwang stehen, ein bestimmtes Bild von sich aufrechtzuerhalten, das vielleicht gar nicht mehr den eigenen Vorstellungen entspricht, aber denen der Vorgänger, die mit ihren frommen, aber toten Parteiabzeichen noch vom Kommunismus überzeugt waren. Nur weil eine Staatsmacht leidenschaftslos einer Utopie anhängt und ihre taktischen Entscheidungen einer «grandiosen Mission» unterordnet, wird sich die konkrete Geschichte nicht dieser Utopie unterwerfen. Hat denn jemand, der wie ich nicht an Allah glaubt, keine andere Wahl als zu konvertieren oder einen Kreuzzug zu unternehmen, denn auch Khomeini predigt den Islam und beansprucht, die ganze Erde zu beherrschen? Das Politbüro kann nicht im Namen einer historischen Endzeit-Konzeption das letzte Wort haben und uns auferlegen, seine Sicht der Geschichte zu teilen. Es steht ihnen frei, sich uns ontologisch überlegen zu fühlen. Entscheidend ist allein, daß sie uns nicht mehr ihre Illusionen aufzwingen können und auch nicht mehr bei sich im eigenen Lande glauben machen können, daß diese hoffnungslos ungerechte Gesellschaft der Sozialismus sei und der Marxismus die richtige Gestalt angenommen habe, so als sei das Wort schon die Realität selbst. Dieser Staat des 19. Jahrhunderts entspricht der Philosophie des vergangenen Jahrhunderts, einem «Katholizismus ohne Gott» des konservativen Positivismus, auf dessen Fahne «Ordnung und Fortschritt» geschrieben steht, so wie es heutzutage in Brasilien tönt. Die UdSSR ist das letzte europäische Land, in dem «Arbeit, Familie, Vaterland» noch aktuelle Bedeutung haben. Diese pädagogische Gesellschaft hält sich ohne Grund für zeitlos mit ihren emphatischen Ritualen und Führungen, den feierlichen Umzügen und Prozessionen von uniformierten Schülern mit Blechabzeichen, mit ihrer Hierarchie, ihren überfüllten Mausoleen und leeren Schaufensterauslagen, ihrer Kitsch-Malerei und den Statuen dozierender Akademiker, mit ihrem universellen Bildungsideal, ihrer Religion und ihrer Wissenschaft und ihrem Totenkult. Das läßt sich kaum bei Karl Marx nachlesen (dessen Denkmal findet man nur selten in der UdSSR), sondern eher bei Auguste Comte.

Die vergebliche Debatte über «Ideologie und Tradition in der Sowjetunion» steht nicht im Zentrum unserer Überlegungen, die eher praktischer als theoretischer Art sind und in denen es darum geht herauszufinden, was Frankreich – und morgen Europa – inmitten der Supermächte tun kann. Wenn auch die Entstehungsgeschichte des sozialen Lebens in der Sowjetunion hier unerheblich ist, so hängen die Möglichkeiten Frankreichs und Europas nichtsdestoweniger von der Einschätzung eines solchen Regimes ab. Schließlich scheint es angebracht davon auszugehen, daß ein Sechstel der Erde nicht völlig anderen Regeln folgen kann als die anderen fünf Sechstel und daß die Geschichte der Welt nicht im Jahre 1917 ihren Ursprung hat. Diese rationalen Postulate werden in ihrer Dreistigkeit durch die Lektüre der Werke aus der Geschichte bestätigt. Wir verwiesen bereits darauf, daß Custine, ein Zeitgenosse aus dem Jahre 1839, bis ins kleinste und praktische Detail hinein beschrieben hat, was der aufmerksame Reisende im Jahre 1839 dem Regime zuschrieb: Schikanen des Zöllners, Doppelzüngigkeit, Zensur der Nachrichten, interne Pässe, Überwachung des Ausländers etc., ohne dabei den großen nationalen Ehrgeiz zu vergessen, der zum Ventil für die eingeschränkten Freiheiten wurde («Diese Nation angeketteter Sklaven träumt davon, die Welt zu beherrschen»). Das läßt den Leninismus als «höheres Stadium des Russentums» (Philippe Carré) im richtigen Licht erscheinen und die nicht zu leugnenden Bruchstellen im Lauf der Geschichte erkennen, die nicht aus Zufall an den gleichen Orten, in der gleichen Nachbarschaft, in der gleichen Kälte, mit dem gleichen Kohlgeruch, mit dem gleichen Volk stattgefunden haben, und das alles in einer Sprache, die 60 Jahre Vergewaltigung überlebt zu haben scheint.

Das bedeutet nicht, daß der KGB nicht mehr ist als die Okhrana, daß die Heimat des Sozialismus nichts anderes ist als das Dritte Römische Reich, der Überwachungsstaat das gleiche wie die Bürokratie bei Gogol und es heißt auch nicht, daß der Gulag nichts weiteres ist als eine erweiterte Peter-und-Paul-Festung. Aber das Neue kann nur auf der Grundlage des Vergangenen richtig verstanden werden, und es wäre absurd, jenen, die die sowjetische Dimension der russischen Welt völlig verdrängt haben, mit einer weiteren, umgekehrten Verdrängung zu begegnen. «Hammer und Sichel haben die Disteln in der Steppe nicht ausgerottet» (Georges Nivat). Dies gilt um so mehr, als das Regime mit zunehmendem Alter und Kontinuität – weil das Verdrängte wieder aufkommt oder weil neue Perspektiven sichtbar werden – die Brüche in den Hintergrund schiebt. Jenseits der überdauernden Fakten der Macht – die Sicherheit beachten, das Glacis bewahren, den Einflußbereich auf alle Kontinente ausdehnen – zeigt die sowjetische Diplomatie mit zunehmender Reife das Raster ihrer jahrhundertealten Absichten.

Die Langlebigkeit der hohen sowjetischen Staatsbeamten paßt zur russischen Vergangenheit, und Gromyko wird sich gut ausnehmen neben einem Nesselrode, der mit 22 Jahren Botschafter in Paris wurde und von 1812–1857 Chef der russischen Diplomatie war. «Wer aber zeigt mit dem Finger auf die Geschicklichkeit, mit der die Russen die Angelegenheiten des Staates verschleiern und verschweigen? Es ist die argwöhnigste und mißtrauischste Nation der Welt. Rußland ist kein freies Land, in dem man reisen kann, um die Sprache zu lernen oder um sich über das eine oder andere zu informieren, denn das Land ist nicht nur verschlossen, sondern darüberhinaus ist alles geheim, so daß es äußerst schwierig ist, die Wahrheit über etwas zu erfahren, was man nicht mit seinen eigenen Augen gesehen hat», so schreibt M. de Margeret im Jahre 1607.*

Von wem und von wann stammt das Zitat: «die russische Politik bestand schon immer darin, apathischen und schwachen Regierungen etwas aufzuzwingen, während sie gegenüber einem entschlossenen Widerstand nachgibt und darauf wartet, wieder loszuspringen»? Es ist von Lord Palmerston und aus dem Jahre 1853.** Bei ihm finden wir diese Drohung gegenüber einer willensschwachen europäischen Öffentlichkeit: «Die westlichen Grenzen des russischen Weltreichs verlaufen ungünstig und entsprechen nicht den natürlichen Gegebenheiten. Sie werden Veränderungen erfahren, und man wird sehen, daß sie von Danzig oder Stettin bis Triest reichen werden. Von einer Eroberung zur anderen, von einer Annektierung zur nächsten, nach der Türkei kommt Ungarn, dann Preußen, Galizien, und schließlich wird das slawische Weltreich, von dem die wirklichkeitsfremden Philosophen träumen, zur Wirklichkeit.» Im gleichen Jahr 1853 kritisierte der durch die Uniformiertheit von Petersburg beunruhigte Marx, daß «Hunderte von russischen Agenten

* Etat de l'Empire de Russie, lère Edition 1607, zit. in: Albert Lortholary, Le mirage russe en France au XVIIIème d (Die russische Fata Morgana in Frankreich im 18. Jahrhundert), 1951.

** Brief von Palmerston an Lord Clarendon, dem damaligen Außenminister, vom 22. Mai 1853.

in Europa umherreisen»*, die die vermeintlich nationalen Aufstände mit den gleichen Aussagen schüren, wie es heute Journalisten bei den sogenannten fortschrittlichen Bewegungen in der Dritten Welt tun.

«Man liest täglich von den Märtyrern in Sibirien. Warum aber nur von ihnen? In Rußland ist überall Sibirien. Es gibt keinen Unterschied. Es beginnt an der Weichsel. Man spricht von Zwangsarbeitern, aber jeder Mensch ist dort ein Zwangsarbeiter. In einem Land, in dem das Gesetz nur Schein ist, sind alle Menschen Sträflinge», so schreibt Michelet im Jahre 1871.**

Der sowjetische Expansionist Odojewski sagte einmal: «Westeuropa ist auf dem Weg in Dekadenz und Verfall, während wir Russen jung und stark sind und niemals wie der Westen in Verbrechen und Schande verwickelt waren. Wir haben einen großen und edlen Auftrag zu erfüllen. Unsere Namen stehen bereits im Register der Siege, weil unser Genie eine Rolle in der Geschichte der Menschheit spielen wird. Unser Sieg erwartet uns auf den zusammenbrechenden Ruinen des Westens.» Und er läßt weiter von Victor Tissot im Jahre 1883 notieren: «Die jüdische Religion wird in Rußland nicht anerkannt, sie wird nur toleriert und muß alle bürokratischen Launen der bürokratischsten Regierung Europas und Asiens hinnehmen.»***

Woher mag wohl dieses Zitat über russische Geostrategie stammen: «An erster Stelle steht die afghanische Frage. Der denkwürdige Sieg am Kuschkafluß und die flammende und überzeugende Artikelserie beweisen, daß der ‹Schlüssel zu Indien› für die Existenz Rußlands unerläßlich ist.»**** Die Anhänger der heutigen liberalen Revolution können sich mit der Vorhersage des französischen Revolutionärs Ernest Cœurderoy (1825–1866) trösten, der für sich selbst den Sieg Moskaus herbeisehnte: «Die nächste Revolution in Europa wird gewalttätig sein und zu einer zentralen Macht in den Händen Rußlands führen. Eine zweite Revolution wird aber stattfinden, wenn die Früchte der ersten ihren Duft verloren haben, und das wird in

* Artikel von Karl Marx in: *New York Daily Tribune* vom 12. April 1853.

** Jules Michelet: La France devant l'Europe (Frankreich vor Europa), Februar 1871.

*** Victor Tissot, La Rusie et les Russes – Kiew et Moscou – Impressions de voyage (Rußland und die Russen – Kiew und Moskau – Reiseeindrücke), 1884, S. 19 und 62.

**** In: *Russkie Vedomosti* vom 1. Januar 1886.

Amerika in aller Freiheit sein und von einer föderal organisierten Bevölkerung.» *

Dieser Schüler von Proudhon fügte 1954 hinzu, daß es «den Vereinigten Staaten und Rußland vorbehalten sein wird, durch Verträge die Grenzen der beiden Weltreiche auszuhandeln: die Welt der Freiheit und des Individualismus auf seiten der Angelsachsen und die Welt der menschlichen Solidarität auf seiten der Slawen. England wird Indien aufgeben und das wird das Zeichen für die Invasion Asiens sein, sowohl durch die Amerikaner als auch durch die Russen. Der Osten wird unablässig von Revolutionen geschüttelt, besonders China, und beide großen Aggressoren werden versuchen, diese Revolution zu ihren Gunsten zu wenden und daraus Profit zu schlagen.»**

Keine Katastrophen vorhersagen zu können ist für den Berichterstatter von Katastrophen die schlimmste Katastrophe. Wie auch eine Meldung machen, wenn die schlimmste Nicht-Nachricht lautet: «Power as usual»?

Der Kommunismus ist ein Intellektualismus, der Antikommunismus (wenn er an die Stelle einer Weltanschauung tritt) auch. Viele von uns wurden zweimal für den gleichen Posten eingestellt, als Kommunist und später als Antikommunist. Die richtige Gesinnung regiert die Welt, welch ein Glück, daß es gerade die meinige ist, stellt der Intellektuelle 1950 fest. Zwanzig Jahre später verleiht sich eben jener den Ruf des Weltverbesserers, der die falsche Lehre entlarvt, genau jene, die er gerade selbst erst abgelegt hat. Für einen Theoretiker, Philosophen oder Ideologen ist die Absage vom Kommunismus, von diesem schmerzvollen Exil, zunächst ein Gesichtsverlust. Wenn er den Hörsaal verläßt, wenn er reist, Fragen stellt, vergleicht, d. h. seinen spekulativen Bezug zur Geschichte aufgibt, wird er entdecken, daß er nicht mehr der Mittelpunkt der Welt ist und daß die Geschichte heute wie eh und je auch ohne ihn weitergeht. Komplexität zahlt sich nicht aus, und die Öffentlichkeit zieht Einbildung einer fixen Idee vor. Hysterie ist gefragt: Je intensiver die Verrücktheit, um so eher ist sie kollektiv und umgekehrt. Je abstrakter eine Rede, je mehr sie vereinfacht, um so mehr regt sie an, weckt sie auf. Daher auch die Kraft des Einfachen: «Alles kommt von den Juden, alles gehört ih-

* Hurrah! où la Révolution par les cosaques (Hurra oder die Revolution der Kosaken), Paris, 1854.

** Zit. in H. Kolm: Le Panslavisme (Der Panslawismus), S. 105.

nen», behauptete unentwegt Drummond und fand auch Anhänger bei den Linken. «Alles kommt von Moskau, Moskau ist an allem schuld» – heißt es heute bei den Massen auf der Rechten: Wird der Antisowjetismus zum Liberalismus der Einfältigen? So, wie es früher den «Sozialismus der Einfältigen» gab? Wo Logik und Wut aufeinandertreffen, eine schwerverständliche Idee und eine starke Begeisterung, entsteht das Delirium.

Es kann nur richtig sein, daß in Frankreich, «dem Land der Ideen», in dem der Intellektuelle wegen seiner Trägheit und wegen seines Stammesrechts das Sagen hat, das leninistische (und maoistische) System die meisten und hervorragendsten Anhänger und Exegeten fand. Das Übermaß ist in Frankreich eine Tugend. Die französische Sowjetologie scheint sich stellenweise von ihrer amerikanischen Schwester dadurch zu unterscheiden, daß man glaubt, ein Vertrag sei um so ausgezeichneter, je weniger Fakten er beinhalte: wenn er von Einfällen nur so sprüht. Die Angelsachsen leisten Hervorragendes in den Naturwissenschaften der sowjetischen Welt, während wir nur Vermutungen, Unvorhersehbares und Spekulationen zusammentragen.* Die geistige Reinheit des französischen Theoretikers lehnt die Reportage und die Einzelfalldarstellung ab und zieht die Untersuchung von Zahlen vor. Warum auch recherchieren, wenn jeder die Wirklichkeit auf die eigenen Maße zuschneidet und die Fakten entsprechend seiner Überzeugung darstellt? Ist Reisen nicht sowieso suspekt, wie so viele Berichterstatter bewiesen haben, denen im Osten etwas vorgemacht wurde und die sich als um so einfältiger erwiesen, je gebildeter sie waren? Das Argument, man könne vor Ort wie Simon Leys und nicht wie Philippe Sollers, wie André Gide und nicht wie Edouard Herriot Tatsachen in Erfahrung bringen, läßt auf geistige Anfälligkeit und auf Nachsicht mit dem Gegner schließen. Wir überlassen es dem Laien, zwischen Buffon und Bossuet hin- und herzuschwanken, zwischen der nackten Präzision und dem kostenlosen Taumel, dem Mosaik von Anekdoten und den unüberprüfbaren Prophezeiungen, bis wieder fester Boden unter die Füße zu bekommen ist. Eine eingebildete Systematisierung des Realen soll nicht mit der eingebildeten Fähigkeit eines Systems, sich zu realisieren, verwech-

* Siehe die ausgezeichnete Beschreibung von David Shipler, Russia, New York, 1983.

selt werden, genausowenig wie ein Totalitarismus in menschlichem Antlitz mit einem Humanismus mit totalitärem Beigeschmack.

Intellektualistisch oder mythologisch ist die Vorgehensweise. Sie macht aus dem Wesentlichen ein Substantiv und aus einer abstrakten Gesamtheit – wie Feudalismus, Kapitalismus, Kommunismus, Imperialismus etc. – einen historisch Handelnden. Es ist an der Zeit, daran zu erinnern, daß es zwar totalitäre, liberale, imperiale Gesellschaften gibt – Eigenschaften, die sich nicht gegenseitig ausschließen –, nicht aber einen Totalitarismus, Liberalismus und Imperialismus (höchstens in meinem Kopf als Ergebnis von Abstraktionsprozessen). Allein Völker, Nationen und Kulturen sind langfristig von Bedeutung, Begriffe und Bezeichnungen verschwinden, die Inhalte bleiben; und die Gesellschaften, deren totalitäre Staatsführungen behaupten, über der Zeit zu stehen, können sich dem auch nicht entziehen: es ist die Vergeltung des Lebens an dem Geist.

Seine Verantwortung tragen

Frankreich und Europa können nicht in Sicherheit leben und ihre Stellung in der Welt behalten, ohne mit der Sowjetunion einen klaren, direkten und kontinuierlichen Dialog zu führen. Andernfalls wären sie die loyalen «Grünschnäbel» des Westens und würden der Großmacht USA das Recht zugestehen, die politischen Kontakte anderer Länder zu monopolisieren. Es ist die bekannte Taktik der imperialen Arbeitsteilung: die Reihe offizieller amerikanischer Beauftragter in Moskau und sowjetischer in Washington (ganz zu schweigen von Stockholm, Madrid etc.) reißt nicht ab, aber wenn ein einziger offizieller Vertreter Frankreichs einen sowjetischen Beamten aufsucht, dann heißt es gleich, der Westen würde «geschwächt» oder «Warschau, Budapest und Bukarest seien verärgert oder verstimmt». Wenn Frankreich der emotionalen Erpressung nachgäbe und darauf verzichtete, seine Stimme in dem strategischen Dialog zu erheben, würde es seine Zukunft aufs Spiel setzen. Es würde dann von höchster Stelle und hinter seinem Rücken entschieden, daß die französischen Nuklearstreitkräfte in die Aufrechnung des Gleichgewichts einzubeziehen seien. Damit hätten Amerikaner und Sowjets ein Kontrollrecht über die französische Verteidigungspolitik. Die Brücken mit der UdSSR aber abzubrechen hieße, einen Beitrag zur eigenen Bevormundung und zum eigenen Untergang zu leisten. Diejenigen, die bereits im Namen des «westlichen Zusammenhalts» und des «Widerstands gegen den Totalitarismus» aufgegeben haben, nennen Entschlossenheit, was doch nur ihr eigener Defaitismus ist.

Die französisch-sowjetischen Beziehungen sind kein Ideal, sondern Bestandteil der Geographie und der Geschichte. Sie sind das unumgängliche Ergebnis von zwei Notwendigkeiten und von zwei Einflußsphären und Interaktionsräumen. An erster Stelle steht die Sicherheit: Frankreich und die Sowjetunion sind die einzigen Nuklearmächte auf dem europäischen Kontinent. In der Geschichte liegt es lange zurück, als wir der unmittelbare Nachbar des potentiellen Angreifers waren. Heute liegt Deutschland als Sicherheitsglacis dazwischen. Aber die Entfernung ist nicht groß genug, um sich in Sicherheit zu wiegen und es liegt in unserem Interesse, die Pläne, Möglichkeiten und Reaktionen desjenigen zu kennen, gegen den sich in erster Linie unsere Abschreckung richtet. Das gilt für den Frieden wie für den Krieg und ist unerläßlich für die Koexistenz. Darüberhinaus ist Frankreich die einzige westeuropäische Macht, deren Interessen und Aktionsradius bis in andere Kontinente hineinreicht. Das offizielle Deutschland, das sich entschied, seine Kräfte und seine Aufmerksamkeit nicht an verschiedenen Fronten zu verschwenden, kümmert es herzlich wenig, was in Afghanistan, in Zentralamerika und im Nahen Osten geschieht. Es hat auch keine Partner und keine Verbündeten in Afrika. Dabei wissen wir – da der zentrale *Status quo* festgeschrieben ist –, daß das *Ost-West*-Problem im *Süden* entschieden wird. Gerade diese Konkurrenzsituation macht es notwendig, daß aus der Sicht Europas die sowjetischen Aktivitäten in der Dritten Welt nicht – wie von den Amerikanern – als Bedrohung, sondern als Herausforderung erlebt werden.

Aber diese Herausforderung kann vor Ort nur angenommen werden (um diese zu bewältigen, muß man sie ja zunächst erkennen – denn was ist schon eine politische Überlegung wert, wenn sie Theorie bleibt?), wenn man die «imperiale Arbeitsteilung» zurückweist: «Wir sind für die politisch-militärischen und ihr für die wirtschaftlich-finanziellen Angelegenheiten zuständig. Ihr bringt das Kapital, wir übernehmen die Sicherheit. Ihr kümmert euch um die Landwirtschaft und das Budget, wir um das Innen- und das Verteidigungsministerium, und unsere Militärberater werden sich mit euren Boy-Scouts aufs beste verstehen.» In dem Maße, in dem Frankreich seine Kooperation mit der Dritten Welt nicht auf das frankophone Afrika beschränkt, sondern auch anderswo präsent sein will, können alle aktuellen internationalen Probleme ausnahmslos auf der Tagesordnung erscheinen: eine unerläßliche Voraussetzung für den Wettbewerb. Denn keine «Entspannung», keine «friedliche Koexistenz» kann verhindern, daß diese Konkurrenz überall und zu jeder Zeit stattfindet – eine Banalität, die immer wieder mit Recht von der sowjetischen Führung in Erinnerung gerufen wird.

«Power as usual» ist nicht synonym mit «übersteigerter Euphorie». Es gibt Gesetze des guten Umgangs und des richtigen Maßes. Diejenigen, die die UdSSR in die Knie zwingen wollen, sind gefährliche Narren. Diejenigen, die sich vor ihr auf die Knie werfen, sind es auch. Die ersten scheinen völlig zu vergessen, aus welchem Holz dieses jahrtausendealte Volk geschnitzt ist, und die anderen scheinen zu übersehen, daß nur respektiert wird, wer sich selbst achtet. Eine partnerschaftliche Beziehung setzt voraus, daß die Regeln der Gegenseitigkeit von allen beachtet werden. Sie werden es zur Zeit nicht, nicht in den Handels-, Währungs- und Zollbeziehungen und vor allem nicht in der Diplomatie. Der französische Botschafter in Moskau wurde kein einziges Mal vom Staatschef empfangen. Er überreicht sein Beglaubigungsschreiben dem ersten Stellvertreter des Präsidenten des Obersten Sowjets und darf einmal im Jahr dem Außenminister die Hand schütteln. Der sowjetische Botschafter in Paris hingegen kann vom Präsidenten der Republik jederzeit empfangen werden, wenn er darum bittet. Es ist nicht einzusehen, warum man den sowjetischen Diplomaten in Frankreich nicht die gleichen Diskriminierungen und offiziellen Kontrollen auferlegt, selbst wenn wir dazu unserer eigenen Gesetzgebung zuwiderhandeln müßten. Es ist auch nicht richtig, daß die UdSSR auf der Grundlage unseres Handelsrechts Filme, Bücher, Broschüren und kulturelle Veranstaltungen ohne Einschränkung anbietet, während jeder Besucher, der den Kinosaal der französischen Botschaft betreten will, von Milizbeamten kontrolliert und ausgefragt wird. Diese Ungleichbehandlung muß eingestellt oder kompensiert werden. Nur auf dem Gebiet des Sprachunterrichts stehen wir besser da: 30000 junge Franzosen lernen Russisch als erste Fremdsprache gegenüber 3400000 Sowjets, die Französisch lernen. Wenn man einmal diesen Punkt beiseite läßt, spricht alles andere gegen uns. Das

Handelsdefizit ist bekannt – die zurückgehenden Verträge für Ausrüstungsgüter können durch Energiekäufe * nicht aufgefangen werden. Weniger bekannt ist das traditionelle Ungleichgewicht der persönlichen Kontakte: Die sowjetische Führung hält uns seit eh und je mit Banalitäten bei der Stange, warum geben wir dies nicht zurück? Die UdSSR hat in der Vergangenheit die französische Führung weder konsultiert noch informiert, sei es bei den Verhandlungen mit Nixon noch bei denen mit Brandt. Sie hat sich im Laufe der letzten Jahre immer mehr an Deutschland angenähert und hat Frankreich gleichzeitig immer mehr abgewiesen. Aber wie alle Großmächte handelt sie allein im Sinne ihrer Interessen. Frankreich steht es daher offen, gleiches zu tun.

Die Sowjets sind sich ihrer Würde viel zu sehr bewußt, als daß sie einfache Normalisierungsmaßnahmen, die unser Selbstgefühl verbessern würden, als unfreundlichen Akt werten könnten. Es würde vielmehr die gegenseitige Achtung erhöhen. Der kürzliche Dialog hat den Widersinn des Dilemmas in seinem ganzen Ausmaß deutlich werden lassen: «Aggressivität oder Selbstgefälligkeit. Es ist die alte Geschichte von der falschen Knechtschaft und Unterwürfigkeit.» Präsident Mitterrand hat wie de Gaulle und andere vor ihm bewiesen, daß Respekt, Offenheit, Gesetzestreue und Realitätssinn, Scharfsinn und Optimismus miteinander in Einklang gebracht werden können: Übereinstimmung kann erreicht, ja sogar vertieft werden, ohne in die Afghanistan- oder Polen-Falle zu geraten. Es muß gar nicht zwischen «Falken» und «Tauben» entschieden werden, sondern man kann in gewisser Weise beides zugleich sein. Die Kontinuität des Dialogs schließt die der Verteidigung nicht aus, so wie die Entspannung der siebziger Jahre nicht zu einer Verringerung der sowjetischen Rüstungsanstrengungen führte. Es ist nicht einzusehen, warum eine zweite Phase der Entspannung von unserer Seite von reduzierter Rüstung begleitet sein sollte (um so mehr, als die minimale Abschreckung es ermöglicht, dem Gesetz der maximalen Rüstung auf sowjetischer Seite eine optimale Verteidigung entgegenzusetzen). Es ist auch nicht erwiesen, daß die Verbesserung unserer Beziehungen zu einem historisch überholten Zustand zurückführt. Wie in den Verträgen der sieb-

* Die Sowjets machen uns für dieses Ungleichgewicht verantwortlich, weil wir ihnen keine Handelskredite in Francs zum alten Wechselkurs von 7,80 % einräumen.

ziger Jahre vorgesehen, wird an bestimmten Tagen – als sei es eine Pawlowsche Übung – gemeinsam die Freundschaft gefeiert.*

Nicht durch eine Einschränkung des Manövrierspielraums im Osten werden wir zu einem größeren im Westen gelangen. Die «Heilung von der falschen Propaganda» ist ein Ganzes und kann nicht in Teilen erfolgen. Es widerstrebt, die Automatik der Beziehungen mit dem Alliierten zu kritisieren und gleichzeitig deren Wiedereinführung mit der anderen Seite zu fordern. Wenn diese aber auf der einen Seite besteht, sollte sie dann nicht auf der anderen wieder eingeführt werden? Es wäre schade, es nicht zu tun, um so mehr, als es mit der UdSSR nicht einmal nötig ist, die nutzlosen und vorher feststehenden gemeinsamen Erklärungen mit den üblichen Ausschweifungen über das zukünftige Glück der Menschheit und die Gefahren des Atomkriegs zu vereinbaren, um klare und freundschaftliche Beziehungen zwischen unseren beiden Staaten, die in der heutigen Situation weder Freund noch Feind sein können, zu entwickeln.

Die Zukunft

Frankreich ist zur Zeit die einzige mittlere Großmacht mit weltweiter Kapazität. Eine rhetorische Übertreibung? Nein, eine unbestreitbare Tatsache. Wie ist diese Eigenart zu erklären? Liegt es an der französischen Kultur und an der Sprache (sie wird noch heute in etwa 30 Ländern gesprochen)? An den Ingenieuren, Wissenschaftlern und dem technologischen Höchststand (im zivilen Nuklearbereich, in der Kommunikation, in der Aeronautik, in der Raumfahrt, in der Ozeanographie)? Liegt es an Frankreichs internationalem Rechtsstatus (in der UNO, in Berlin)? An seiner Landwirtschaft (sie liegt in der Weltrangliste an dritter Stelle und bei den Exporten an zweiter)? An seiner Armee, die sich in ihrem Handeln in keiner unterzuordnenden Stellung befindet (Frankreich ist die einzige mittlere Großmacht, die

* Das Protokoll der Konsultationen von 1979 sieht einmal pro Jahr ein Gipfeltreffen zwischen Frankreich und der Sowjetunion vor, und im Vertrag von 1970 steht, daß die Außenminister zweimal im Jahr zusammenkommen.

über eigene Flugzeugträger verfügt und über mehrere Seestützpunkte im Indischen und Pazifischen Ozean)? Liegt es an seiner nuklearen Abschreckungskraft und deren ständiger Modernisierung? Die französische Industrie und die Dynamik ihrer Unternehmen sind wohl kaum verantwortlich dafür. Sie exportieren zuwenig und sind schwach bei der Erschließung neuer Märkte. Sicher liegt es auch nicht an der Währung, sondern eher an der Zahlungsbilanz. Diese Aufzählung ist unvollständig (der Beweis: das französische Prestige in Japan und in den Vereinigten Staaten nach materiellen Kriterien hinkt immer noch der tatsächlichen Bedeutung Frankreichs hinterher). Frankreich verdankt den seiner tatsächlichen Bedeutung überlegenen Einfluß vor allem dem ihm eigenen Scharfsinn. Ob es sich um das Anliegen der Völker, die Hoheitsrechte die Meere, die Euro-Raketen oder um Zentralamerika, um Afghanistan oder Palästina handelt – es ist diese Fähigkeit, laut und vernehmbar zu sagen, was anderswo leise gedacht wird. Gerade das entspricht seiner Rolle als Scharnierstaat, der am Schneidepunkte der Achsen, zwischen den Blöcken und den Kulturen liegt. Diese Rolle aber ist kein Geschenk der Geographie. Sie ist vielmehr das Ergebnis eines kontinuierlichen Kampfes um Autonomie. Wenn es Frankreich nicht gelänge oder wenn es nicht mehr wagen würde, weiterhin ein blockfreies Land zu sein, dann wäre es für niemanden mehr interessant (besonders nicht mehr für die Länder der Dritten Welt, wo unsere anspruchslose Industrie am einfachsten Zugang zu den Märkten findet). Es bliebe uns nichts anderes, als die Politik des eigenen Bruttosozialprodukts.

Scharfsinn bedeutet nicht zwangsläufig, alleine oder gegen andere zu denken. Es ist in erster Linie die Fähigkeit, weltweit zu denken. «Das Zeitalter des Pazifiks» führt möglicherweise wieder zu einem neuen zweifelhaften Mythos vom futuristischen Wiedertäufer. (Aber nichts ist schwieriger, als auch nur fünf Sendeminuten zu ergattern, wenn man nicht das Ende der Demokratie, Europas, der Welt oder der gesamten Menschheit zu verkünden beabsichtigt.) Nichtsdestoweniger hat die Entwicklung der Produktionsbedingungen (Werften, Stahlindustrie, Textilindustrie, aber auch Mikrochips und Roboter) zur Folge, daß der atlantische Raum nicht mehr der einzige Nabel der Welt ist. Wenn der Pazifik, wie Philippe Moreau-Desfarges es beschreibt, aus strategischer Sicht «eine Erweiterung und eine Vereinheitlichung der Konfrontationszonen darstellt», dann entspricht der nostalgische «Atlantismus» der Provinz nicht mehr den heute veränderten Ebenen, weil er die zentralen Fragen außer acht läßt. Der Auftrag Frankreichs, am Weltgeschehen teilzunehmen, kann nicht mehr nur mit dem Begriff einer «Globalstrategie» umschrieben werden, denn dabei würden die zerstrittenen Europäer zum Flankenschutz des japanisch-amerikanischen Komplotts degradiert werden. Das Reich der Mitte sind heutzutage die Vereinigten Staaten. Der Weg Los Angeles – Tokio führt weder über Paris noch über Bonn oder Madrid. Daneben wird er heute öfter eingeschlagen als der von Paris nach New York. Die Handelsbeziehungen der Vereinigten Staaten mit den Ländern des Pazifiks überstiegen 1983 die mit Europa. Wenn die Ambitionen der Europäer sich darauf beschränken, von einer japanisch-amerikanischen Kommission regiert zu werden, dann können sie zwar davon träumen, eine Vermittlerrolle zu übernehmen oder eine Art Verbindungsglied zu sein, aber sie werden erwachen und feststellen, daß sie zukünftig lediglich Angestellte des Managments der «Pacific Basin Community» sind.

In dieser neuen «neuen Welt» der erforderlichen Forschungs- und Entwicklungsbudgets (das IBM-Budget für elektronische Entwicklung ist größer als das französische insgesamt), der beschleunigten technologischen Zyklen und einer Binnenmarktgröße, von der Innovation und Konkurrenzfähigkeit abhängen, gibt es keine nationale Alternative zum industriellen Europa. Ein Land, das in der Welt eine Rolle spielen will, darf weder seine Einzigartigkeit aufgeben, noch darf es sich isolieren. Weder Isolierung noch Anpassung – weder Nationalismus noch Atlantismus. Die Unabhängigkeit Frankreichs wird mit und durch Europa bewahrt und die von Europa allein mit einem starken Frankreich: dies ist von nun an ein und derselbe Kampf. Bonn, London, Madrid und Paris werden gemeinsam zu Vasallen, wenn es nicht gelingt, unsere Industriepolitik und unsere technischen Normen aufeinander abzustimmen, wenn wir den europäischen Markt nicht vereinheitlichen und gemeinsam verteidigen. Die sinnbildliche Kooperation mit Zwei- oder Dreiganggetrieben oder mit einer anderen Konfiguration – man kann Europa nicht mit denjenigen schaffen, die es gar nicht wollen – ist für Frankreich zentraler Bestandteil seiner Modernisierung, sonst wird die «Grandeur» zur bitteren Nostalgie. Kann sich die Gemeinschaft, die uns 30 Jahre lang gegen Krieg und Not schützte, noch weiterentwickeln und einen kohärenten Raum für eine neue Zivilisation hervorbringen?

Die größte Handelsmacht der Welt, deren wissenschaftliches und technisches Potential das der Vereinigten Staaten und Japans noch übersteigt, stellt keine politische Macht dar, denn sie führt weder eine eigene Außenpolitik, noch verfügt sie über eine gemeinsame militärische Strategie. Wer von der Verteidigung Europas spricht, meint das nukleare Feuer. Der sinnige Scherz von der Beteiligung Deutschlands an der französischen Atomwaffe, läßt vier oder fünf historische Fakten außer acht, die jedes für sich ein unausräumbares Hindernis darstellen: es existiert ein deutsches Volk, das unter keinen Umständen die Bombe will (es lehnte bereits die taktische Nuklearwaffe ab und widersetzte sich dem Raketen-Doppelbeschluß); nach geltendem internationalen Recht ist der Bundesrepublik der Zugang zur Atomwaffe untersagt; die Sowjetunion, Bevölkerung und Staat, würde die Mißachtung dieser Bestimmung für einen *casus belli* halten; mehr als einer der kleineren Staaten in Ost- wie in Westeuropa würde schon durch eine Überlegung in diese Richtung außer Fassung geraten. Aber noch zwingender als die genannten Hindernisse ist der unüberwindliche nationale Horizont, der die von Natur aus unteilbare Entscheidung über ihren Einsatz, die Atomwaffe zum obersten Wächter des geheiligten Egoismus werden läßt. Die Unmöglichkeit der «erweiterten Abschreckung» akzeptieren heißt nicht, zum Alles oder Nichts verdammt zu sein. Nach der Atomära wird es eine Art neues Zeitalter geben, deren Konturen schon heute erforscht werden. Japan und Deutschland werden ihren geringen Weltstatus verlieren und einen ihren Kapazitäten entsprechenden militärischen Status erlangen. In Erwartung dieses weit entfernten und alles in allem unsicheren Tages, stellt uns die deutsch-französische Annäherung auf konventionellem Gebiet noch vor ungelöste Probleme. Als damals Bundeskanzler Schmidt erklärte, daß es ihm lieber sei, wenn sein Land Beziehungen der gegenseitigen Abhängigkeit mit Frankreich als mit den Vereinigten Staaten knüpfe; als er daran erinnerte, daß die Menschen wichtiger seien als die Technik und der Wille wichtiger als die Materie; als er sich für eine konventionelle deutsch-französische Armee aussprach, als Gegengewicht zur sowjetischen Massenarmee, wurde deutlich, daß man sich jenseits des Rheins auf unsere Vorstellungen einstellt.

Mit seiner «Force d'action rapide» (FAR = militärische Sondereinheiten) löst sich Frankreich aus dem falschen Dilemma von «Rückzug oder Integration», von «nuklearer Schutzschirm oder konventionelle Systeme», «egoistische Abschreckung oder automatisches Engagement». Wir können und sollten eine Religion der nuklearen Abschreckung aufbauen, ohne in eine Theologie des Nichtkampfes zu verfallen. Die dritte Großmacht der Welt – eigentlich ist sie auf Grund ihrer Anthropologie, ihrer Wirtschaft, Wissenschaft und Kultur die erste – hat es nicht nötig, in der militärischen Rangordnung ein Abklatsch der beiden ersten zu sein. Politische Vereinigung und Zentralisierung des Militärarsenals sind nicht unerläßlich für die Bildung eines «Blocks der strategischen Unsicherheit, der die Grundlage für die Sicherheit der durch die Atomwaffe bedrohten Regionen ist»*. Tatsache ist, die Atomwaffen trennen und parzellisieren Europa, während die klassische Strategie demgegenüber einen homogenen Raum voraussetzt. Aber das Wirrwarr der europäischen Verteidigung kann im Rahmen einer Strategie der sich überschneidenden Kreissysteme, durch die Verflechtung der verschiedenen Manövrierfelder, zu einer vielfältigen Kraft werden, so daß der Gegner fürchten muß, durch den Schlag gegen einen äußeren Kreis die Intervention der inneren Kreise auszulösen. Wenn dazu noch Spanien kommt, diese sich neu bildende Macht, die, weil sie weder atlantisch noch nationalistisch sein kann, nur im Rahmen eines autonomen Europas zu ihrer «Andersartigkeit» stehen kann, dann müßte sie in der Allianz eine Position einnehmen, die der unsrigen ähnlich ist. Die Persönlichkeit Europas würde so einen entscheidenden Beitrag von jenseits der Pyrenäen erhalten. Die Achse Paris-Bonn-Madrid wäre kein schlechter Stützpfeiler für den Aufbau Europas.

Europa muß man sich verdienen. Diese Unumgänglichkeit der Zukunft darf nicht schon jetzt zum Alibi werden. Die Präsenz Frankreichs in der Welt ist von seinen eigenen Anstrengungen abhängig und vor allem von der Wahl der Einsatzbereiche, wobei uns aber die Macht der Vergangenheit den Blick für die heutige Realität verstellt. Allzu viele rosa Flecken auf dem Planeten lassen uns den tatsächlichen Einfluß nicht mehr richtig abschätzen. Es reicht heute nicht mehr aus, seine Fahne inmitten eines Ozeans aufzupflanzen, um den Beweis zu erbringen, daß man dort präsent ist. Die Fachoda ist vorbei wie der Spuk von den Oasen, auch die Wutanfälle der Infanteriesoldaten und unser Traum, die Polizei Afrikas zu sein. All dies entspricht nicht mehr den Herausforderungen, die sich uns heute stel-

* Dominique David, La Force d'action rapide en Europa (Die militärischen Sondereinheiten in Europa), 1984.

len. Die Zukunft Frankreichs und erst recht die Europas wird nicht mehr – oder kaum noch – im Urwald entschieden, sondern im unendlich viel Kleineren und im unendlich viel Größeren (integrierte Kreisläufe oder Hochtemperaturphysik, Weltraumschiff und europäische Raumstation).

Zur Zeit kann man nur hoffen, daß die Kosten für den Beobachtungssatelliten, ein ebenso entscheidender Bestandteil der Unabhängigkeit des kommenden Jahrzehnts, wie es vor nicht langer Zeit die Beherrschung der Atomenergie gewesen ist, nicht die «Operation Manta» übersteigen und daß das, was durch die deutsch-französische Annäherung erreicht werden soll, sich nicht gegen das Wohl Frankreichs auswirkt.

Frankreich stellt die Hälfte der europäischen Weltraumforschungsaktivitäten, und wenn Europa (elf Länder sind Mitglieder der Weltraumbehörde) nicht bald auch im Weltraum präsent ist, wird es sich auch auf der Erde verflüchtigen. Unsere Zankereien sind lächerlich wenn man bedenkt, was mit der Einführung der Roboter, der Mikroelektronik, der Biotechnologie, der Weltraumraketen, der Miniaturisierung der Raketen, der Erneuerung der Abschreckungstechnik und der weiteren Entwicklung der Fernsehunterhaltungssendungen, die unsere letzten kollektiven Spuren festhalten werden, auf uns zukommt. Hier kann sich ein minimales Überlebensprogramm entwikkeln: All jene, die den Übergang zu einem neuen Jahrtausend nicht mit dem Wandel politischer Mehrheiten verwechseln, und alle, die ihre persönliche Zukunft nicht mit dem Schicksal Europas durcheinanderbringen, müßten in diesem Punkt einer Meinung sein.